仲正昌樹 meets 米原康正／信國太志／根本敬＋菩提寺伸人

Special thanks to 手塚能理子

cameraworks by Takewaki

——目次——

米原康正×仲正昌樹×菩提寺伸人　２０１７・12・10セッション

(1) SNSの炎上、リツイートおける主体性の意味について話し合った。集団心理、病理的な話にも至った。「19世紀群衆が現れたことを問題にしているのは、それまで自分たちの方向性や共通性が分からなかった人たちが、一つの塊りとなって出現したからです。」「他人と同じ方向を向いて動いているという感覚が取り戻せた気になる。それがまさに群衆がお互いを鏡として見るという現象です。」「人々がそれに快楽を覚えると、群衆がより拡大してゆくことになるわけです。」「相手が自分のミラーのように思え、自分の言葉がエコーを伴って反射してゆくような快感が得られる。」「お祭りをやってる気分にさせてくれるものなんだと思います。」（仲正）

(2)「簡単には騙されないぞ」という考え自体が、僕は実はコントロールされているのではないか、と思っているんです。紋切り型の反体制というか。（信國）

(3)「究極になればなるほど、私はSになる。私がMであればあるほど、その存在はSの人にとってSになる。そのSを受け入れるのは私しかいないから」それに近い感じかな。（米原）

(4) 理屈を言うと、人は自分だけでは主体性が何か分かりません。（仲正）

(5) 一つは、「異なるもののミックスである」。もう一つは、「あなたが何者であるかの表明がファッションです」。西欧ではファッションは自己表明と言う意識が根底にあります。（信國）

(6) サウス・ブロンクスで逆立ちになって頭でクルクル回ったり、レコードをこすったりしている、けったいなことをしている子たちがいるとマルコム・マクラーレンが紹介したら、あっという間にヒップホップが広まりました。ヴィヴィアン・ウエストウッドがパリコレでショーを開いた時、ある種革命を起こすような気持ちで手伝おうと思いました。（信國）

(7)「ビスポーク」では間主観性が関係する？日本の場合、送り手と受け手の区別がはっきりし過ぎている。

(8) 今までしっかりと議論されてこなかった80年代「埴谷雄高VS吉本隆明コムデギャルソン論争」について大いに語り合うことになった。

(9) 吉本や鷲田清一は80年代に、ファッションに見られる「欲望」の多様化という思想的課題を察知していた。（仲正）

(10) それまでの格好いい「服」を着ることから、格好いい「人」が着る服へのエポック・メイキングがあった。（信國）

(11) 皮肉にも、最初のギャルソンのパリコレはモンペのようなものでした。（信國）

(12)僕の時代からアンチ・ファッションがファッションだった。（信國）
(13)（ビスポーク・テーラーになったのは、）記号のゲームをするデザイナーを降りたから。（信國）
(14)サヴィルロウの軍服の流れを汲む伝統的なテーラーがクラッシックな技術を省き、アヴァンギャルドなナッターズの流れを汲む〈チットルバラ&モーガン〉というテーラーが緻密なまでに技法を守る、というテーラードにおけるねじれ現象が今起こっている。「僕が思うに、マイケル・ブラウンが世界で最も構築的なスーツを作っています。」（信國）
(15)値段は欲望のヒエラルキーか、品質の対価か?
(16)多分狭い意味でのファッションは、私にとっては弱くしておいた方が都合がいい領域なんです。武装しないでいい領域。（仲正）
(17)僕が今着ているきちんとした服とかは、カモフラージュという意味があって。（仲正先生と同様に）自分自身では本当は服で見せるということには興味はないんです。（信國）

根本敬×仲正昌樹×菩提寺伸人 2018・12・9セッション

(1)「漫画の中には常に新しいものを」というのが、『ガロ』の中にはあったと思う。（手塚）
(2)1975〜76年を境に空気が変わり、80年代に至った（新左翼的なものがシラけていった）。
(3)81年根本敬『ガロ』デビュー。76年には『ペンギンごはん』が掲載されていた。既に蛭子能収、川崎ゆきおもいた。
(4)当時（80年代）にピーター・アイヴァースとタージ・マハル旅行団の両方を聴いていたような人たちは根本ファンだった。（菩提寺）
(5)メジャーな漫画は美しく感情移入できるモデルを与えてくれる。プラトンのイデアみたいな感じで自分が心の中で美しいと感じたものを想起しているかのような錯覚を与えてくれる。（ヘタうまは）美しいものの典型とは異なる基準の典型を作っていることなんだと思う。（ヘタうまは実際に技巧がないのではなく）（仲正）
(6)現代文学だったら身体的な汚い惨めな細部を描く作家（ヘンリー・ミラー）がいると思います。（仲正）

(7)『Ｌｅｔ’ｓ ｇｏ幸福菩薩』と『ヴェルヴェット・アンダーグラウンドの２ｎｄ』と『メタル・マシーン・ミュージック』
(8)『怪人無礼講ララバイ』とジョイスとアルトー「器官なき身体」
(9)「芸術映画」とされるヨーロッパ映画の中には、根本作品同様に下品極まりなく背徳的で猥雑だったりするものが多々ある。
(10)カトリックから敬虔だと評価されたブニュエルの「ナサリン」は、一方で、キリスト教的なものへの痛烈な批判とも受けとられた。根本作品にもそのような反応があるのでは。
(11)村田藤吉とスコセッシ『沈黙』のキチジロー
(12)「登場人物が幸せになるような漫画とか読みたいわけじゃないんだよね。」(根本)
(13)根本作品の肝心なところは子供の頃から変わっていないか。
(14)「ジョン・ケージは売れていない才能ある若手を世に出す労を厭わなかった」と小杉武久は言った。80年代の湯村輝彦も同じような役どころを担ったのではないか。
(15)(根本さんは)「勝新太郎に惚れ込んでいるようなスタンスを取りながら、彼がべちゃーとしただらしない体のおじさんになっているところをちゃんと描いておられる。」(仲正)
(16)ＣＡＮ「マザースカイ」のルーツは「スナッキーで踊ろう」か?
(17)「とんがったもの」を狙っている、気をてらい狙って作ったものは、結局狙っているだけだから、その時期が過ぎると飽きられてしまう。偶然性が大事
(18)根本作品における意識と無意識
(19)根本敬の観察力と記述力
(20)根本作品における想起と記憶痕跡
(21)「寿司は情報量が高い」と根本。「いろんなものを触っているはずのおじさんが握る寿司を食べることはすごいことだ」と仲正。
(22)ドゥルーズ＝ガタリってプログレッシヴ・ロック日本盤レコードの帯みたい?
(23)根本敬が「三木鶏郎に日本で一番ザッパを感じた」と言って終わりになった。

米原康正×仲正昌樹×菩提寺伸人トークセッション

（司会進行：菩提寺光世）

2017・12・10　@連合設計社

――このトークセッションを企画したのは、80年代辺りのサブカルチャーを中心にカルチャーを語ろうという意図からです。80年代カルチャーについての書籍等は多数出ていますが、どうも当時を過ごした私たちにとって違和感を持つものが多かったりします。また深く掘り下げられず出来事の羅列だけで終わっていたりと。あの頃のカルチャーが実際にどうであったのか、その現場を知る当事者の話から。そして思想的なものがそのカルチャーに反映されていたのか、いなかったのか。もちろん、カルチャーシーンで意図的に当時の現代思想に則してやってみようという動きはなかったと思いますが、後々考えてみると、このような思想的背景があったのではないかと掘り下げていくことができるのでは、と思っています。

現場と言っても数多くのあらゆるシーンがありますが、意外な組み合わせにしたら、インプロヴィ

cameraworks by Takewaki

ゼーションのような緊迫感あるセッションになるのではないかと思い、本日は米原康正さんと仲正昌樹さんをお呼びしました。そしてお二人を話しを繋ぐ役回りとし菩提寺伸人が加わります。

菩提寺　あまりあり得ない組み合わせです。予定調和が全くない。しかも打ち合わせもまったくできない状態で始まります。うまく行けばすごく面白い話になるかもしれない。うまくいかないかもしれない。今日、僕自身は精神医学のことではなく主に音楽関係の話しで繋いでいこうと思います。とりあえずやってみようと思います。

――簡単にお2人のご紹介をしておきます。

大変お若く見えますが、年齢順に米原康正さんからご紹介いたします。

80年代から大変活躍されている方です。ナイロン100%［＊1］でアルバイトして、最初は雑誌の編集者、ライターとしてスタートされ、多岐に渡る交友関係を築かれ、アイドルを作るという方向に向かい、近頃巷の紹介を引用すると「世界に日本を発信し続けるストリートシーンのややこしいジジイ」（マツコ・デラックス）です（笑）。

米原　僕いろんな事の立ち上げにはすごくかかわっているんですけど、メジャーになると興味がなくなるんです。サブカルがメジャーになると、それまでやっていた新しいことを止めて、回すことだけになってくる。しかも広告代理店などが入ってくると、同じことしかやらされないし、曲も同じようなものしか歌わせない。そうなると、もうイヤになる。それはアイドルに限らず、いろいろなものについても同じです。

――その後、インスタントカメラ『チェキ』を使った作品を展開され、現在は、写真をコラージュしてペイントを重ねたりという作品を作られています。チェキ・フォトグラファーからさらに一歩を踏み出し、現在、世界的に活動されている方です。

仲正昌樹さんは金沢大学法学類教授で、専門は法哲学、政治思想史、ドイツ文学。最近では現代思想を読み解く著作を多数執筆されています。教育、執筆活動に加え、近年では横浜トリエンナーレでインスタレーションに参画されたり、２００９年に水戸芸術館で開催された展覧会『Ｂｅｕｙｓ ｉｎ Ｊａｐａｎ：ボイスがいた8日間』の図録に論考を寄せたりと芸術関連の活動もされています。また、演劇方面においても、劇作家・演出家あごうさとしさんの作品にドラマトゥルギーとして参加されたりしています。最近はＮＨＫ『１００分で名著』でハンナ・アーレント『全体主義の起源』を分かりやすく読み解かれています。

まず米原さんに、上京された当時の東京のカルチャーシーンから80年代にライターとして活躍されていた頃の現場の話を伺います。

米原　僕が東京に出てきたのは１９７８年です。大学受験を1度失敗し、そのまま家出して東京で生活していたんです。僕の80年代は大学生活とライター活動ですね。ライターとして芸能人と接したりしていました。芸能人と仕事すると親が安心するんですよね（笑）。80年代は遊びでいろんな場所に行ってました。とにかく面白い場所があればそこに行くというのが僕の80年代。そこで何かを残すなんてことは、後半は少し出てきますが、前半は夜の遊びと昼間の遊び、つまり遊びだけ。昼はサーフィンに行き、夜はクラブ。渋谷にあったナイロン100％というニューウェーヴのカフェでバイトしていたんです。そこで僕と高木完、久保田慎吾、『星くず兄弟の伝説』（85年、監督：手塚眞）の主演の二人ですね、そして戸川純、戸川京子の5人でよくつるんでいました。

僕は熊本県出身なんですが、当時、各メディアはパンクばかり取り上げていたんです。『週刊朝日』にまでパンクを取り上げたページがあって、「東京はパンクがすごい！」と書いてあった。だから、モテるにはパンクしかない、と思っていたんです。基本的に僕のモチベーションは、女の子にモテること。中高生の70年代に澁澤龍彦さんとか難しい本を読んでいたのも、女の子にモテそうだなと思ったから。今でも覚えていることがあるんです。うちの親戚には社会党の偉い人と生長の家の偉い人がいて、その2人にいろいろなところに連れて行かれたんです。60年代にデモに連れていかれたことがありました。「安保粉砕！」とみんなで叫んでいた。その当時シースルーが流行っていたんですが、シースルーを来た女性が近くを通ったら、「安保粉砕！」の後に「スケスケ賛成！」と言い出したんです。僕は「安保粉砕！」よりも「スケスケ賛成！」の方が好きだった。その辺りから世の中をまともに見るということから距離を置き始めたのかも知れない。

メディアが言っていることと実際の現場はすごく違っていました。東京にはパンクばっかりだと思って来てみると全然違った。街にはパンクなんてまったくいない。世はサーファー時代で、サブカルをやっている人たちは目立たないしモテない。でもメディアはサーファーについてはほとんど扱っていない。サーファー時代なのに『週刊朝日』にはサーファーが出ない。だけどパンクは出てる。メディアは、変な人とか、ちょっと異形な人たちの方が好きなんでしょうね。

菩提寺　僕も70年代後半から80年代に、田舎から東京に出てきて高校時代を過ごしました。米原さんが仰ったように、周囲のほとんどはクリスタル族か陸《おか》サーファー。ニューウェーヴのファンすらかなり少ない。1、2回しか行ったことないと思いますが、ナイロン100％は音楽をカセットテープで流してましたよね。僕はジャーマンロック〔＊2〕のファウストの1ｓｔアルバムをリクエストした記憶があります。

80年代のサブカルの話になると、今言ったナイロン100％関係や、音楽では自主製作レーベルのナゴムレコード、マンガでは青林堂がよく挙げられ、昨今サブカル論などで話題になりますが、当時はそれらに触れている人達ですら少数だったと思います。

米原　パンクの連中とも友達でしたけど、当時ＤＣブランドが大人気で、特にコム デ ギャルソンが人気でしたが、僕が通っていた学習院大学にギャルソンを着て行くと浮くんです。周囲は皆サーファーなので、どう考えてもＤＣの格好は合わない。でも当時のことを書いた本等を読むと、サーファーに関する記述は薄くて、ＤＣの方が記録には残っている。どうしてかな、と思います。一般的な人たちが好きだったことに関しては写真資料もほとんど見ないですよね。

菩提寺　東大表象文化学科で宮沢章夫さんが80年代について行なった講義をまとめた書籍や、その後ゲンロン・カフェで取り上げられたものも、後者の一部を除いてクラブピテカントロプス・エレクトスとか。メジャーのなかのちょっとマイナーという感じですよね。

米原　81年に玉椿というツバキハウスの第２店舗目ができ、82年にピテカン、84年にマハラジャができます。ピテカンは、他の店と比べると、何というか…可愛い子がいない。『CUTiE』の読者もそうなんですが。

菩提寺　米原さんは『CUTiE』に関わられていたんですよね。

米原　仲良しが編集やってて創刊号の時から関わっています。80年代にナイロン100％の店長だった中村直也が『東京モダンスポット２０００』という本を作り、その後に『ラジカル・スケーター・ブック』vol.1,vol.2を作ったんですが、その時のライターが僕と高木完と藤原ヒロシ。その本では、今では当たり前になっているけど、街で本当にカッコいいと思ったヤツを載せたんです。

菩提寺　『ビックリハウス』（パルコ出版）という雑誌があり、読者からの投稿を紹介していました。90年代も含めた米原さんの仕事（投稿写真雑誌『アウフォト』等）を見ると、そういう投稿文化にも接点があるのかなと思ったのですがいかがでしょうか。

米原　ちょっとカルチャー色の強い人たちの間では、80年代は「パルコ出版カッコいい」という雰囲気はありましたね。

菩提寺　確かにパルコ出版からはハイレッドセンターの本[＊3]も出ていました。香山リカさんが『ポケットは80年代がいっぱい』（バジリコ）で、当時香山さんは松岡正剛さんの『遊』（工作舎）に投稿していて、それで松岡さんに呼ばれたと書いています。大阪で阿木譲さんが作っていたアンダーグラウンド音楽を紹介する『ロック・マガジン』に浅田彰さんがよく投稿していたという話もありました。

米原　その頃は僕は野々村文宏（「新人類三人組」他の二人は中森明夫、田口賢司）と仲良しでよく遊んでいましたね。

菩提寺　今、和光大学の先生ですね。当時は前出の阿木さんのヴァニティレコード[＊4]からパーフェクトマザーのＥＰ（ＮＯＮＯとクレジット）を出したり、トレランスのメンバーとバンドやっていたり、山崎さん、大里さん他のタコに関係したりもしてましたね。野々村さん、Ｐｈｅｗ[＊1＊4＊29]さん、巻上[＊1＊4]さんはナイロン100％関係者のなかでは僕の聴いていた音楽の領域と近いところにいた方々だと思います。

――米原さんは78年に東京に来られ、ナイロン100％でアルバイトをし、そこのネットワークで高木完さんたちと遊び出すようになり、その遊びから雑誌作りの道へ進まれたという経緯ですね。

米原　大学生の時は出版社のバイトもやっていたんです。集英社です。80年代初頭、集英社に初の東大生が入社したと騒いでました。ノムラ君といって、『週刊プレイボーイ』に入ったんですが、東大卒だからとみんなにイジメられて（笑）。僕と六本木ナンパ対決とかさせられてた（笑）。80年代前半くらいから東大生が出版社に入り出したんでしょうね。当時は画期的だったような気がします。出版界は早稲田卒がすごく多かった。集英社はわりといろいろな大学の人がいましたけど、講談社は早稲田色。国立大卒を採ることを、出版社はそれほど「よし」としていない時期だったんです。出版社自体が左翼思想が強いところでしたからね。

——60年代に熊本で叔父さんにデモに連れて行かれたと先ほど伺いましたが、東京ではそういうシーンはどうでしたか？

米原　さっきも言ったように僕は女の子にモテることが大前提だったりするので、60年代のデモも子供心にモテると思っていたんです。「スケスケ賛成！」とか言ってたし。子供は周りの大人の雰囲気を読むでしょ。そうすると「デモに出よう」というのが、「ちょっと女子にモテよう」という匂いがするの。

——出版社でバイトされていた時は、周囲に左翼の人が多かったわけですよね。

米原 その当時はもう思想的なものが有耶無耶になっていた。情報誌全盛の時代だったんです。象徴的なのは、80年代に宝島がその姿を変えていきました。

菩提寺 僕の学生時代も左翼的な空気はまったくなかったですね。僕は明大前にあったモダ〜ンミュージック［＊5］というアバンギャルドだらけのレコード屋によく出入りしてました。最初に行ったのはマグマというフランスのロックを買うため、開店してそんなにたってなかった頃だと思います。どマイナーな演歌（西来路ひろみとか）から現代音楽（Ingram Marshall など）までコーナーがありました。ジャーマンロックやサイケは当たり前のように店の真ん中にコーナーがあった。その頃はイタリアの緩めのプログレも置いてあり高値で取引されてました。OZ DAYSとか裸のラリーズ等のレコードもあったので前の世代のちょっと左翼っぽい人も何人か来ていました。あと法政大の学館の人達とかも。その後、まだ有名でない頃の大竹伸朗さん他のJUKE-19やNORD（ピナコテカレコード）、水玉消防団、Ariel Kalma 他の Osmose のレコードとかを店長（生悦住さん）がポップとか書いて強く推薦するようになって…とかそんな感じでした。海外から店に来るマニアのなかに混じってレジデンツのメンバー、ダモ鈴木さん、ジョン・ゾーンさんがいたり、私もここで初めて根本敬さんにお会いしました。インターネットのない時代だったので私にとっては情報得るためにも重要な場でした。当時は生悦住さんが好まないラテン、ソウル、ファンク以外の変な音楽のマニアはほぼすべての領域にわたって出入りしてたんじゃないかな。いわゆる「ワールドミュージック」は置いてなかったけれども民族音楽は置いてあった。そして各々が情報交換して、聴くものもどん

photo by m bodaiji

モダ〜ンミュージックのレコード袋とパテ書房のレコードカタログ［※5］

どん増えていくという感じ。貸してもらえるライブテープやデモテープのカセットがカウンターの前につまれ、これもどんどん増殖していった。海外では、ある種の黒人音楽は黒人しか聴かないとか、ある種のノイズ、ある種のパンクはそのグループしか聴かないという傾向があるようですが、あの頃、日本の場合、人も音もごっちゃごっちゃに混ざって何でも全部聴いていた。僕はそういうところが面白かったですね。

また80年代当時流行っていたものとしては、オカルトですね。先ほど挙げた『遊』や『エピステーメー』（朝日出版社）も、グルジエフやシュタイナー等々、オカルト的なものを当たり前のように取り上げて、後に大学の先生になるような人たちがそこで書いていました。当時オカルトに対する抵抗はかなり低く、逆にカッコいいものというイメージだった気がします。それがオウム事件以降ぱっと消えましたが。そういうものがオウムに準備する土壌を与えたのかなという気もします。オカルトに関心のある人達も音楽的には結構激しいものを聴いてました。

米原　僕は、政治的なものはモテないから、極力考えないようにしようと思ってました。

菩提寺　ナイロン100%は、ギャルソンを着ている人、そうではなくてもニューウェーヴっぽい人が主流でしたよね。米原さんはその中でサーファーやっていたわけですね。

米原　学習院大学では、ニューウェーヴの格好をしているのは僕を含めて2人しかいなかったんです。2人で「モテないね」と話していて、女の子に訊いたら「サーファーじゃないからじゃん？」。世の中の空気はサーファーじゃないと若者じゃないくらい、モテないのよ、とにかく。DCブランドブームは確かにあったんだけど、それは世の中、サーファーの人たちとは何も接点がなかった。

サーファーたちは六本木に行っていました。だから僕も六本木に行き出すんですが、でも気持ちはパンクやニューウェーヴに残っているから、真っ黒い肌にギャルソン着ていたりして（笑）。

菩提寺　真っ黒い肌にギャルソン、あるいはサーファーなのにナイロン100％に居るということは、ある意味異物になりますよね。それをやっていくにはエネルギーが必要になると思いますが。モテるためと仰っていますがそれだけではないような何かが。

米原　一つに流れることが僕はずっと嫌いで。ニューウェーヴだからニューウェーヴの格好をしなくてはならないとか、パンクだからパンクの格好という考え方には否定的だった。だからステレオタイプのパンクの人たちはダメで、高木完［＊6］とかよくつるんでいたヤツらは「どんな格好でもいいよね」という人たちだったから、多分サーファーでもいられたんです。パンクは思想的というか態度で示すものという思いがあったから、格好はモテるタイプのものを着て、気持ちとしては「パンクはやっぱりカッコいいな」ということだったんです。今でも変わらないです。

菩提寺　この間、米原さんの別のトークイベント（TFL原宿校「スナックよね」VOL.2）で高木完さんとお話しされてました。高木さんはラップの人だと思っていたけど、多様な音楽を聴かれている方だということを知りました。普通はあまりない組み合わせで話されていた。カウンター的な高木さんの感性で選ばれたんだと思います。面白いなと思いました。米原さんも口では女の子女の子と仰ってますが、それだけではない、「これ違うんじゃない？」というカウンター的なものをお持ちだと思いますが。

米原　世の中ではオジサン的な生き方が「よし」とされますよね。つまり大学を出たら会社勤めをする。格好も会社では会社仕様。就職活動ではみんなが同じ格好をするとか、僕らの頃から始まってるんです。そういうこと自体が僕はすごくダメで。バカバカしいなと。モテるモテないで言うと、組織に入ってその組織の言葉でしか語れないとなったら、モテるわけないと思ったんです。親としても最低だし。みたいなことを考えて、絶対そういう人間にはならないようにしようと思ったんです。自分の考えでちゃんと語れるような存在となると、まず就職先がない。就職するとほんとにモテないという気がしてた。

僕が女子を追っかけているのは、日本のアウトサイダーだと思っているからです。特に十代の女の子たちですね。要するに男の社会に入らずに生きていける唯一の時期だったりするわけです。そういう子たちを追いかけるのはすごく楽しい。その子たちにちゃんと話をしてもらうために、今言ったような世の中が「よし」とする考え方を否定するというところから始まってるんです。外サイドの言葉をちゃんと聞くためには、自分自身も外サイドに身を置いてなければならない。女の子にモテないと子供たちと話ができないという部分もあるんです。

菩提寺　メジャーもマイナーもないという話をされていましたが、今の話はその辺りとも関係してくることでしょうか。

米原　僕にとってはサーファーとパンクが一緒だったり、すべてがフラット。95年に『egg』（ミリオン出版）という雑誌を作るんですが、当時『GON!』（ミリオン出版）というサブカル誌が、どのくらいの速度でコギャルが浸透するか、1カ月に1県ずつ東北地方を回って調査するという企画をやっていたんです。コギャルがいたらうどんを食べさせるという訳の分からない企画（笑）。そのスピード感はものすごいものがあった。一般の人たちが気付いた頃には女の子たちは変わってる、もうコギャルじゃないんです。世の中がコギャルと言い出した頃には、女の子たちは「ダンサーよ」と言っていた。みんなが「汚ギャル」［＊8］「ガングロ」［＊7］とか言っていた時は、メインだった女子高生たちはもうそのシーンにはまったくいなかった。その時間のズレはものすごいものがあります。街で流行っていることがそのまま世の中に出ていないと思って、同時に出すものを作ろうと考えて『egg』を作ったんです。

菩提寺　メディアに登場するようになった後に、よくそのシーンのことをインタビューされたようですが、もうその頃には米原さんは既にそのシーンに興味がなかったり、遅れている感じを受けたと話されていましたよね。

米原　『egg』をやっている時にびっくりしたことがあるんです。田舎でコギャルみたいな子を見つけていろいろ話を聞いたんです。彼女はアンダーカバー［＊9］のTシャツを着て、下はコギャル風のスカート。それで「これ、東京で流行ってますよね」と言う。確かにアンダーカバーも流行っているし、コギャルの短いスカートも流行っているけど、「その組み合わせはまずない」と言ったら、「えー？　これが東京じゃないんですか」。その子たちからすると『egg』と『CUTiE』が同じ次元で東京で流行っているものとして受け取っていたんです。僕が東京ではパンクが全盛だと思っていたのと同じように、彼女たちはアンダーカバーも『egg』の格好もすべてフラットにして「東京で流行っているもの」という意識で受け取っている。メディアは、アンダーカバーを着ている子やコギャルを選んで写真に撮る。すると田舎の子たちは、「東京にはアンダーカバー着たコギャルが普通にいるんだ」と思って、さらに派手になっていくという現象が起こる。僕は原宿にずっと住んでいて、かなり感じます。「この原型は東京にないじゃん」というものが多々ある。

菩提寺　偶然という事故的なことから逆に新しいものが生まれ、変化が起こるということですね。さっきの高木さんのお話にも関係するかな？

米原　そうそう。完に関してもそうだし、その時の彼女は「えー？　これ東京じゃないんだ。じゃあ脱いだ方がいいですよね？」と言うから、「いや、絶対そのままの方がいいよ」と僕は言ったんだけど。

菩提寺　仲正先生にはポストモダンについてよくご教示頂いています。今の米原さんのお話の偶然から起こる出来事は、上からイデアのような正しいものとして与えられ、それを学習し、その正しいものに合わせていくこととはまったく異なる動きですよね。仮に本人はそのつもりでも。地域で偶発的に起こったずれたものから突然鋭いものが登場し、もう一周して変化が起こるということは、例えばデリダ［＊10］の「散種」、ドゥルーズ＝ガタリ［＊11］が『カフカ――マイナー文学のために』（法政大学出版局）で言っている「マイナー」「生成」の概念とも近い現象と言えるでしょうか。

仲正　どうでしょう、哲学的に難しい現象ではないと思うけれど。ただ一般論としてこういうことが言えると思います。最先端を追究していくと何が最先端かが分からなくなる。人間はどのように新しいものを認識するのか。よく考えると規準なんてありません。要はその時に何を見つけて来るかです。一般的パターンとしては、古いものかエキゾチックなもののどちらか。何故その両者に関心を持つかと言うと、見たことがないから。しかしこれにも逆接があります。例えば近代ヨーロッパにおける流行は、だいたい19世紀から1人の人間がわりと短期間に体験できるようになったらしいですが、その頃は古代ローマや古代ギリシアの意匠を生活の中に取り入れるのが最先端だった。でも、だんだん飽和していく。そうすると今度はエキゾチックなものを持ってくる。19世紀のジャポニスムやアフリカ趣味等ですね。19世紀後半の前衛芸術はアフリカや日本等からアイデアを得ているものが多いです。しかし、それもだんだん見飽きてくる。そうすると今度は？　新しいものを探すということは、常に循環運動みたいなことを起こしているんです。

流行は地方に行くとどこか歪みますね。私が金沢大学に勤め始めたのが１９９８年1月、ルーズソックスはそろそろ終わりかと言われていた頃だと思います。金沢市の中心部でバスに乗っていたら、ルーズソックスを穿いている女子高生たちが目に付いた。どうも半年くらい遅れて来るようです。ゴスロリもそうだったかな。見かけたのは半年くらい経ってからだった気がします。私はそれほど女の子のファッションに関心があるわけではないけれど、見ていると強調されている傾向があるようです。例えばゴスロリなら、ゴスロリは真っ黒だという印象を持ったら徹底的に真っ黒。たまに東京に来てゴスロリの子を見かけますが、金沢では「これほどすべて真っ黒なのはないだろう」と思うほど強調していたりする。その辺りのズレは必ず起こってくるものだと思います。ズレているからかえって面白いというものを中心部に持っていくと、そこでまた何かに変化する。そのような現象は常に起こるものなんでしょう。抽象的な一般論としてあると思います。サブカルについては、ディープなものは詳しくありませんが。

80年代は、消費社会となり人々の欲望が多様化されていると言われていたわりには、みんな同じ

cameraworks by Takewaki

ことをやっていたように思います。例えば今70代の全共闘のオジサンたちにしても、私は運動について細かいことは知らないので、「みんな同じようなことをやりたがるな」と思っていました。今はほぼ強制的に共通文化が消滅しつつある気がします。

米原　そうですね。ＷＥＧＯというティーンエイジャーに人気の洋服屋さんがあって、５０００円あれば全身コーディネートできるくらいの値段設定で、僕はそのブランドと５年以上一緒に仕事しているんです。地方のＷＥＧＯのショップで働いている女の子や男の子で人気がある子が東京に呼ばれて、東京でＳＮＳでの人気を確立させるとブランドも出せたり、メジャーデビューしたり、という、出世物語のようなものがあったんです。そのブランドは常にそのように若者たちの新しいものをリアルタイムで取り入れていたんですが、２０１６年の後半くらいから「今若者たちに共通のブームはないから何を作っていいか分からなくなってきました」、と言っていました。少し前であればＫ－ＰＯＰ等のブームがあった。でもそれ以降、「何がブーム？」と訊かれても答えられない状況になっているんです。

――今までのお話を伺うと、むしろ80年代の方が多様な個々ではなかったということですよね。当時とんがっていた一部の人たちの間ではギャルソンのファッションが受け容れられていたにも関わらず、やっぱりサーファーじゃないと女子にモテないということで、大衆が一塊に動いていたということでしたね。

米原　だからブームが作り易かったんだと思います。『オレたちひょうきん族』（フジテレビ系列）が始まったのが83年でした。ドリフターズの『8時だョ！全員集合』（ＴＢＳ系列）が終わったのが87年。その間、「どっちを見るか」で当時の中高生たちが二派に分かれたりした。修学旅行の時、どっちを見るかで仲間割れした思い出もあります（笑）。

仲正　いろいろな要素があると思いますが、メディアの影響は強いと思います。当時はテレビと雑誌ですね。最も人を引っ張ったのはテレビ。とんがった系の雑誌も決まったものがあったけれど。今はテレビでもＢＳ、ＣＳ、ネット番組もある。一様にはなれない。ニコニコ動画等に入ると、その時点で変型が起きたり、いろいろなコンテンツがある。今は人の誘導が非常にしにくくなっていると思います。昔は差異化が起こるのにタイムラグがあったのが、今はメディアに乗っかった時点で差異化が既に始まっている。おそらく90年代、21世紀初頭くらいまでは、まだテレビ文化や一部のとんがった雑誌みたいなものが文化を主導する動きが生きていたけれど、メディアの分散速度がものすごく速くなり、引っ張るのが非常に難しい状況が生まれているのではないかと思います。

――80年代について仲正先生にもお話を伺いたいと思います。先ほど米原さんから「スケスケ賛成」の話が出たように、60年代後半は安保闘争やべ平連デモ等、思想的な動きが盛んでした。70年代も政治的で、カルチャーもカウンター的なものと結び付いていたと思います。米原さんが東京に来られた80年代も確かに出版社には左翼が多くいたりしたけれど、左翼活動が際立っていたわけではなかった。80年代に入り、思想的にどのように変化していったのか、カウンター的なものはどう変容していったのか、先生はどのようにお考えでしょうか。

仲正　私の経歴的なことを話しておいた方がいいかも知れません。

私は81年に東京大学に入ってすぐに統一教会の学生グループである原理研究会に入会しました。統一教会には29歳まで計11年半いました。だから当時のサブカルについては、世の中にこういう動きがあると何となくは聞こえてくるけれど、自分たちとはあまり関係のないものだった。住んでいたのは東大駒場寮や、当時渋谷にあった「世界日報」という統一教会系の新聞社の建物だったので東京の中心地にいたけれど、世の中の動きとあまり関係のない生活をしていたんです。

先ほどオカルトの話が出ましたね。これは一つの傾向だと思いますが、統一教会が大きくなった背景として、恐らく左翼運動が衰退していったこともあるかと思います。左翼的とんがり方が世の中で通用しなくなっていた。ちなみに私が入信した数年前にあたる70年代は、統一教会に入信する人でも学生と普通の主婦等ではかなり傾向が違いました。学生で入信する人たちは、70年代は多くが元左翼だったんです。統計を取ったわけではないですが、安保世代くらいの入信者は民青（日本民主青年同盟）出身が多く、年代が下り新左翼になると中核や反帝（反帝学生評議会連合）の出身者が多かった。私たちの世代になると左翼から移って来るというより、私のような田舎で勉強ばかりしていてあまり世の中のことを知らない感じのタイプが多くなったんです。

――統一教会は左翼的なものと戦っているというイメージですが、そこから入って来る人が多かった、と。

仲正　世の中からドロップアウトして反社会的な方向に動く人間は一定の数いると思うんです。今は減っているかも知れないけれど。オウム真理教が出てくるのはもう少し後ですが、左翼が衰退してきたので、そういう人たちが左翼ではないところへ動き始めた。左翼自体は70年代終わりくらいから求心力を失い始めます。統一教会の特に原理研究会が左翼とぶつかっていたのは、そのような層がこちらに移動し始めた時代だったから。オウム真理教になるともっと過激になるんですが。

ちなみにオウム真理教事件の際、東大理Ⅲ出身の法皇官房の責任者で麻原彰晃の側近だった、逮捕された石川公一は、完全にオウムの信者になる前、私が話しかけて統一教会の原理研究会に連れて行ったことがあるんです。その時彼と統一教会とオウム真理教の違いについて話をしたんです。その時のことを思い返してみると、統一教会は、教祖がどうかは別にして、どうも左翼的な部分が強かったと思います。あの当時東大や早稲田大学で原理研究会に来ていた人は、発想が左翼と近い人たちが多かった気がします。要するに疎外論的な発想なんです。自分たちは社会から浮いている、あるいは社会の中で生きずらいとか。社会の仕組みにおかしな部分があるから人が疎外されているのだ、という意識を強く持っている層がわりと多かった。オウム真理教に入った石川君と話していた時、彼にはそういう部分があまりないように感じました。私が具体的に知っているのは、つまり私が原理研究会に誘った後にオウム真理教に入信した人は1、2人くらいですが、彼らは最初からヨガのようなものに関心があった。「反社会」というものへの関心がだんだん薄れていき、自分の身体の方に意識が向かって行ったように思います。

米原 お話を聞いていて思ったんですが、僕が80年代に大学生活を送っていた頃は、大学生は絶対にマジメじゃダメという雰囲気があったんです。「大学に入ってもしようがないじゃん」という空気がテレビからもすごく流れていた。とんねるずが一流大学生ばかりを集めて、彼らにザリガニだらけのところに飛び込ませて乳首をかませたりとか、大学生イジメの番組が多かった。普通にテレビをそのまま受け取る人間からすれば、「勉強なんかしてもしようがないじゃん」というメッセージを、当時のテレビからすごく受け取っていたと思うんです。

菩提寺 正統的なものに対するアンチみたいな空気がありましたね。

仲正 そうですね。私は81年に大学に入学したんですが、筑紫哲也の『こちらデスク』（テレビ朝日系列）

の番組で、私と同じ年に東大に入った人を30人くらい集めて、「あなたは何故東大に入ったんですか?」と訊いていたんです。みんなポジティヴに答えない。ごつそうな感じの男が「いやあ僕は弱い人間だから、自分を守るために東大に入らざるを得なかったんです」という言い方をしたり。

――学力武装ということですか? 東大という権威が鎧になるわけですね。

仲正 そう、自分は弱い人間だから東大に入る。学力で武装するしかない。宮台真司さんは、ほんとのエリートは東大みたいなものに固執しないという言い方をしますが、そういう気概がある人は80年前後の東大生にはほぼいなかったと思う。そういう意識を持っていたとすれば理Ⅲのごく一部でしょう。

――先生はどうして東大に入られたんですか?

仲正 まさにその彼が言った通り。弱い人間で社会性がないので、東大にでも入らないと通用しないと思っていたからです。

――高校生の時からそう思っていたんですか?

仲正　ずっと思っていました。世間的にもそのような風潮がありましたよ。

――社会性がないというのは？

仲正　本にも書いたことがありますが、私が高校生の頃、城山三郎の『素直な戦士たち』（新潮社）という小説が新聞で連載されていました。学歴コンプレックスのある女性が、知能指数は高いけれど才能を活かせず、くすぶっているサラリーマンと結婚して知能指数の高い子供を産み、その子を東大に入れて超エリートにするという計画を持っているんです。最初の子は知能指数が高かったけれど118くらい。一年後に産むはずではなかった次男が生まれると、次男の方が高く156くらいまであった。でも長男のエリート教育を始めてしまったので、知能指数の高い次男の方は放っておいた。長男は、最初は成果を挙げていたんだけど、だんだんと限界が来て追い詰められ、最後は自分の弟を殺そうとする。弟の方が体力も知力も上だったので抵抗し、一緒に落ちてしまう。そして２人とも半身不随になるというストーリーです。

当時はちょうど金属バット殺害事件だとか、東大仏文の先生の孫が祖母を殺した朝倉少年祖母殺害事件、あるいは82年だったか、祖父が東大名誉教授で父親も東大教授、本人は慶応大卒で祖父がものすごいコンプレックスになっていた青年が祖父を「悪魔」と言って殺した斎藤勇東大名誉教授惨殺事件など、その類の事件が多発していたんです。受験地獄で若者の人間性が壊れている、と言われていました。筑紫さんのその番組でも、明らかに新東大生に「自分の人間性が壊れている」と告白させるような意図があったと思います。

今から考えると、そういうことをやると宗教へ行きがちになりますよと思う。

米原　ゆとり教育が始まったのも80年代ですね。

菩提寺　仲正先生がお話しされたことに絡めて、80年代に戻りながら話したいと思います。香山リカさんが『ポケットに80年代がいっぱい』の中で中沢新一さんと対談しているのですが、「ステージ」という単語が出てきます。YMOのパンフレットにグルジエフやカルロス・カスタネダ等の名前があって云々とあり、そして「ニューアカの人たちはクラシックを聴いていても、バッハから時代ごとに聴いて今はブルックナーに来ている」とか、ステージを上げるというか、「お勉強のような感じがあった」と話しています。当時、その「ステージ」という考え方は結構みんな持っていたと思うんです。僕の周囲にもそういう雰囲気はありました。たとえオカルトに興味がなくても。

もう1点は服飾について。流行は伝統的なものからエキゾチックなものに行くということでした。それと似たような事例が確かに音楽にもあると思います。いわゆるクラシックファンが好む古典派からロマン派のクラシック音楽は、機能和声、ソナタ形式を重視しホモフォニーな曲がつくられベートーベン等

cameraworks by Takewaki

はヘーゲルの影響を受けて、その行き着く先はワグナーなどの総合芸術としてのオペラへという流れでしたが、その途中でやることがなくなった時に民族音楽に行き、何とか行進曲、何とか舞曲みたいなリズムを強調した曲がいろいろと出てきました。モーツァルトやブラームスとか。でもそれは民族音楽的なものを取り入れてはいるけれど、ハンガリーとは関係なく実はロマ音楽、ジプシーの音楽だったりする。そこにはダンス音楽がベースにある。ギリシア的なものに由来する西洋と考える彼らとしては、元々理性を重視しているから理性中心に行きたい。詩人追放やセイレーンの話にあるように情動よりと思っているダンス等はできるだけ拒否したいけれど一方で何かそういうものを求めたりするところもある。と同時にエキゾチックなものに何かを期待する。しかし西洋音楽は進歩していかなくてはならないという意識がある。その辺りが、先生が話されていた服飾の話に近いかと思います。

そこから話は飛びますが、同じような現象が今の音楽でも起こっています。81年にトーキング・ヘッズが来日しました。その前のアルバムから一転して、Pファンクのメンバー他、黒人を入れてアフリカ的雰囲気を出してきたと皆が思った。実際ライブの内容は良かった。スタジオアルバムはイーノがプロデュースに関わっていた。またアフリカ人が演奏しているアルバムをイーノプロデュースでEGレーベルが出した。さらにその頃『ミュージック・マガジン』（ミュージック・マガジン社）等で、中村とうようさん等が盛り上げて、第三世界の音楽、アフリカの音楽が、そしてワールドミュージックがやたらと取り上げられていました。実際、アフリカのミュージシャンも何人か来日したりした。当時はみんなイーノの動きに影響を受け易かった。これはロックとその業界が第三世界に頼りたくなったということですね。あとはロックの根源、より純粋なものを辿るとか。仲正先生の話を聞いて、短いタームの中で繰り返しているのかと思ったんです。今ではワールドミュージックは一部を除いて評価が低くあまり顧みられない感じになっているようです。ただし当のイーノは一方向からの影響ではなく、相互に影響しあい混交することにこそ関心があったようです。第四世界の音楽［＊12］というのも言ってました。

一方、ジャーマンロックのCANというバンドは最初から世界のいろいろな音楽を混ぜたような曲をつくっていましたが、そのなかでも自分たちの民族音楽的音楽は偽民族音楽シリーズ（Ethnological Forgery Series）とあえて言っていた。完全にフェイクとしてやっていた。それは今聴いても面白い。彼らは民族が違うから民族音楽やっても全然違うものになるのは当たり前、真似してみてもどうせ全部フェイクなんだから、という姿勢なんです。そういう姿勢でやっていたらある時E.F.S.という概念をみつけたとメンバーのイルミン・シュミットが言っています。ジャーマンロックは70年代当時と比べて評価は高く、今ではクラウトロックとも言われ世界的によく認知されています。日本の音楽シーンでも、例えばイギリスのニューウェーヴの真似をしてもやはり日本の要素が入り、逆にそれが面白いと言う西洋人もいる。言いたいのは安易な理屈を言って音楽上コントロールしようとしてもできるものではないということです。

ＹＭＯはアルバム『ソリッド・ステイト・サヴァイヴァー』から当のメンバー含めてニューウェーヴという認識ですが、海外ではニューウェーヴというイメージは持っていないんじゃないかな。米原さんも音楽について詳しいですが、その辺はどうでしょうか。

米原　どうなんだろう。僕らの世代はとにかく全部の種類の音楽を聴いていたましたね。ＡＯＲ（Adult-Oriented Rock）が流行ればＡＯＲ、プログレが流行ればプログレ。そういうものの直撃の世代です。新しい音楽がどんどん紹介されるたびにそれに食い付いた。例えばプログレであれば、Ａ面Ｂ面1曲ずつのものじゃないと買わない、曲数が少ない方がカッコいいというイメージがあったから。80年代主流だった音楽シーンは、なよなよしたニューウェーヴと言われていますよね。でもニューウェーヴ自体は、戸川純がテレビに出たりしてメジャーになったけれど、世の中的には大メジャーではなかった、みんなが「キャー！」ではなかった。不思議ちゃんしか寄って来なかったり。

先ほども触れましたが、80年代は、ある種「ものを考えるな」というメッセージが強力にいろいろなところが発信されていたと思うんです。マンガは特にそうで、その頃からヤンキーマンガが登場します。ヤンキーマンガでは、頭がいい人、お金持ち、先生はすべて敵。その人たちは潰すべき人たちという図式が、意図的じゃないかと思うくらい強かった。ほんとに「ものを考えるな」というメッセージがいろいろなところに見て取れたんです。それは何なんだろう？

菩提寺　日本のパンクと言われていたりする、ならず者的なロックをやっていた人たちは、実は意外にみんな高学歴なんですよね。じゃがたらの江戸アケミさんでさえ明治大学で学校の先生を目指していたような人だし、非常階段も京大卒や同志社大学卒がいたり。パンクについて、社会学の書籍等では「労働者階級の底辺から出てきた者の心の叫び」等という説明がよく付きますが、実際はスタジオを持っているお金持ちのぼんぼんだったりする。聴いている層もそういう感じ。金持ちじゃなくても、きつい労働してそれにすべてのエネルギーを注ぎ込んでいるような人達とか、いわゆるマルクス主義っぽくはない人達が大半だったと思います。

仲正　セゾン文化はそういうものなんでしょうね。

菩提寺　当時のセゾンは後追いという印象があります。その前にムーブメントがあって、それを拾って付加価値をつけていくという。宮沢章夫さんは、「〈六本木WAVE〉には何でもあった、レコードにポップを付けるのはWAVEから始まった」と書かれていますが、WAVEにはそんなにレコードがあったわけじゃない。ポップなんてどこのレコード屋に行ってもあった。その前身の〈ディスクポート西武〉というレコード屋の方がデッドストックの輸入盤を大量に入れていたので面白いものがあった。渋谷西武百貨店のB1Fの店舗でサティのアルバムを出したばかりの高橋悠治さんや、YMOが関係したアルバムの発売後に朝比奈マリアさんがサイン会をしていたり、横には自主製作本の本屋もあって、『腹腹時計』や『HEAVEN』が置いてあったりした。当時僕はそこで廃盤になっていた前出のCANの1stのUK盤など買ったのを覚えてます。ところがWAVEになったら小奇麗になってしまった。デッドストックはあまりなく、いろいろなジャンルが一通りあったけどいいものはあまりなかった。ワールドミュージックと映画音楽のコーナーは大きくなったけど。ただしSEDICのことは知りません。あとWAVEができる以前に、既に池袋西武百貨店本店のアールヴィヴァンには、当時としては大量の現代音楽のレコードがあり、すべて試聴可で、芦川聡さん〈作曲家〉が店員をされていて質問したらいろいろと教えてくださったり個性的なレコード屋でした。僕はそこでJean Claude EloyのShantiを買いました。薩めぐみ［＊13］もあった。ここは前衛で、後追いではなかった。

米原　僕のWAVEに対する違和感は、WAVEに置いてあるレコードはオシャレという印象だったことですね。オシャレな音を探しに行く場所。映画館のシネ・ヴィヴァンもそうで、オシャレな映画を観にいく場所。みんな口に出して言わないけど。シネ・ヴィヴァンの映画は何を観ても寝てしまい、最後まで観れなかったというのが僕の辛い思い出です（笑）。仲正さんは西武文化についてはどうですか？

仲正　私はそれほど詳しくないですがお話を伺っていて思うことは、理屈を言うと、とんがったことをやろうとするのは、やはりインテリなんです。本当に生活が苦しい人は、とんがったこと自体求めようとしない。パンク自体もやらないでしょう。パンクみたいなことをたまたまやっている人がいるかも知れないけれど、それを芸術にしようと思った時点で、ある程度余裕がないと無理です。最初はとんがった形で前衛的なものは、次の段階ではオシャレにしないとならない。エリートの中で型にはまったエリートではダメだと思う層は、菩提寺さんたちはそういう層だと思うけれど、それは人口の中では非常に少ないと思います。そういう人たちだけで成立するようなマーケットは商業的には持続しないでしょう。持続させようとすると、ある程度柔らかくして、普通の人が受け入れられるようにしないとマーケットとして成立しない。そのような次の段階のところを何かが担わなければいけない。セゾングループがやっていたことは、まさにそれなんだと思います。

米原　80年代からヒップホップが流行りますが、グラフィティを描くスプレー缶は、アーティストによっては盗んでるやつもいた。グラフィティ自体も非合法だけど、そういうことで顔を隠していたりするアーティストも多かった。それは本当に貧しい人たちが、自分たちの価値を作りたい、自分たちがいいと思うものをやりたい、という欲求でやっていたと思うんです。彼らは大きなサイズの服を着てますが、それはアウトレットに置いてあるサイズは3Xや3XL、要するにデカイものしかないから。それを安く買ってファッションにしていた。最初のヒップホップはそういうものだったんです。パンクも、Tシャツを破ったり、安全ピンをピアスにするというのも、最初は貧しい人たちのファッションだった。彼らの何が他の貧しい人たちと違ったかと言うと、遊びの心を持っていたことだと思うんです。「こういうことをしないと俺って周りと同じじゃん」という衝動というか。本当にちょっとした違いだと思うけれど、彼らは工夫したんです。

ヒップホップがなかったら誰もナイキやアディダスのスニーカーやをオシャレだと思わなかったろうし。「スニーカーが買えるなら貧しくないじゃん」と言われるとそれで終わってしまうけど。でもたかだか1万、2万円のスニーカーのレアものでも、自分たちの中では、それがルイ・ヴィトン等のハイブランドなんかよりも圧倒的に価値があると思っている。日本ではなかなか出て来なかったけれど、海外では若者たちが自分たちの価値観で新しい流れを生み出しました。そして結果的にそれが億の価値を持つようになったりする。でも、今でもヒップホップの人たちはギャングスターのままで、みんなピストルで殺されたりしているけど。日本ではそういう動きは見えなかったというか。周りにいたバンドをやっている人たちでも、本当に貧しい人を見たことがないですね。

菩提寺　新左翼的な感じはないけれど、80年代の、例えばナイロン100％にしても、何となくマス、大衆というものに対して反感を持っていたように思います。例えばフリクションの歌詞に「何を見てるの、俺たちを見てるの？」、INUの歌詞に「俺の存在を頭から打ち消してくれ、否定してくれ」

というのがあったり。下級階層からの反逆というよりは、気に食わない、理にかなわないという気持ちをみんなどこかで持っていたように思います。均一化されることに対する抵抗感を持つ層が、80年代のカルチャーと言われるもの、アンダーグラウンドにはあったのではないでしょうか。

仲正　誰かが「アングラの消滅」という言い方をしていましたが、言い得て妙だと思います。とんがった形で地下に潜っているようなものは、今なくなってきている。結果的にそういうことをしている人はいると思うけれど、地下に潜って自分たちだけでやっているという感覚は、80年代に比べるとかなり低下していると思います。80年代は、少し前まで左翼運動が活発だった時代です。左翼運動の逆説は、体制に異を唱えながら、その左翼団体内に入ると均一化してしまうことです。それをイヤだと思った人が、例えば宗教に期待したりしたわけです。「宗教で何が悪い、どうせ均一化されるなら均一なものを求めればいいじゃないか」という逆転ですね。でも、だんだんと均一化に抵抗しなければならないという感覚が薄れてきました。宮沢章夫さんも講義している東大の表象文化論コースは、80年代の終わりくらいにできたんですが、あの頃は「表象文化論をやっている人は、アンダーグラウンドの芸術家と付き合わないと一人前ではない」という空気がありましたね。蓮實重彥さんや渡邊守章さん等、芸術に直接関わっていた人が先生をやっていたせいもありますが、そういう感覚が今はほぼ失われている。「机上の空論で何が悪い」と。いや、「何が悪い」という感覚さえないと思う。「理屈は理屈でいいじゃないか」という意識でしょう。例えば演劇評論をやっていて「実際に演劇に関わっていないと後ろめたい」と思うのは、多分左翼的感覚なんだと思う。労働者の解放を語りながら、労働者の生活をしないのは後ろめたい、だから労働者の格好をするとか。

左翼系のカウンターカルチャーにはそういう部分があります。パンクをやっていた人も、「なるべくアウトサイダー的生き方をする」という意識があったと思う。そういう強迫観念みたいな意識が非常に薄くなっていますね。

菩提寺　仲正先生が先ほど仰った「マーケットに適合するように柔らかくする」ということについて。パンクからニューウェーヴへの流れは、商品化できるように薄くしたということになるかと思いますが、ニューウェーヴも初期の頃は尖ったものもありました。（NEU!、CAN に影響受けたような初期の PIL 周辺、This Heat、TG、Joy Division、METABOLIST、初期から中期までの DAF、Talking Heads の R.I.L. までなど）でも、そういう柔らかいニューウェーヴもあり、確かにその方が売れた。しかし、その中身がつまらなくて好事家は次の展開に向かったりするわけです。先ほどの米原さんのヒップホップの話の時出た言葉をかりると「自分（たち）がいいと思うものを」聴きたいという感じです。アンダーグラウンドに対して、マーケットを形成できるオーバーグラウンドはあるかも知れないけれど、当初はある一定層だけが興味を持つフツフツとしたものは依然としてあり続けていて、米原さんはそういうものをいち早くキャッチしてきました。面白いと思うから行動し、それがオーバーグラウンドを含めて仕事に繋がっていますね。

米原　先ほども話しましたが、今はみんなの共通意識みたいな部分を見つけるのがすごく大変です。『egg』を作った頃は、「オジサンたちはイヤ」と言っている女の子たちは共通なものを持っていて、そういう女の子じゃない子たちも「この流れに巻き込まれるだろうな」という確信があったんです。〈きゃりーぱみゅぱみゅ〉が出て来たのは、渋谷がもう終わっていて、それに対するカウンターと

cameraworks by Takewaki

して原宿から出てきた時です。原宿と渋谷は必ずカウンターとして機能してきて、どちらかが盛り上がると片方がその後に来るという流れを繰り返してきたんですが、今や原宿も渋谷も同じ商品しか置いてないんです。昔は原宿に行く子と渋谷に行く子はまったく違ったし、渋谷で買い物する子は絶対に原宿で買い物しないし、逆もそうでした。今は同じ商品が並んでいて、同じモデルが両方の系統の雑誌に出ていたりする。そういう昔の状況からすると今は本当に何もないような気がします。

仲正　せっかくなので米原さんの作品を観ましょう。

米原　最近の作品を観ましょう。去年までの動きですが、WEGOでTwitterを中心に人気のある男の子たち女の子たちをフィーチャーしていましたけど、今はTwitterでは人が付いて来ない、今は動画じゃないとダメになってるんです。僕が関わったXOX（キスハグキス）というWEGOが作っているアイドルグループがいます。女の子っぽく見える子もしますが、全員男の子です。今も人気はありますが、消費の最前線にいてこの子たちが何か言えばみんなが買ってくれるという流れは去年の前半まででした。後半からはこの子たちでは消費につながる人気はなくなって、今は動画の人気者たちが牽引しています。流行に合わせてSNSの使い方がみんな違うんですよね。WEGOは今の若い子たちを追いかけて展開しているブランドですが、もう追いかけ切れなくなっています。

仲正　最近のカッコいい男の子たちはこういう顔立ちだというのは、今は慣れているから当たり前に見えますが、顎のラインがものすごく細くて女の子っぽい。中性化してますね。

米原　かなり中性化してます。

仲正　昔の二枚目って顎のラインがしっかりしてましたよね。古いけど昔の二枚目の高橋英樹とか加山雄三とは明らかに違いますよね。

一同　（笑）

仲正　それから米原さんの作品を見ていたら、昔の感覚では非常に病的な感じのビジュアルの子が多いと思いました。

（スクリーンに男の子女の子の多数の写真。仲正氏、立ち上がり、画像近くへ）

例えばこれ。今はマスクかけている子も多いですよね。でも本来、マスクと眼帯って病気の人がやるものでしょう。

菩提寺　米原さんが仰りたいのは、今は速度がものすごく速いということですね。

米原　もう付いて行いけないほど。しかも細分化され過ぎていて。

――先ほどの話に戻りましょうか。今のように速度が速いということに反して、80年代は帰属する意識が強かったように思います。

菩提寺　それぞれの族がいましたね。

仲正　反社会的だけれど、それぞれの「族」がありましたね。

――例えばサーファーならサーファーファッション族に、あるいは統一教会だったり、左翼運動だったり。

（仲正氏、再び画像へ）

仲正　メイクもね、病的に見えますね。最近は当たり前になり過ぎていて本人たちはそういうつもりはないと思うけれど。でもちょっと…。この子はまだいいかな、でもこの子は…。今はこういう

cameraworks by Takewaki

感じの病的な子がモテるという雰囲気があるのでしょうね。

米原 今のムーブはメンヘラです。

仲正 そう、メンヘラに見えます。先ほど出たハロウィンにしても、本来病的に見えるようなメイクをしている。それが当たり前になっているから今はファッションだけど、70年代、80年代の感覚だったら、ものすごく不健康な感じがする。それから身体をそんなに露出していませんね。

米原 しないです。

仲正 豊満な女の子もいない。幼児体系に、ナチュラルではなくわざと陰影を付けたようなメンヘラで見えるようなメイク、それにマスクや眼帯を付ける。この子の手の上げ方は、自分の身体性を強調するのではなく、弱弱しい感じがする。

――80年代はボディコンだったり、身体性が強調されてましたね

仲正　細い人ならその細い身体をボディコンで強調していたりした。

米原　それから今の子は男女で同じものを着るんです。男の子がレディースものを着たり、その逆だったり。男女がどんどん真ん中に寄っている感じですね。

仲正　変な喩えだけど全身を纏足にしている感じ。アイドルを見ても女性的なものを強調する感じがしませんね。関係あるか分かりませんが、一見逆の現象みたいですが、最近大学で教えていると筆圧の高い女の子がやたら多く目に付くんです。昔のような丸文字は少なくて、むしろ力を込めて太い字を書いている。「男性化しているのかな」と思っていたけれど、最近、「字を書く時に紙を手前に寄せているからかな」とふと気が付いたんです。やってみると分かりますが、紙を抱え込むようにして字を書くと必然的に筆圧が高くなります。要は身体を抱え込むというか、縮み込んだ姿勢になっているわけですね。女の子に顕著です。身体を伸ばすことに対する抵抗感のようなものが、ひょっとしてあるのかな。

――むしろ80年代よりも今の方が人が細分化されている傾向にあるということでしょうか。

仲正　細分化というか。身体を動かした方が、見た目の違いは出やすいものでしょう？　縮こまると違いが出にくい。身体をなるべく小さく小さくしていこうとすると、外見的違いは出しにくくなると思うのですが。

菩提寺　米原さんは実際にこういう子たちに接して、どのような印象を受けますか？

米原　この子たちの話を聞いていてびっくりするのは、男女が一緒の部屋に寝ていても何も起こらない。普通にただ寝るだけなんですって。70年代の劇画『高校生無頼控』（原作：小池一雄、作画：芳谷圭児）のような「ヤッて当たり前」みたいな考え方はこの子たちにはない。セックスという前提も圧倒的に持っていない子が多い。あるとすると逆にゲイだったり。基本的に今の子にはゲイも多いですね。

菩提寺　80年代は一般的に、処女だとか童貞だとか、いつそれを破るかという話ばっかりしてましたね。80年代は男主義的なところがありましたよね。

米原　そういうものとは正反対にいる子たち。それから、「みんなと違う個性のあるものを着よう」という意識で洋服を選んでいるんでしょうけど、集まると雰囲気がみんな一緒なんです。全然個性がない。一人で街の中にいると目立つけれど、集まるとみんな同じ。メイクも同じだから顔も同じ。男の子もアイライン入れたりしますからね。そういうところが不思議だなと思ってます。目立ちたいのか目立ちたくないのか、よく分からない。

菩提寺　宮沢章夫さんは80年代について「非身体性の時代」と強調されてますが、80年代は前出のボディコンが流行ったり、むしろ身体性は強かったのではないか。宮沢さんは非身体性という例でテクノやYMOを出していますが、YMOは特に1stや2ndアルバムの時のライブでは、シーケンサーが暴走して速度やピッチが変わったり、止まったりと訳の分からない展開になるので、人力で無理矢理合わせていた。そこにギターも入ったりして、そのスリルを聴いていた人も結構いたと思います。それはどちらかと言うと極めて身体的で、機械の自動的な暴走に人間が無理して運動器を使って合わせていく感じ、フランスロックの後期ＨＥＬＤＯＮ［＊14］（ドゥルーズも関係した）みたいな。現に高橋幸宏さんがドラムを叩く姿がカッコいいという人も沢山いました。『ＢＧＭ』『テクノデリック』の頃になるとほぼコンソールの前でプレイするようになるけれど、クラフトワークが『ザ・マン・マシーン』から『コンピューターワールド』の頃に完全にコンソールの前だけでツマミをいじっていたのとは比較にならならない。運動器を使うという面においても。宮沢さんは、80年代はみんなＤＣブランドを着ていたから地べたに座らなかった、90年代は地べたに座ったりダンスしたりと身体的になっていったと話していますが、それも違和感があります。非常階段や財団法人暗黒大陸じゃがたらなんて、ステージの上で流血しながら転げ回り、放尿したり嘔吐したりしていたので。身体的どころか生理的ともいえる状態だったわけで。まあゲンロンカフェで早すぎたものについても話されていたのでそれに当たる例とも言えるかもしれませんが。

――メジャーなところで言うと竹の子族やローラー族もとても身体的でした。身体を使ってダンスをしていました。

米原　今の子たちはオシャレするだけなんです。ユーチューバーと言われている子たちは「今日は街に出て、キスを何人がしてくれるか、やってみたいと思います」とか、YouTubeに上げるためだけに動いている感じ。ローラーを踊りたいからローラー族になった、とかいうものがない。

photo by M Bodaiji

Instagram もそうで、撮りたい写真があるからではなくて、Instagram に up するためにインスタ映えする場所に行く。

菩提寺　そこに欲望が作動している感じなんですね。

米原　自分がやりたいことのためにナントカをするのではなくて、ナントカをするため、例えば Instagram をやるために、「私はここに行きます」という考え方なんです。だからそれ風であれば何でもよかったりする。今の十代は洋服を買わないいんですよね。

菩提寺　少し前ですが、米原さんも関係された、アイドルグループのB・i・S－新生アイドル研究会－［＊15］が突然不思議な盛り上がり方をしました。お客さんも含めて大暴れしたり、インディーズのバンドとコラボしたり、独得な盛り上がりを見せました。この時代にしては不思議な出来事だったと思ったんです。あれは何だったんでしょうか。

米原　B・i・S のお客さんはハードコアから来る人が多かったんです。第一期というか、解散した時のB・i・S のお客さんは、ほとんど非常階段のライブに来ていてもおかしくない人たち。アイドルのコンサートでは喧嘩にはならないけど、大騒ぎすることを前提に来出した面があります。当初はアイドルたちの中でも問題になっていたんです。「騒ぎに来ているのかアイドルを観に来ているのか、どちらかにしてほしい」ということが言われた時もある。初期の頃、地下系アイドルと言われた子たちには騒ぎに来るファンが多かったですね。今はダイブ（観客の中に飛び込むこと）禁止だしリフト（人を騎馬戦のように持ち上げる行為）も禁止。初期の地下系アイドルの良かった部分をすべて剥いでます。ちゃんとしたエンタテインメントとして見せているんだけど、そうなると全然面白くなくて。

菩提寺　彼女たちが解散した後にB・iSHというアイドルグループが作られ、それがメジャーに行って、今はそちらの方がB・iSより有名ということになっているんですね。

米原　エイベックスの仕切りでアイドル展開をしていますね。

菩提寺　オリジナル（根源）のバンドよりも認知度があるのはその次のバンドで、その次のバンドの方がメジャーになっている。そのグループのオーディションに落ちた子が今のB・iSに来たり。面白い現象だなと思います。

仲正　坊主頭のこの子（カミヤサキ）は、多少暴力性を演出しているのかも知れませんが、普通の男性が狂暴だと思うかと言うと、そうではないでしょう。むしろ壊れそうな印象。90年代のヱヴァンゲリヲンあたりから、綾波レイのようなキャラクターを好む人たちが増えていますが、イメージとしてはそういう感じがします。一見外れたことをやりそうに見えるけど、実際に身体を動かしたら壊れそう。

米原　彼女はマラソンをしたりして体力はあるようです。

菩提寺　B・iSは、メンバーが過酷なことをどんどんやり、追い込まれながらツアーをやる。それをみんなが見るわけです。

米原　地下系のアイドルの女の子たちのリストカット率はとても高いんです。

仲正　なるほど。じゃあ見た目通りですね。いかにもやりそうな雰囲気がある。

米原　ステージ上でリストカットして辞めた子もいます。6針も縫うリストカットやったんです。

本当にメンヘラ率がすごく高くて、AVの女の子たちとの境は薄いですね。「どっちに声を掛けられたか」という差ほどです。AVの子たちもリストカット率が高いんです。メンヘラの子たちのいる場所って、昔であればアンダーグラウンドの舞台があったり、いろいろありましたけど、今はAVか地下アイドルに行くしかないみたいな感じです。

仲正　AVと地下アイドルに共通するものを考えると、少なくとも表面的には、男性文化に正面から対決しているようには見えないこと。自分が暴力を振るうというよりは、「暴力的に扱われても平気です」みたいな、究極の受け身のように見えますね。

米原　そうなんです。そういう企画ばかりやらされている子たちです。

仲正　そちらの方の身体性が出ているのかも知れない。昔は女の子が身体性を発揮すると言えば、男まさりという感じでしたが、今はむしろAVに近いような究極の受動性のようなところで逆に身体性が見えてくるように思えます。

米原　そうですね。

菩提寺　当時、我々でB.iSについて、CINRA（芸能系ネットニュース）にセックスピストルズの状況主義者的な面を参考に文章を構成しました。非常階段［＊16］のJOJO広重さんも久しぶりに面白かったと言っていたB.iS階段のような、ああいう感じがまた起こるといいなと個人的には思います。仲正先生が言及したサキちゃんも、ダイブをやっていた昔の雰囲気を今も引きずっているように僕は思います。

[WEGO X BiS X GANG PARADE X YONE コラボ T 企画] より

cameraworks by Takewaki

――サキちゃんは、それまでは普通にキレイな女の子という感じで活動していて、BiSに入ってから今のような雰囲気になったんです。

米原　BiS階段が出た後、「〇〇階段」という非常階段とのコラボシリーズは6本出たんです。JOJOさんやり過ぎ。もう無理でしょう。そんなにアイドルが良かったのかというくらい出しまくったので、僕からするともういいという感じ(笑)。仕掛けた人も知っているけど、やっぱりそれは仕掛けでしかない。何かを残そうという意図でやっているわけではないんだよね。

彼女たちが受動的な行動を取らされるという面については本当にそうで、握手会にしてもチェキ会にしても、お客さんがいる限り永遠に待っていないといけない。僕が思うに、アイドル・オタクの人たちは見掛けはMに見えるけど究極のSなんです。だからアイドルの子たちはドMを演じなければならない部分がすごくあるなと思います。

仲正　この子とかは、いかにも叩かれそうな表情をしてますね。

米原　その子もサキちゃんです。アプリを使ったりして表情を作るんです。それがウケる表情だったりするんですよね。

INTERMISSION

――画面に出ているのは、ジャックスのLP『ジャックスの世界』のために、メンバーの早川義夫が1968年6月27日に書いた文章です。

菩提寺　僕はこの文章がポストモダンぽいと感じます。先ほど仲正先生に読んでもらいましたが、先生も同じ感想でした。裸のラリーズは黒ヘルを被っていたり当時の左翼運動に親和的でしたが、ジャックスはそんな時代なのにポストモダンっぽい。ラリーズの水谷孝さんは「ジャックスはロックじゃない」と言っていましたが、僕はロックだと思うんです。日本の80年代のロックもポストモダン的な香りがすごくするものがあります。

仲正　先ほどの話の関連で言うと、こういう台詞があります。

「プロにならないでほしいとの声をよく聞きます。しかしどこまでが演出なのか分からぬマスコミの世界にジャックスは入っていきたいと思うのです。マスコミが汚い、プロが汚いと言ってアマチュアで押し通すというのは駄目なんです。学校だって家庭だって何処だって汚いんです。汚い世界でありたくないから自分自身がそこに入って行かなければならないと思うのです。でもこれは時間がかかることです。いつも完全燃焼というわけにはいきません」。

プロとアマだとか、学校と非学校だとか、新左翼的発想では、純粋な世界と汚れた世界をはっきり分け、自分がどちら側にいるのかをはっきりさせようとします。しかし今の文章は、そのような二分法を避け、「汚れた世界に自分は入っていく」と言っています。自分は純粋な世界にずっといられるという感覚をそもそも持たない。そして「時間がかかる」とも言っています。純粋な世界に身を置き、そこで汚い世界に向けて革命を起こすという発想とは根本的に違いますね。

「彼らの心の底に流れる泣きや怒りや願いは歌になって表われますが、外側のジャックスはマスコミに作られていきたいのです。彼らの心の底はないものねだりをするんだろうけれど、彼らの外側が純粋なんてないと思っています。そして僕らは何々を分かるということや、何々を知るということだけが人生でないと思っています。もっと感覚的に歌を愛していきたい。あれは音楽じゃないとかいう発言の底は何々は何、何々は何と頭の中でノートを作っている人なのです。そのように転がろうともしない石になった観念を捨てましょう」。

「反体制」というものを固定観念的に捉えようとはしない、「何々の本質がここにある」というような発想をそもそも止めてしまおうということですね。

「僕らは一人一人違いを知っている。つき迫ったところで尚も広がっていく一人一人の違いを知っている。偶然集まった四人がそれぞれ自分しか出せない音を出すため我儘で生意気でなければならないと思うのです。そして彼らは誤解されやすい立場にいつもいることを知っている。理屈で考えれば僕ら自身だって「何だこれ」となるから、僕らはあまり語り合わない。一人一人のセンス、感覚だけを、それも部分的でしか信じ合っていない」。

「部分的にしか信じ合っていない」という箇所などはポストモダン的ですね。ベタな反体制主義であれば、「純粋な世界の中で自分たちだけは分かり合っている」と言ってしまうところでしょう。「本質がある」と思っている人から見れば、表面的にしか繋がっていないように見えるかも知れない。ごく微妙な繋がりなんだけれど、そういうところを大事にしていくという発想です。型にはまることを拒否するあまり、かえって逆に型にはまっていくということを避けるために、いろいろなものを受け容れていく、ということです。受動性みたいなものですよね。

ポストモダン系の議論で、従来の「主体性」に関する議論と異なるのは、突っ張るとかえって自分が捨てようと思っている近代的合理性や型にはまった思考に、逆にはまっていく、という視点です。いわゆる二項対立を完全に避けることはできないけれど、ある程度相対化しようと思ったら、「これが能動的な在り方」「これが受動的」とはっきり分けて考えないようにしよう。「主体性」は大概は能動的だと捉えられますが、そのような能動性の理想像からまず崩していこう。そのためにはある意味、力を抜かないとならない。ただし力を抜いてラジオ体操をすると、かえっておかしくなるように、そこの抜き方が大事になります。簡単そうに見えてなかなか難しいものです。

先ほどの女の子の話に戻しますが「受動的に見える」ということについて。フェミニズム運動史でよく言われることですが、最初期のフェミニズムは「男と同じくらい強くなる」という発想がやたら強いものでした。その反動で「女性らしい主体性」というものが出てきます。すると、「それでは母親や従来の伝統的女性像に囚われるからダメだ」と揺り戻しがくる。そのようなことをずっと繰り返してきました。政治運動化しているフェミニズムは必ずそのどちらかに寄るのですが、ポストモダン系の議論でよく言われるのは、「対抗しようとすると、必ずその対抗しようとしているものに似てくる」ということです。しかも自分の主体性だと思っているものが型にはまっていく。

80年代の主体性は、「反抗する身体」という「意識している主体性」なんです。左翼運動の身体性は意識的に反抗しようとする。だから集団行動のような形になり極度に規律化されていく。カウンターカルチャーへ向かう人は、そのように規律化されない「本当の主体性」を求めていたと思うけれど、その方向に行っても余計に型にはまっていくものなんです。主体性は、追究していくと結局似てくる。

それに対して受動性は、逆説的な意味での主体性の持ち方なのかも知れません。どういう理屈か。例えば、人を殴ることはある意味簡単です。でも殴られるのはキツイ。「どちらをやりたいか」と問われたら普通は殴る方でしょう。あるいは、パフォーマンスにおいて、人の身体を作動的にいじることは楽にできる。でもずっと受け身でいるのは相当キツイ。実はそちらの方が身体的技法としてレベルが高いかも知れない。そう感じたのは、関わっている前衛演劇で「役者をやって欲しい」と言われ、能動的・受動的な動きをやってみたからです。2人のパフォーマーで、「どちらが動かしているのか分からない形の動きをしてくれ」と言われ、やってみて分かったのですが、人間は自分の方から動いてしまうものなんです。理想としてはどちらが動かしているのか分からない状態に持っていきたいのだけれど、単純に手を合わせただけの状態でも、それをずっとやるのはなかなかキツイ。相手主導の動きに耐えられなくなるので自分の楽な方に動かしてしまう。人はやはり受け身の状態でじっとしているのはキツイんです。

――今の話は先ほどのB・iSから発展しています。彼女たちは、作り手側の要望に応じ何でもやらされるという受け身であるけれど、実はその立場の方がキツイし、それを受け容れるのには、逆に主体性が必要なのではないか、という話ですね。

仲正　人間はやはりイヤな体位などを取らされたら逃げようとします。でもそこで逃げたら面白くないわけです。マゾが成立するのは、普通の人間が逃げるところで逃げないから。

先ほど米原さんから、80年代はとんねるずの番組等、マジメな人をバカにする空気が積極的にあったという話がありました。ダウンタウンもそうですが、後輩の芸人や自分より少し下の芸人にやたら手を出すとか、暴力的に扱うとか。そういう番組が一時期流行りましたね。芸人同志が一触即発のような雰囲気になり、彼らを一緒にしておいたら何をやるか分からない、それで盛り上がるという空気がありました。でも今はモードが逆になっていて、見掛け上マゾの人が増えているような感じがします。

米原　確かにそうですよね。

仲正　いかにも「突っ込んでください」という感じの人ばかり。昔の感覚では、それは主体性がないと思われるでしょうね。本来、人間は主体性のない状態でいるのは相当大変なんです。

――現在は、主体性と受動性、そこで完全に主客が逆転しているのではないか、ということでしょうか。

仲正　まさにヘーゲルの『主と僕《しもべ》の弁証法』です。マゾ・サドの話に似ているのですが、主が主である為には僕が必要であるという話です。主に対して完全に仕えてくれる僕がいないと主は主でいられない。その意味で主は僕に完全に依存していると言える。主を作り出しているのは実は僕の方であるという見方もできるわけです。マルクスの場合、それがどこかで逆転すると言いますが、実はその状態のままということも考えられるわけです。現代思想では、むしろ僕の状態のままの方が逆説的な意味で主体性を持つ、と考えます。ずっと耐え続けることによって主体を主体にしておいてあげるわけですね。究極のマゾ性みたいで、こちらの方が不気味ですよね。

――米原さんは、80年代からアイドルを作るシーンで活動され、おニャン子クラブやAKB48等に携わってこられました。今のお話は、アイドル側とプロデュース側の関係にも言えますか。アイドルは作られているように見えながら、実は作り手側の方が依存している。アイドルそのものがいないことには主であるはずのプロデューサー・サイドも成立しなくなる。実は最も主体性を持っているのはアイドル本人だという話になります。

米原　僕が80年代にすごく会社組織を嫌ったのは、会社組織がすごくマゾに見えたからからなんです。我慢しないとならない、訳の分からない上司の言うことを聞かないとならないとか。僕はお袋から

「いい学校に入りなさい」とずっと言われていたんです。「どうして?」と訊くと、「いい中学に入るのはいい高校に入るため」「いい高校に入るのはいい大学に入るため」「いい大学に入るのはいい会社に入るため」。「何故いい会社に入らないとならないの?」「いい奥さんをもらうため」。僕はすぐにでも彼女が欲しかったから、「いや、そんなに待てないな」という気持ちなったりして(笑)。お袋は、「究極に我慢しなさい、何があっても我慢しなさい」ということをずっと僕に伝えていたんですよね。「そういうものが社会なんだ」という意識を持ったんです。それとは違う話ですか?

仲正 まさにそうだと思います。上に上ろうとすると我慢が要りますよ。もっと上に行こうとすると、もっと我慢しなくてはならない、もっと自分を鍛錬しなければならない。そうすると上に上れば上るほど不自由になっていくわけですよね。欲しい力を得るために我慢しているはずだけれど、上れば上るほど拘束される度合いが高まってくる。

——最初の方の話にありましたが、仲正先生は我慢して受験勉強していたのか分かりませんが、とにかく受験勉強して東大に入った。そして統一教会の原理研究会に入った。そのきっかけは、押さえつけられていたものが疎外感みたいなものと重なったからでしょうか? 自分の解放のようなことを原理研に求めたのでしょうか?

仲正 そうとは限らないのですが。私は自分で「社交性がない」と思っていたんです。マルクスが言う意味の労働疎外ではなく、「自分にはコミュニケーション能力がない」と思っていたんです。

現在はコミュニケーション能力がすごく規格化されていますね。就職の際のエントリーシートや面接の際にどういう受け答えをするか等、すべてマニュアル化されている。マニュアルっぽくない話し方をしようと思ったら、余計メタ・マニュアルのようなものに陥ってしまう。今ここで、そういうものの逆接について指摘していますが、80年代辺りからそういうものが出てきたように思います。妙なコミュニケーション幻想のようなものが働き始め、「このようにコミュニケーションして人間関係を広げるべきだ」とか、やたらうるさく言われ始めた時期かと思います。

――仲正先生にとって東大生になることは一つの鎧だったわけですか。

仲正 面倒くさいからコミュニケーションしたくなかったんです。しないために東大生になったと言ってもいいくらい。しかも理系にしたのは、文系だとコミュニケーションしないとならないようなイメージがあったから。今は必ずしもそうではなくなってきているけれど。

――その後のことはどう考えられていたんですか？　卒業後は？

仲正 「理系の研究者や技師であれば人とそれほど関わらなくて済むだろう」という意識はありましたね。そのようなネガティヴな動機で理系を志望する人は、今の方がむしろ圧倒的に多いと思います。でも今は、おそらく理系の研究者の方が内部での面倒なコミュニケーションは多くなっていると思います。

統一教会に入った時はそれほど考えていなかったけれど、今考えてみると、普通の世界で生きていると、自分でコミュニケーションの仕方を考えて戦略を立てないとならない、宗教ではそれを委ねることができる、という面があったのでしょう。委ねる対象は、宗教の教義でもいいし、神や宇宙の原理でもいい。その意味では究極の解放ではあります。人とコミュニケーションしなくて済み、自分のイニシアティブが保てる。「では勧誘活動はどうなんだ?」と思うかも知れませんが、勧誘している時は「自分でやっているのではない」と思えるわけです。

――究極のコミュニケーションは左翼との戦いだったと思いますが。

仲正　それはコミュニケーションではないです。戦いでもないです。マニュアルはないけど教義があるので、「このようになったら達成だ」ということが見えてくるんです。自分で理由を付ける必要もない。ちなみに今の学生に30人程のクラスでグループ発表をやらせる時、必ずものを言えない子がいるんです。6人のグループだと2人くらい、ずっと黙っている子がいる。発言を促すにはいろいろな手法がありますが、私は「仕事だと思え。仲良くなるなんて思うな」と言います。勧誘も左翼との争いも、そういう意識でしたね。今でもそうで、同僚と話す時も面倒な時はいつも仕事だと思って話します。それが私が統一教会でコミュニケーションについて一番学んだことです。自発的に関係を持ちにいくのが非常に面倒で、それを考えると一日中頭が一杯になりそうになったら「これは仕事だ。そしてこの仕事の成果とはこういうことだ」と考えると楽になる。自発的にコミュニケーションしていると思わなくて済む。そういうことをずっと考えていました。

ある意味80年代は、東大生をイジメるとか様々なことをやりながら、肩の力を抜いていくというか、マニュアル化されたコミュニケーションをどうやって脱却するか、ということを求めていたように思います。そうすると「肩の力を抜いたコミュニケーションはこういうものだ」というものをやって見せないとならない。そこで能力を発揮する人もいるけれど、苦手意識を持っている人間は余計に苦手と感じる。80年代は、型にはまらないコミュニケーションの「型」を見つける、というような逆説的なことが続いていたような気がします。

——お話を伺って謎が解けたという気持ちになりました。先生の半生記『Nの肖像』を読むと、統一教会を信じている感じがしないんです。それなのに何故11年間という長い歳月を統一教会に身を置いていたのかな、と疑問でした。コミュニケーションの苦手意識からスタートし、それが東大受験の理由の一つであり、統一教会での11年間はある意味 Social Skills Training の期間だったのだと、何となく腑に落ちました。

仲正　左翼から宗教に向かう人がいるのは、そういう意味で必然性があると思います。「主体性を示せ」と言われた時、それがインチキっぽく聞こえ、不自然だと思え、いずれにしてもそれがしっくり来ない人は、逆に究極の受動性を求めるようになるものなんです。特に極端な人は。

80年代は、型にはまった主体性を超える主体性の「型」みたいなものを求めるモードが、世の中一般の世相としてあったと思います。それがテレビ番組等にも見てとれました。やたら暴力的だとか、例えば『朝まで生テレビ！』のように、いつ壊れるか分からない、いつ喧嘩するか分からないという雰囲気がウケました。逸脱する主体性に「本当の主体性」が現れているのだ、というモードでした。でもそれは世相的にもマスコミ的にも90年代に段々と崩壊していったという感じがします。一時期、細木和子や江原啓之など、占いが異様に流行った時期がありましたね。最初見た時にはびっくりしました。「それをやっていいのか」と思って。それまではそういうことはコソコソとやっていたはず。少なくとも番組の公式見解とは取られないように、こっそりやっていた。それが細木和子と江原啓之が出た辺りから露骨にやるようになった。それは先ほどの話と結び付けると、真の主体性探しゲームのようなものに疲れてきた時に、細木和子のような究極のＳが出てきたのだと思います。今でも占い師のような人はいますが、あそこまで過激なのはいなくなりました。みんながそういうキャラに説教される人を見て喜んでいた。オバサンが怒るという図式ですね。

米原　おすぎとピーコも最初は叱るキャラでしたね。

仲正　「お前何様だ?」というパターンがウケたのは、主体性を追究するモードが逆転し始め、むしろ「言われたい」「怒られたい」という風潮が出てきたのだと思います。そうでないと細木和子があそこまでウケるのが分かりません。ＳとＭはおそらく相対的なのでしょうけれど、不自然な主体性追求競争がどこかで崩壊し、Ｍモードが前面に出る人の方が増え始めたのかなと思います。

米原　僕は『nicola』というローティーン向け雑誌の読者ページを20年間担当しているんですが、

20年前から変らないことと変わったことがありますが、今はとにかくイジメが多い。目立つ子たちはみんなイジメられるんです。スポーツができる、勉強ができるのもイジメのターゲットになる。女の子たちのグループがあって、「同じテレビ番組を観てます」「同じ鉛筆を持ってます」という中で一つだけ何かが違うと、その子ははじかれたりするんです。それは、みんなと一緒じゃないとダメということでしょうね。その時、主体性はどうなっているのでしょう?

仲正　元々「出る杭は打たれる」という話はあるけれど……。一時期は、変わったことをやったり、面白いことを言っていると人気者になるという風潮がありましたよね。それが普通の人の生活では成立しにくくなっているのではないかと思います。ちょっとしたアピールみたいなものが個性や主体性だと認められにくくなっているのだと思います。

米原　そうなんですよね。中学生で「モデルになりたい」とか、意思を持っている子はイジメられる。格好の標的になるんです。主体性を出すというか、私は「こうしたいです」と、他の人たちとは違う自分の意見を表明するとイジメられやすい。

仲正　違う次元の話になりますが、そういう人は、逆に見ればイジられてくれている人でもあるわけですよね。イジられてくれる人って、貴重なんです。

米原　イジメとイジられることは、紙一重のところがあると思うんです。本人はイジメととっているけど、周りはただ「イジっているだけ」と言う。その逆もあり、周りはイジメているつもりだけど本人はイジられているだけだと思っているとか。

――それは幸せな感じですね。

菩提寺　最近、身体障がいや神経性発達障がいを持つ方に対して、世論の上では昔より偏見、差別が減ってきているにような気がします。見ないようにしているという意味ではなくて。身体障がいに関するネタでお笑いをやる身体障がい者の人達が出てきたり、お笑いの人が統合失調症に罹患していると堂々とメディアで語れるようになり、根拠なく恐れるとか嫌うとか避けるとかいうことが少なくなってきた。医学、情報科学や技術等の発展にともない障がいについてのちゃんとした知識、教養を皆が持ちやすくなり、説明や関わる側もより細かくしっかりとそうするように努力し、現実的になったという面があるのかもしれません。僕はそのように現実的になったのは良い傾向にあると思います。自閉症スペクトラム障がいの診断がついていて、かつ海外の有名大学教授として働いている人たちが少なからずいるという現実、統合失調症で通院加療を受けながら清掃業で長年働いていて、定年退職を希望したら仕事ぶりを高く評価され、雇用者から慰留を強く求められたというような現実、サヴァン症候群の人たちの才能が紹介されたり、ダウン症候群の人たちが講演しそれがＴＶで放送されたりしたことも大きいかもしれない。しかし一方では相模原障がい者施設殺傷事件のような優生思想的な背景を感じさせる残虐な事件が２０１６年に起ったことを考えると決して楽観視してはいけないとも思っていますが。

米原　今、多くのカメラマンがパラリンピックを美しく撮ってるんです。僕はそれはちょっとイヤで……。何故、障がい者の人達をエロく撮ってはダメなのか。僕はエロく撮ってもいいと思っているんです。今までエグイ写真を撮っていたような人たちまで、いきなり「パラリンピック最高」みたいなモードになっている。

菩提寺　それは違和感を感じますね。上映禁止になっていたトッド・ブラウニングが撮った『フリークス』（1932年）という映画がようやく解禁になり80年代に日本でも上映されるようになりました。丁度その頃に『エレファント・マン』（1980年）が日本で公開された。『エレファント・マン』については、やたらとヒューマニズムを強調して広告宣伝が行われていました。それもあってか観客も泣いている人が多かった。その後、デヴィッド・リンチ監督の最初の作品『イレイザーヘッド』［*26］（1977年）が公開されると、「リンチってそういう人じゃないでしょう」とか『エレファント・マン』で涙していた人などからは拒否された。そういう感じでしょうか。今ではNHKで『バリバラ』という面白い番組があったり個人的には随分良くなったなという気がします。また80年代にはアンダーグラウンドの『突然変異』という雑誌がありました。河合奈保子さんの写真を身体に障碍があるかのようにコラージュしたものが載っていたり、そういう露悪的で悪趣味なことをすることが80年代には一部、裏で流行っていたように思います。

仲正　露悪は確かに80年代の傾向だと思います。主体性競争をやるとどうしても露悪的になっていきます。

菩提寺　一方でメジャーでは『なんとなくクリスタル』が流行った。あの膨大な註釈を読んでいる人が多くいました。でもあの小説で描かれたような冷めたカップルはあまりいなくて、もっとベタベタしていたし、ブランドを追っかけていた。「こっちのブランドの方がカッコいい」「こっちの店の方がオシャレ」とやっている人が大半だった。ヒエラルキーがあって、例えば日本のＤＣブランドよりイタリアのミラノファッションの方が高価でそれを西武グループ等が売っていた。ジャンニ・ヴェルサーチ、３Ｇと言われていたものの方が高価でそれを西武グループ等が売っていた。（アルマーニ、フェレが西武関係の輸入代理店）田中康夫さん、三枝成彰さん、川崎徹さんらが着ていた、当時は加藤和彦さんもバルバスを着ていた。ギャルソンを特別視するギャルソン好きもいましたけど。そういう漠然としたヒエラルキーが強くあった。情報もあまり入らなかったからかそのヒエラルキーのもっと上というか内側というか、服飾の奥底、考え方、歴史、職人のことまでちゃんと探ろうとする人はほとんどいなかったと思います。90年代以降のようにイタリアのサルトリアやロンドンのサヴィルローで仕立てるとか、例えばここ（rengoDMS）に展示されているステファノ・ベーメルのような靴をビスポークするというような感じはなかった。マニュアル通りにしてその中で差異を確認し合って安心していた感じがありました。

仲正　その差異も本当の差異ではなく、マニュアルで「これが差異だ」というものを作り、それが巨大マーケットとして成立していたんだと思います。「どのようにすれば主体的に見えるのか」という理想像のようなものがあった。ドラマの作り方にしても「ヒーローはこのような行動を取らなければならない」というものがはっきりとあった。今は、「このように振る舞うと社会のヒエラルキーを解体したことになる」等というマニュアル自体が嘘っぽいということが最初から分かり切っている。主体性競争が実体的に崩壊してきていると思います。

米原　テレビでオネエの人たちが正論を言いますよね。オネエと外人は正論を言えるけど、その他の人たちが正論を言うと圧倒的にバッシングを受けるという状況は、ずっと変わっていないと思うんです。特に最近は、マツコ・デラックスを始めとして、オネエがすごく多い。その人たちはごく当たり前の普通のことを言う。でも、オネエの人以外でマツコ・デラックスのようなことを言う人はいないんです。それは彼らが異形だから、「自分たちの村とは違うから」という意識が強いから受け容れられるのでしょうね。「あの人たちが本当のことを言っていても私たちには関係ない」みたいな。

仲正　まさにそうだと思います。大抵は説教くさいことは女性かゲイの人に言わせますよね。行儀作法の先生や、TBSの番組でいつも怒っている、俳句か短歌を作っているオバサンなど、「違う村の人たち」を連れてきて怒らせる。政治家や弁護士が説教くさいことを言うと叩かれます。芸人も司会者になって説教くさいことを言うと、大体炎上しますよね。松本人志や太田光等は、叩かれるだろうと分かっていてわざとやっている。彼らは本当に説教を垂れるというよりは、説教を垂れている態で「攻撃を受ける」という役を演じているのではないか思います。例えば鳥越俊太郎が言うと「また言ってる」となるけれど、マツコ・デラックスだと責められない。今Mというか責められる役割の人が求められている感じがします。

SとMの話に戻すと、普通の人間は攻撃され続けることに耐えられない。自分を守ろうとする。でもみんなが守りに入ると誰も大したことを言わなくなり、誰もイジれなくなる。そうなるとつまらない。イジられる人間はやはり必要なんです。だから変なことを言うヤツがいてくれないと困る。

米原　人気のユーチューバーは、基本的にとんでもないことをする人が多いんです。1500メートル走って牛丼を一気喰いするとか。「3リットルの牛乳飲んだら吐くと言うのは本当か」を試してみるとか。大炎上するんだけど、彼らの視聴率は上がる。叩かれれば叩かれるほどフォロワーが増えるんです。だからわざとやっている人もいる。昨日、アメリカで電子レンジにコンクリートを入れ、そこに顔を入れて固まらせたら取れなくなりました、というユーチューバーが大問題になってましたけど、日本のユーチューバーもそれに近い人たちが多い。とにかく人がイヤがること、「バカじゃん、こいつ」と思われることをやって「バカじゃん」と言われてフォロワー数を伸ばす。

仲正　普通の人は、イジメられたくないから大したことを言わないようにするんですよね。信じられないけれど、学生に「何故意見を言わない？」と訊くと、「意見を言うと目立つから」と。「変わったことや間違ったことを言っても誰も責めない。間違った意見を言って先生に怒られたことなんてないでしょう？」「実際ないです」。「じゃあ何故気にするんだ？」「そこはハードルがあるんです」。私も積極的に発言しない人間だったので分かるんですが、今はそういう子ばかりです。「平均的なことを言えないといけない」という感じが強まっていて、それが言えないのであれば最初からものを言わない。誰かが抑圧しているのではなく、周りを見て自分で目立たないようにしている。でも、みんながそうやって防御に入っていたら面白くないわけですよね。

米原　今の子たちは反論したりしないんですよね。感情同志がぶつかるのが嫌い。要するに怒ったりとか悲しんだりとか、感情が動くということがすごく嫌いなんです。常に平らでずっと動かないでいたい。でもそれは面白くない。

仲正　自分はそうしているくせに、周りもそればかりだと面白くない。だからMの人が必要になる。

どこまでもイジられせてくれそうな、先ほど写真を見せて頂いたような子たち。昔であれば、同じ美形でもきりっとした感じの美人がいたけれど、そういうタイプは今は売れなくなっているようですね。イジるとバシッと怒られそうな女性はあまり人気がない。

米原　弱そうな感じが多いですね。

仲正　本来は、イジり倒されるのはきついことです。おバカタレントにしても、見ている側は「バカだ」と言われるのが平気な女の子という設定で見ているけれど、考えてみると、それほど頭が良くなかったとしても「お前頭悪いな」とずっと言われていたら相当きついでしょう。彼ら彼女たちは、反発する気持ちをぐっと押さえているんでしょう。それは非常に大変だと思います。普通の女の子だったら、「バカだ」と繰り返されたら何か言い返すでしょう。バカなことを自分のキャラクターにはできません。それをやったら人間関係が成り立たなくなる。

——60年代、70年代には政治的なものと結び付いていた強固な思想があり、80年代に入ってそのような強い主体性や自主性が揺らいできたという感じでしょうか。

仲正　真の主体性を求め続けると必ず崩壊するんです。

——真の主体性を60年代、70年代で求めて過ぎたので、80年代に入り、実は受動的であることが主体的だというモードに変わったということですか？

仲正　受動性も必要だということです。浅田彰さんが言うように、「ノリつつシラけ、シラけつつノル」。シラけていることは実は受動的であり、それが必要なんです。ずっと熱くなっていたら、決まった主体性の型にはまらざるを得ない。人に設定されたのか自分で作ったかは別にして、自分で「これが主体的なことだ」というものを作ってしまったら、ずっとそれをやり続けないとならない。それはだんだんと不自由になります。主体性競争はどこかで限界が来るんです。「喧嘩を売られたら必ず買う」とか、「相手を絶対に論破する」とか、それを主体性と決めたらずっとやり続けないとならない。周りも期待するから。「もう辞めたの」「歳とったの」「気力なくなったの」と言われ、「そんなことはない」とやり続けないとならなくなる。それは下僕の状態です。

それは逆説だ、ということが思想的にはっきりしたわけではないけど、長い時間をかけて世の中が分かってきたんじゃないかな。80年代に登場した情報産業や、宮沢章夫さんの本にもクリエイティヴという話があったけど、クリエイティヴもだんだん型にはまっていく。〇〇クリエイターのような仕事で一度イメージを作り上げると、そこから外れるとクリエイティヴじゃなくなって見える。前と同じだとダメだから何かやるけれど、「こじんまりとしてきた」等と言われたらもうダメ。自分と周囲で作り出した「クリエイティヴ」というステレオタイプに、どんどんはまっていってしまう。逃れるには、ある意味それを気にしなくなるしかないわけです。先ほど読んだ早川義夫の文章のように。主体性を発揮しようとする人は、普通は「もっとやってやる」となる。昔の芸能人は「それがカッコいいのだ」という型が非常に強かったですよね。

——実際米原さんは芸能界でもクリエイティヴの立場で携わってきました。作り出すことはどのようなものだったのですか。

米原 メジャーの芸能界にクリエイティヴな部分はほとんどないと思っています。ウケているものをいかに持ってくるか、だけになった。ウケているクリエイティヴの人たちをウケているタレントと一緒にすれば、ものができるという考え方です。

一つ伺ってみたいことがあります。80年代から今は主体性がない状況ですよね。先ほど紹介したWEGOの子たちも、集まれる小さいコミュニティは沢山あるんです。それは「同じタイプの洋服が好き」とかいうグループです。誰かがリーダーとなって「ここに集まれ」とやっているわけではなく、漠然と小さい島がいくつもできているという感じ。その状況がこれからも続くとしたら、そこに強いヤツがボンと出てきて「付いてこい」と言った時、そこはどう反応するのかな。そこがすごく気になっているんです。

仲正 人間は完全には受動になり切れない。なり過ぎるとどこかで反動が来て、自分で主体性を発揮したくなる。そこで逆説的な現象というか、まさに宗教がそうで究極の受動が究極の主体性だということになったりしますよね。完全に他者に委ね初めて真の主体性を獲得するということ。

——イサク燔祭のようなことでしょうか。

仲正　イサク燔祭もそうだし、浄土真宗のように完全な他力本願にして初めて啓けて来るというのもそうでしょう。宗教はそういうものです。ずっと受け身を続けるのはきついし不可能だから、どこかで反動が来る。その時に昔のように真の主体性を求める方向にもう一度行くのかというと、そうではないように思います。「オレに付いてこい」の方が分かりやすいし、楽でしょうね。自分で受け身を続けるよりは、人が言ってくれた方がさらに楽です。

米原　それって安倍さんの存在のようなものですか？　世の中では「決断」風に受け取られていますね。彼のパフォーマンスは時代に合ったものということですか。

仲正　小泉純一郎ならまさに「付いてこい」タイプでしょうね。安倍さんはそれほど典型的ではない気がします。あの人はむしろ欠点の方が目立ちます（笑）。

米原　逆に炎上する（笑）。

仲正　欠点を見せているから、かえって人が引き寄せられるのかも知れませんね。究極のＭだからこそ究極のＳになれるのかも知れないし。そこのところは今は分からないけれど安倍さんが微妙なのは、叩かれたくてやっているのではないだろうけれど、叩かれることをやることです。トランプ大統領は典型ですね。究極のＳのように見えるけれど、見方によっては叩かれるためにわざとやっているようにも見える。もし大統領になっていなかったら、彼は究極のＭキャラクターでしょう。力を持ってしまったので妙な感じになっていますが、落選していたらアメリカ一のＭキャラです。Ｍキャラだからこそ逆に力を持つような、そのように逆転する可能性があるんですね。

菩提寺　会場からも何か意見があれば？

Q　話に出た「とんねるずのみなさんのおかげです」が終わったことは、身体性の話と関係があるんでしょうか。

仲正　あの番組では、よく服を脱いでましたよね。とんねるずは体も大きいし、いかにも暴力振るいそうな感じがします。

米原　あれは若いからできたんでしょうね。今はオジイちゃんにしか見えない。

仲正　裸芸人は今もいるけれど、暴力を振るうようには見えない。筋肉芸人のような人はむしろ力を振るうのではなく筋肉を見せてイジられる方。身体性の表現の仕方が変わりました。今では筋肉を見せていたらMだと思われる。暴力的で強そうな雰囲気は今はなくなってきています。簡単に言うとヤクザ映画が流行らなくなりましたね。『アウトレイジ』（２０１０年、監督：北野武）のような映画もありますが、あれは身体性を見せていない。殺す時も銃で撃つとか、暴力の表われ方が明らかに違ってきています。

菩提寺　最近の話題ですが、ある犯罪を犯した人がAという名前だったために、まったく関係のないA工務店がすごく攻撃されました。当人がいくら関係ないことを説明し、否定しても電話をかけて来た人が大勢いて結局廃業に追い込まれたとか。「歪んだ正義感」と言われていますが、そういう現象が見られますね。

米原　「正義」ってイジメになりやすい。でもそれは正義感ではないですよね。

仲正　イジりたいだけなんでしょう。例えば大相撲では、力士として肉体的な強さ見せてほしいと期待するのではなく、日馬富士や白鳳も、力士が叩かれキャラになっている。

米原　不倫騒動もそうですね。

菩提寺　近年で印象に残っているのは佐村河内守事件です。佐村河内氏は現代のベートーベンで苦労して作曲活動をしているというような番組をNHKが放送した。彼が作った曲は後期ロマン派の影響を受けているような現代の音楽（?）で、演奏したオケの人たちも感激して盛り上がって演奏しているようにTVでは見えました。ところが新垣隆さんという現代音楽作曲家がほぼ作曲していたことが後から分かった。佐村河内氏が偽っていたことが分かると大バッシングになって廃盤になった。僕から見ると、その曲を聴いて、そんなに感動していたのなら、作曲者とされている人が誰でどんな人あろうと関係なく、その曲自体に感動し続けていればいいと思う。表題音楽に対する僕の意識が低くすぎるのかもしれないけど。もし佐村河内氏がクラシック以外の作曲者としてあったならあれほどは叩かれなかったのではないかと思います。

仲正　それは別に不思議ではないでしょう。あれは叩きたいんです。音楽の問題ではないと思いますよ。

菩提寺　偽善やきれいごとを欲する人たちをかなり刺激してしまったと思うのですが。

仲正　きれいごとが成立しているとは、みんな思っていないでしょう。昼のバラエティ番組は圧倒的にスキャンダルが多いですよね。視聴率がとれるのは麻薬か不倫。それで叩かれる人がいないと坂上忍の番組は成立しません。そういうものが求められているんです。「きれいごと」というのは幻想です。

菩提寺　クラシック音楽であったことが大きいかと思います。アウラを感じて、ありがたく聴いていたけれど裏切られたと。

仲正　叩いていた人は元々クラシックのファンではないと思いますよ。雰囲気でありがたいと思って買っていた人が叩いている人に影響されて買わなくなったという話だと思います。

菩提寺　いわゆる「高級音楽」「シリアスな音楽」のファンじゃないということですね。アドルノが言うところの「構造的聴取」もしくはその発展したかたちとして聴いていたわけではないと。

——雰囲気ですよね。

仲正　世間みんなが叩きたいんです。叩かれるためのアイドルもいます。AKB48などがそうでしょう。「ブスだ」と言われるために出ているような子が明らかにいますよ。

米原　それは秋元康さんの作戦でもあります。炎上させて人気を得ることを意識的にやっているところがありますね。

仲正　昔は、わざとだと分かっているけど、その「可愛いという設定」は守ろうとしました。今は作り手の方がわざと炎上に誘導していますね。

米原　やってますね。

菩提寺　僕の中では繋がっているのですが、話が変わってしまいますが、米原さんが大騒ぎして取り上げていた初期の『きゃりーぱみゅぱみゅ』はメジャーに行きましたが、彼女のファーストアルバムは素晴らしいと思います。ブライアン・イーノが提唱した環境音楽。それはエリック・サティの『家具の音楽』の概念、そしてそれを経由したジョン・ケージからも取り入れ、集中しても聴け、垂れ流しでも聴ける良質な音楽というもの。そのイーノが定義した通りのレベルの環境音楽をイーノの作品自体では感じたことがないのですが、きゃりーのファーストアルバムの一部の曲で僕個人はまさにそれを感じました。ゲーム音楽は元々ゲームのＢＧＭのような感じだったと思いますが、その要素をうまく取り入れている。みんなの頭に残っているであろうテンポやビート、音色を取り入れて作ってある。また、きゃりーさんの帯域を中田ヤスタカさんがうまくコントロールしているのか、きゃりー自身も上手いのか、リバーブも含めどんぴたで合っている。今はシーケンサーで作るので完全に同じリフが延々と回る。集中して聴いても緻密で面白いけれど、刷り込まれた情報があるから垂れ流し、ながらなど散漫な聴取でも面白い。変化しないので変化したように聴こえる。金太郎飴みたいな差異を。しかも売れて外国でもウケました。ＹＭＯが売れた時と同じ匂いを感じました。そういえばアルバム『ソリッド・ステイト・サヴァイヴァー』１曲めでフェイドアウトした後に残像のような残音（変な表現ですが）が残っているような感じがして、２曲めに入る。これは３曲めの『ライディーン』まで続くのですが、こんな感じが『にんじゃりばんばん』にもありました。

米原　YouTubeというメディアを使って大ヒットした最初の日本の歌じゃないかな。

菩提寺　最初はここまで売れると考えていたわけではないだろうけど。メジャーになりました。

米原　きゃりーが所属する『アソビシステム』という事務所は、「読者モデル」というモデルでもないし読者でもないものの定義を全面に押し出したところなんです。「こういう仕事をしてください、と言われたくない」「でもモデルはしたい」という相反する意識を持つ子たちを初めて事務所として扱いました。その子たちはみんな、時間には来ないわ、プロとしての意識がない。でも逆にプロとしての意識のなさが多くのファンを作るんです。

菩提寺　きゃりーはアマチュアリズムで好きなことをやっている感じがします。当時ＹＭＯもレコード会社の予想以上にバカ売れしました。子供は『ライディーン』の鼻歌歌いながら走り回っているし、パチンコ屋でもがんがんかかっていた。そういう現象は偶発的に起こる。米原さんはそういうものの前兆をいち早くキャッチして出し、それがメジャーになっていった。

ヴェルヴェット・アンダーグラウンドでさえも最初は謎で解釈の難しい音楽だったんだと思います。前身の一つにザ・ドリーム・シンジケートというミニマル、ドローンの世界があって、そこには初期VUに在籍したAngus Macliseがいて、そのメンバーであり初期にVUに入る予定で入らなかったトニー・コンラッドいうミニマリストがドイツに渡り、前出のファウストと一緒にレコードをつくった。ファウストは全く売れなかったけど、アンディウォーホールが関係してVUはそこそこ売れてファウストより早めに歴史に残った。今ではウォーホールのバナナの絵のレコードはみんなが知っていますよね。ロックの名盤では必ず紹介され、そのTシャツを着ている人も街でよく見かけるくらい。

米原　僕は『ミュージック・ライフ』の評価で星が少ないものを絶対買うようにしていたんです。というのは主体性があるんでしょうか（笑）。

菩提寺　ファウストも星が少なかったですね。これは『ミュージックマガジン』かな。でも今ではジャーマンロックという言葉も定着してタワーレコードにもコーナーがある。当初はマイナーでも歴史に残っているものって沢山ありますよね。だから米原さんの作品は早いうちに買っておいた方がいいと思います（笑）。ファウストのレコードは一時20万円位していた時期がありました。VUのはがれるバナナのオリジナル盤レコードも今は高いです。

米原　最近は、「前髪」というテーマの作品シリーズを発表しています。メンヘラの子たちと話していると、必ず前髪で目を隠すんです。「どうしたの？」「べつに」。分かってきたんですが自分では「隠れた」という気持ちになるようです。

仲正　可愛く見せたいのに口を隠すとか眼帯を付けるとか、ハロウィン風の黒い化粧をするとか、明らかに反することをやってますね。

――「前髪」はそういうものからの展開でしょうか？

米原　先ほどの主体性の話に関連しますが、「べつに」じゃなくて「あなたたちを見たくないから」と言うと、主体性が一瞬にして現れます。「前髪を伸ばした理由をちゃんと言ってみよう」という企図なんです。だから「fucking wall」とか「あんたを見たくない」というパンクっぽいタイトルを必ず付けるようにしています。先ほどの話じゃないですが、ちょっとリーダーになったつもりで、「そういう女の子たちが増えるといいな」というのが今の僕の夢なんです。

菩提寺　暗黒大陸じゃがたらにも「あんた気にくわない」という一言から始まる曲がありますね。

米原　ほんとに在り方をちょっと変えるだけ、一言そこに付け加えるだけで、MがSに変わります。

菩提寺　両義性がある。ポスト・モダン的ですね。気が弱いのか強いのか分からない。

仲正　この写真の子は姿勢としては隠しにかかっているけど、どう見てもこういう風に見せようとしているとしか思えない。姿勢と着ているものが真逆。真ん中の女の子も小顔に見せようとしていると考えるのが普通だけど、顔を隠している。この子は太腿を見せたいんだろうけど、正面じゃなく横を向いていて、グラマーに見せようという時の角度に曲げてはいない。一見大胆そうで隠している。どっちなんだろう、と思わせますね。

――逃げているのか、攻撃しているのか?

仲正　この子は口を開けていて、受け身性が強調されています。人は意思を強く持とうと思うと口を結びます。そして目を隠しているけど、どっちみち目線は真正面じゃなくて視線を外しているのが分かりますね。

――無防備で受け身的な女性の写真にペイントすることによって、逆に攻撃性が反転して見えて来るということですね。

米原 そこがテーマです。今が買い時です（笑）。

仲正 メンヘラの子はイジられキャラに見えるけれど、本当にイジったら、

米原 怖いですね。

仲正 変な喩えですが犬と一緒で、イジりすぎると攻撃する。吠えられないギリギリのところまでイジってやろうという感じに引っ張られる。

――いい気になっていると噛みつかれるという感じでしょうか。

仲正 ギリギリの受動性で向こうが攻撃に転じる前に逃げたいという欲求をうまく誘う感じが出てますね。最初から攻撃的だったら、こちらの態度も「征服するか、されるか」という感じになるけれど。向こうが攻めて来るところまで行ってやろうという気を起こさせる感じがいいですね。複雑な感じの欲望を起こさせます。

米原 今の子たちが自分たちの主体性を出すには島が小さ過ぎる。それが大きくなる可能性があるのなら、大人たちは何をすればいいんだろう。それとも、大人だから子供だからという定義自体もないんでしょうか。

仲正 大人というよりイジり役なんじゃないでしょうか。同じ年齢同志だとイジるのが難しいと思

cameraworks by Takewaki

います。イジメになるし。こういう感じの女の子をイジると、オジサンがやればいやらしいオジサンだけど、そうではないと成立しない。こういうメンヘラ同志だとハリネズミのジレンマようになります。他の誰かがイジっていかないと。それをやると危険な世界にも入ってしまうけれど。

菩提寺　僕が学生の頃、変な音楽を人に勧めてはまった人たちは退学したり、海外に行ったきりになったりした人が結構いました。音楽にパワーがあったのか本人たちにあったのかはわかりませんが。僕はアートに対する期待があるので作品を観て、はまって変化する人もいるのではないかと思っています。

仲正　大人を人生の正しい処置方やコミュニケーションのあり方を分っている人間と想定するのはもう無理があるけれど、ただ違いがあるとすれば、長いこと生きているので少なくとも生き残り方だけは知っているということだと思います。

米原　今の子たちは生まれた頃からネット環境が整備されていました。その中での経済体系が出来ているので、大人を必要としない。僕らの頃は大人の社会に入って行かないと、本が作れない、発表する場所もないとか、いろいろなことができなかった。大人に頭を下げて「よろしくお願いします」と言うしかなかったですよね。今の子たちは、そういうものをさくっと乗り越えて、何十万人、何百万人もに受け容れられる状況にもなれる。情報弱者じゃないけれど、逆に大人は圧倒的にそこに付いて行けない。子供たちからすると大人はいなくていい。ＰＲやお金を稼ぐということも、全部自分たちでできてしまう。今度は逆に、大人たちがどうしたらいいのかを考えないとならない。同じ日本の中に全然違う体系があるんです。そこがすごく僕が怖いところであったりします。大人の方が物事を知っていると言っても、今の子たちはさくさくっと検索して調べられるんです。その情報は薄いんだけど。

――大人に教えてもらわなくても、スマホさえ持っていれば情報は仕入れられる。

菩提寺　でも米原さんの作品を観てもペイントの質感がある。現物を持つ、買う、みるをしないと、ほんとうのところその雰囲気は分からないところがある。やっぱりネットだけでというのではなくて、個人的にはみに行って、モノを買った方がいいと思うんですが。

仲正　大人にならなくてもいい子は、経済的にもそんなにはいないと思います。実際は大半の子は大人になろうとすると思う。それに、私が法学類に勤めているせいもありますが、今の子は諦めるのが非常に早いです。一年生の時「法律家になる」「政治家になる」「外交官になる」「いやむしろバンドをやる」「作家になる」と言っていた子が、半年経つと「地元の市役所の職員になります」。「やはり法学類に来る子だな」と思いますが、たった半年で露骨に変わります。

――その半年で彼ら彼女たちは何を知るのでしょうか。

仲正　昔はもう少し時間をかけれたと思います。自分が世の中でどの程度の能力を持つ部類に入るのか、客観性なく、「この辺りが自分の限界だろう」とわりと低いところに簡単に決めてしまう。法学部は特にそうなんでしょうけれど、地方公務員等の「安定した職に就きたい」という意識変化が非常に早い。4年生になってエントリーシートを書く時に「こんな面倒なことをやるのか」と思った時点で負けだから。1年生の時点から「会社に受け容れられるようなエントリーシートでアピールできる人になりなさい」というメッセージが発せられているんです。「あなたはクリエイティヴな仕事をできる人間か？」、あるいは「政治家のような仕事をできる人間かどうかよく考えなさい」。そう言われ大半は公務員や普通の会社員など、自分の能力はこの辺だというものを決めてしまう。

菩提寺　僕たちの時代もそうではなかったですか？　今は経済状態が厳しいのでより顕著なのかも知れませんが。

仲正　経済情勢もあるけれど、諦めが非常に早いです。昔であれば、エントリーシートを書くことだけで相当精神的に追い詰められたかも知れない。今の子は当たり前に受け止めている。

菩提寺　僕が面白そう、期待できそうと思う子は、そういうことに過剰には適応しない子、もしくは回避はしないが適応できない子の方。

仲正　そう思っている子でも６、７割は適応していきます。つまりこういうことです。「君は適応できない」という時、「そのままでは」と言うでしょう。そう言われると適応する方に行こうとするんです。昔はもう少しモラトリアム期間が長かった。結果的にその間に諦めるんだけれど、今はその期間が非常に短いです。

菩提寺　熟慮する時間がない、与えない。猶予を与えず選択させる、させられる。さらに考えた上で諦めるということをする時間すら与えられないということでしょうか。

仲正　「君はこの辺ならまだ就職できるかも知れない、それを逃すのか？」「バンドなどをやって逃すのか？」と誰が言っているわけでもないのに、自分で受け容れてしまう。大学で1年生から「キャリアプラン」という授業を受けているからかも知れません。中身はないけれど、メッセージだけはぐーっと受け取っているのでしょう。そうすると、大抵は抵抗しようとせず、適応する方向に向かう。ごく一部にこういう芸能の世界等に行って、受動的なことがかえって強みなるような子がいるんでしょうね。

菩提寺　ネットの時代になり、米原さんが関わって来た子などは、得意とするメイクやスタイルでネットで有名になり、ある程度スポンサーがついてお金が入るようになり、好きな方向で自分のスタイルを作っていくことができるようになった。田舎だと「あいつ変わってる」と言われ、場合によっては排除されたかも知れないけど、フォロワーもできてお金も入り、モデルになったり芸能の職に就く子もいる。

米原　WEGOの子たちもそうですが、イジメられっ子が多いんです。自分で「何をしよう」と決めている子たちだったりするから。そういう子は、「ネットでフォロワーができて初めて主体性を持てた」という言い方をよくします。今はそういうイジメられっ子たちもネットの中で繋がっていたりします。

菩提寺　数が多ければ、その中にはそれを分かる人たちがいて評価してもらえる。

米原　それは僕は昔と比べてすごくいいところだと思います。

菩提寺　そういうことで「変わった子」かも知れないけど、ネットでは容認、承認され経済的にもバックアップされるわけですね。

米原　僕なんて未だにモラトリアム期間です（笑）。

――「モラトリアム」という言葉が出ましたが、こういう言い方で締めくくっていいのか分かりませんが、80年代はモラトリアムのような時代だったと言えるかも知れません。それまでの時代は、反体制の意識や「主体性を持って行動しなければならない」「自分の言葉で発言しなければならない」という空気が世の中にあったけれど、80年代に入り何となくそれが揺らぎ始めた。「主体性とは何か」を実際に考え始めた時、何か族みたいなものに所属することによって、その中で命じられたり反復したりしながらSocial Skills Trainingのように社会生活を送る術のようなものを身に付けていったりもした。均一化しようとする受験勉強みたいなものから解放されるという形で暴走族もあったろうし、竹の子族のような自己表現もあったのだろう。そのようなモラトリアム時代を経て、今は実は受動的なものが主体性を持っているのではないか、というところに来た。長いモラトリアムから抜け出してきたという感じでしょうか。

仲正　例えば受動性も、ずっと見ているとつまらないかも知れないけれど、部分部分を取って組み合わせると結構面白く見えたりするところがあると思います。

私にしても変わったことを書こうとは思ってなかったし、今もそれほど思っていません。でも、こういうことを書いたら意外とウケたという記憶は強い。米原さんが紹介された子たちも、そういう記憶はいいんだと思います。受動的にやっているけれど、周囲の雰囲気に押されて受動的にやっていたことが、たまたまウケたということがあると思う。それをパターン化するとダメだけれど、そういうものをいくつか集めてきて、どのようにすれば活かせるかを考える。捻った形の能動性ですよね。ストレートに主体性を出そうとするとダメで、受動的なものがウケてしまったのだから、「それは何故か」を考え、それをうまく逆転させるようなきっかけを掴めると、能動性が得られる契機になるかも知れない、という気がします。

米原　サンプリングですね。昔であれば80年代特集、90年代特集ということにしかならないけど、今の子たちはいろいろなところから美味しいものを持ってくる。それでセンスをうまく出したヤツがオシャレと言われています。まさにそういうことだと思うんです。音楽でも昔ならパンクしか聴かないという人も多かったけど、今の子たちはサンプリングのためにいろいろものを聴いて、「ここだけもらっておこう」としたりする。より編集能力が必要になっていますね。

仲正　そうですね、自己編集能力ですね。ネットがあるとやりやすいと思います。同じ真似でも、二番煎じだと言われる場合もあるけど、こう真似したら反応が良かったとか。

――編集作業をしている過程で偶発的に出てくるものもある。組み合わせによってまったく別のものが出てくる場合もあります。

米原　それはまさに80年代のヒップホップとサンプリングから生まれているものだと思うんです。そのサンプリングが物真似やコピーではなく、もう一回編集し直してそのフレーズを違うように響かせるとか、違う意味を持たせるようになれば、すごくいいのではないかと思います。

仲正　そうですね。

菩提寺　ジャーマンロックもそれに近くて、サンプラーのない時代に積極的に音を変調させたり、ループを作ったり、テープ編集したりコラージュしたりして作品化していました。イーノもそれに影響を受け、メロディではなくむしろエコーやディレイなど加工して音を作り出すということに重きを置いて曲をつくった。ヒップホップもありますが、後の時代になると、ビル・ラズウェルは多民族構成で普段まったく関連のないミュージシャンを組ませてセッションをやった。滅茶苦茶なメンバー構成をして。その結果各々のミュージシャンが持つ影響を受けた音楽的背景までもが作用して、偶発的に変な面白いものが現われる。米原さんの作品もある意味そうで、時代を表している。

複雑なものがポストモダン的に重なり合って、多様性、多義性を持ったものになっています。

――ある意味サンプリング的ですよね。

米原　今の時代にはもうやられていないことは、ほとんどないと思うんです。そうすると、いろいろなネタの中から新しいもの作っていくしかない。

菩提寺　まさにビル・ラズウェルも同じことを言ってました。仲正先生が仰ったように「どう組み合わせていくか」ですね。

米原　その辺は今の若い子たちはすごく得意。そこに期待です！

――80年代はそうなるための大事な時期だったということですね。

一同　そんな大雑把でいいんですか（笑）？　長時間ありがとうございました。

青い憂鬱　　米原康正／作画

信國太志×仲正昌樹×米原康正×菩提寺伸人トークセッション

（菩提寺光世　司会）２０１８・05・13

——今回のトークセッションは前回メンバーに加え、新たにテーラーの信國太志さんにご参加いただきます。簡単に信國さんのご紹介をいたします。信國さんは孫正義さんや堀江貴文さんも通った福岡の大変有名な進学校を中退されてロサンゼルスなどに遊学。その後、ファッション業界に多くの才能を輩出するロンドンの名門カレッジ、セントラル・セント・マーチンズに入られます。その後マルコム・マクラーレンやヴィヴィアン・ウエストウッドなどと交流、卒業制作ショーはメディアに取り上げられ話題を集めるなど、新鋭デザイナーとして注目されました。日本に帰国後はご自身のブランドを立ち上げ、その後タケオキクチでクリエイティブ・ディレクターとして活躍。2005年には毎日ファッション大賞新人賞を受賞されています。ですが、ここから先が不思議な経歴です。周囲はそのままデザイナーとして活躍するものと思っていましたが、一転、ビスポークテーラーになられます。私が知り合ったのは、rengoDMSで企画したビスポークシュー・メーカーのステファノ・ベーメル展がきっかけです。追々、その経緯を語っていただこうと思います。

photo by yoko

cameraworks by koshimizu susumu

前回のトークイベントの内容をざっくりとまとめておきます。主には80年代カルチャーの現場がどうであったか、という話でした。強引に結論は出していませんが、80年代という時代は、主体が揺ぎ始めた、いわばモラトリアムの時代ではなかったか、という論点が出されました。受験戦争の弊害として現われた事件の話なども出ました。それまでは、「主体的であれ」「自分の意見を自分の声で発すべし」と言われてきましたが、あの時代から、善悪も含め均一の枠に収まりきれない良い意味での歪みが、それぞれの主体に生じたのではないか、という議論です。

仲正先生からは、主従の関係について、ヘーゲルの『主と僕《しもべ》の弁証法』にあるように、僕があって初めて主が成立するので、実は僕の存在が重要ではないか、という指摘も出されました。受動的な存在が必要だということです。関連してSMの話にも及びました。受動的であり続けること、やられ続けることは、主体的な強さを持っていないとそれに耐えきれないものだ、ということです。

また、それまでもコラージュや引用、編集と言ったものはあるけれど、80年代頃になると様々な引用、コピーなどを多用することによって企図した何かや、オリジナルに回帰する何かではなく、混交することで即興的に、また偶発的に発生した別の何か、サンプリング、リミックス、編集などによって生み出されたシュミレーショニズムに光が当て始められ、それがサンプリング・カルチャーや今の文化に繋がっているという議論もありました。今の時代の契機を80年代が準備したのではないか、というところでトークセッションを終えました。

前回のトークが好評だったため、この第2回目のトークを企画しました。最初に宣言しておきますが、皆さんの関心がかなり多岐に渡るので、おそらくまとまらないと思います。どこに行き着くか未知ですが、とにかくスタートしますので宜しくお願い致します。
　では最初に米原さんに問題提起を頂きます。
米原　前回の「主体」のテーマに通じるトピックかと思いますが、僕は雑誌で連載を持っているんですが、ある回の記事が炎上したんです。でも不思議なことに、執筆した僕個人の方は炎上しなくて、版元の新潮社が叩かれた。同じ頃、僕に以前インタビューしてくれたこともある朝日新聞の記者がＬＧＢＴについて書いた記事も炎上したんですが、矛先は朝日新聞に向かった。つまり、発信した当事者を攻撃するのではなく、掲載した新潮社、朝日新聞に一気に非難が向かい、それに対してすぐに４万～５万のリツイートが付くという炎上の仕方をしたんです。それは主体のある人の行動と言えるのか？　その炎上に加担した人たちの主体性を、僕は疑わしいと思っています。この大きな企業を叩くという動きは、どういう意味を持っているのでしょうか？　新潮社や朝日新聞は、いわば権威で、ともすると無意識にそこに従ってしまいがちな存在です。それを徹底的に叩く。これまでは力を持たなかったバラバラの個人が、ＳＮＳを使って妙な権威として振る舞っていると感じました。これについて仲正さんはどう思いますか？
仲正　炎上の際にリツイートするのは、「大きな流れに参加したい」という願望からだと思います。昔の左翼運動も本質的に同じようなところがありました。大きな力に対し、自分たちが結集して向かって行き、穴を開け、その流れが大河になっていく……というストーリーを持ちたいんだと思います。典型的な〝祭り〟ですね。民俗学では、〝祭り〟を秩序に穴を開けるものと捉えます。そのために普段は分散している力を一挙に集中させる。左翼運動の時代は、貧困問題や抑圧されている人びとを生み出している権力がはっきり存在しており、それに対してぶつかっていくというものでした。その時、もちろん理屈も必要ですが、みんなと一緒に参加している高揚感の方が勝っていたと思います。自分の鏡のような存在がたくさんいて、みんなで一緒に穴を開けるために、ぐわーっと押しているような感覚。自分一人だけでモノ申しても空しいものですよね。でも、そこには自分の言葉がエコーしていくような状態があったわけです。

新潮社や朝日新聞は、米原さん個人よりは、そういう時にターゲットになりやすいと思います。いわゆる反権力のメディアだけれど、ある意味自身が権力を持って支配している。その権威を、力を持たない人びとが集まって倒すという高揚感があるわけです。自分の分身たちと群れになって向かって行く。倒せないまでも、言うことをきかせるだけでも気持ちいい。本当は互いに身体が見えるところに一緒にいて実感を得られればいいのですが、そこまでやるのは面倒だし時間もない。SNSの炎上は、そのようなお祭りをやっている気分にさせてくれるものなんだと思います。

米原　その発言なり記事の発信元である個人が分かっているのに、僕や朝日の記者にはまったく文句が来ないんです。「そんな記事を許す新潮社はなんだ」とか、「こういうヤツが記事を書ける朝日新聞はおかしい」という叩き方になる。意見を言い合うという雰囲気にまったくなっていないところが怖いなと感じたんです。

仲正　本当の議論であれば、意見を言う時やたとえ同意するにしても、他人の意見を一旦自分の中で咀嚼しますよね。つまり同意する場合も何かしら違いが出てくるわけですが、SNS、特に短文のTwitterでは、違いなんて出て来るはずはありません。昔の学生運動でも本当はそんなに真剣な議論などしてないと思いますが、一応面と向かって言葉を交わしていたので、相互作用しているという実感を得た上で動けていました。SNSの場合、それはないけれど、相手が自分のミラーのように思え、自分の言葉がエコーを伴って反射していくような快感が得られるんだと思います。その意味で、RT（リツイート）がすごく魅力なんだと思う。個人的な言葉を発しても、普通は他人にはなかなか聞いてもらえませんよね。でも、大きな権威を叩くとなると、多くの人がちょっと変型しながらRTしてくれる。それをさらにRTしてくれる人が20～30人単位でいる。そういうことが好きな人間がたくさん集まってくるわけです。

多少高尚なことを言うと、エリアス・カネッティは、群衆を構成している人たちは、群衆の中にいる他人を自分のミラーにしている、という主旨のことを言っています。そのように、RTすることで似姿をお互いに確認し合って同じ方向に動いていくのでしょう。普通、大衆社会であれば、同じ意見を持っていること自体を確認しようがないし、同じ方向に動いていても分かるはずがない。多くの思想家が、19世紀末に群衆が現われたことを問題にしているのは、それまで自分たちの方向性や共通性が分からなかった人たちが、一つの塊として出現したからです。街の中で同じ方向で動き始めると、皆で一つの方向を向いて動いているような気がしてくる。冷静に考えてみると、祭りの時に混雑で押されて同じ方向に流されるのと大して変わりはないのですが、一応目的が与えられると、市民社会になって失われた絆を感じられる。他人と同じ方向を向いて動いているという感覚を取り戻せた気になる。それがまさに群衆がお互いを鏡として見るという現象です。人びとがそれに快楽を覚えると、群衆がより拡大していくことになるわけです。

――ギリシアの映画監督テオ・アンゲロプロスはほぼ全作品、変動する20世紀ギリシア政治の現代史の風景を軸に描いてるんです。軍事政権が崩壊、社会主義運動の旋風後を無言の群衆が同じ方向をただ歩いているだけというシーンで変わりゆく時代を表現していました。群衆が歩き去った後、誰もいなくなった風景が映り続けている。その空疎な風景のシーンが映り続けていることで、「時代は変わった、けれど、事態は何も変わらない」ことを観る側は受け取れる。イデオロギーの終焉というか、それがイメージとして沸きました。仲正先生の今の話を、前回の主従の話に置き換えて考えてみると、声を持たない、自分の言葉を持っていない、名前も持っていない、つまり自分の主体がはっきりしないような人たちが、何かに乗っかることによって大きくなる、ということでしょうか。自分と同じような意見の人の言葉を引用することによって、「これが自分の言葉なんだ！」と作り上げてしまう。自分は脆く弱いので、個vs.個としては対峙できない。それが、リツイートでも、他の人の大きな言葉をまとうことによって、明確ではない対象に対してドーンと大きく出れる。そういう現象だとも言えるのではないでしょうか。

仲正　映画で思い出したことがあります。群衆の政治性を表現している、としてよく引用されるのが、フリッツ・ラングの『メトロポリス』（1927年）というワイマール時代の作品です。簡単にストーリーを追っておきます。2026年のメトロポリスと呼ばれる未来都市が舞台です。それは徹底的な階級社会ですが、資本家で支配者の息子フレーダーは、労働者階級の娘マリアと知り合

photo by m bodaiji

い恋人になります。マリアは、「脳」（支配階級）と「手」（労働者階級）がいつか和解する時が来ると信じ、フレーダーが両階級の調停者になると信じます。マリアの存在を危険視したフレーダーの父フレーダーセンは、科学者のロトワングに命じてマリアを誘拐させ、彼女に似せたアンドロイドを作らせます。労働者の下に送り込んで、彼らの間の団結を崩すのが目的です。しかし、フレーダーセンに恨みを抱いていたロトワングは、アンドロイドのマリアに労働者を扇動させ、フレーダーセンに反逆を起こさせます。それまで仕方なく漫然と過酷な重労働をしていた労働者が、アンドロイドの少女の煽動によって暴動を起こす。人間ではなくアンドロイドの声に煽動されるところが一つのミソです。自分は抑圧されている状態にあり、解放されるべきだと理性的に考えたのではなく、ヒロインの声を聞いて暴徒となっていくわけですが、彼らは自分の主体性が発揮されていると思っているように見える。外界に変化を起こさないと人は主体性を発揮した気にはなれません。単に声を発しているだけでは一方通行なので、レスポンスが必要なんです。同じような人たちで集まりである「群衆」がいいのは、「あいつを倒せ！」と言うと一緒に唱和してくれる。普通であれば、「あいつが気に入らないから倒せ！」と言っても、周りは聞いてくれないでしょう。同じような怒りを持っているという認識があると、たとえヒーロー的資質を持っていなくても、自分が発した言葉を周囲の人は唱和してくれる。通常、プライベートでは、自分が発した声を他人が唱和してくれる経験はまずないでしょう。群衆、それは個人にとっては恐るべき経験なわけです。さらに言葉だけではなく、みんなで一緒に大きな敵を、倒せなくとも動揺させられれば、それこそが主体性だと思えてしまう。

『メトロポリス』の映像技法が優れているのは、まるで一つの身体であるかのように「群衆」が動いているところを映像化したところだと言われています。仮に、自分自身が客観的に見て群衆そのものとして振る舞っていても、自分が群衆の一部として振る舞っている間は、群衆の一部としての自分を見ることはできない。だけど、映像化すれば、自分たちの「群衆」としての姿を見ることができる。それによって、彼らに自分たちは一つの体を持っていると自覚させることができます。ナチスはそれをうまく利用しました。ヒトラーのお抱え映画監督になったレニ・リーフェンシュタールによるナチス党大会の記録映画『意志の勝利』やベルリン・オリンピックの記録映画『オリンピア』は、「群衆」の映し方が絶妙で、映像による一体化の演出のモデルになったとされています。

――一対一にはなれないけれど、マス対マスの一方の一員になることによって主体性を感じられるということですね。

仲正　一見主体性があるように思える。実際には同じ方向に向かっている群れの中の一匹なわけですが。たまたま自分が出した声に、タイミングが良かったのか、他の人が唱和してくれただけなんだけれど、当人はそれさえも今まで経験したことがないので、主体性を持っているつもりになれてしまう。社会運動は、かなり冷静にやっているつもりでも、多分にそういう面があると思います。SNSでは、それがかなり手軽にできてしまうわけです。

photo by n bodaiji

菩提寺　『メトロポリス』はドイツ表現主義のサイレント映画ですが、前回も話したクラフトワーク［＊18］のメンバーはフリッツ・ラングの『メトロポリス』から影響を受けていると言われています。同名の曲がアルバム『ザ・マンマシーン』にも収録されてます。そのジャケットはロシア構成主義からの引用で、アルバムには『ザ・ロボッツ』という曲もありヴォコーダーの声でロシア語？で

Rabotnik（労働者）についての歌詞、語りが入っています。メンバーのラルフ・ヒュッターがロシア語のロボットに関係した言葉に労働者、重労働と言う意味があるのを知っていてそうしたということをどこかで読んだことがあります。ロボットの語源はチェコスロヴァキアの小説家が人造人間をそう名付けたことから来ていて、その作家はゴーレム伝説から影響を受けていたようです。リーフェンシュタールはフランクの山岳映画で女優としてデビューし映画にかかわり始め、戦後はヌバ族の写真集、その後は高齢でダイビングし水中写真の作品を発表していました。前回話したアールヴィヴァンで当時フランス版のヌバの写真集が販売されてました。水中写真の方はパルコで写真展をやっていてみに行った記憶があります。肉体美へのこだわりがあり、本人自身も相当に体力のある人だったのでしょうか。

また先ほど集団、群衆の考え方、集団心理についての話がありました。19世紀中庸にタルドやル・ボン、マクドゥガル等が論じ、その後フロイトが『集団心理学と自我の分析』を書き、取り入れと同一化、理想化、惚れ込みいうテーマを残しました。それとメラニー・クライン［＊19］の精神分析の理論、病理学的なものも含めて原始的防衛機制、妄想分裂ポジション、分裂（splitting）、投影性同一視などの影響下に精神分析のW．R．ビオン［＊20］やE．ジャックス（ヤクィス）等が集団について著したものがあります。本来なら人文的にも面白いテーマだと思います。

——信國さんは、チベット仏教の位階をお持ちですね。

信國　チベットに限らず大乗仏教の仏教徒です。僕が修業した大乗仏教は「帰謬論証派」と言い、中観派に属しています。帰謬論証派は、今話されていたような、主客の関係性は一方的ではないと考えます。

これまでの体制と大衆との関係性は、基本的に体制に対して大衆が打ち負かそうと向かっていく構図ですよね。最近、感じていることがあります。近年のテクノロジー発達以降、ある種、情報の民主化に伴い、若者たちは「僕らはテクノロジーがあるから簡単には騙されないぞ」という考えを一般的に持っているようですが、その「簡単には騙されないぞ」という考え自体が、僕はコントロールされているのではないか、と思っているんです。紋切型の反体制というか、実はその思想すらもある種マーケティングされているところがあるんじゃないか。すごく単純に「自分は簡単には騙されないぞ」と、情報ニートのように叫んでいる人たちこそ、実はコントロールされているのではないか、とすごく感じているところです。

米原　90年代、村上龍が『トパーズ』という小説を書いたりして、SMがすごく流行った時期がある。僕はその現象がすごく面白くて、いろんなお店を取材していました。そこで当時「ここには本当の女王さましかいない」とマニアから褒め称えられていたラビリンスというお店に一人だけいたM嬢のナオさんから聞いたことを今でもはっきり覚えています。「究極になればなるほど、私はSになる。私がMであればあるほど、その存在はSの人にとってSになる。そのSを受け入れるのは私しかいないから」。それに近い感じかなと。

信國　昨日読んでいた禅の本に、いきなり弟子が師匠を殴り、殴られた師匠は笑うという話が出ていました。それは、主客は反転し得る、移ろいやすく、まったく実態のないものだという理解がお互いの間で成立したという笑いなんです。そこが分からない人には大変奇妙な話ですが、僕からすると今の話に通じる気がします。

――大きく二つの問題が出ました。一対一での主客の問題がまず第一点。群衆（マス）という大きいものと小さいものの話が第二点目です。信國さんは大乗仏教を修められたということですが、大乗仏教とは、精進して修業を重ねステージを上げていくのではなく、すべての人が乗る大きな乗り物で人びとを救済するというものですよね。個人が何かに向かって行くというよりも、マスで考えるということになるのでしょうか。

信國　大きい乗り物というか、「方便」という言葉があります。英語に訳すととても分かりやすく、Methodとなります。慈悲も一つの方法です。あらゆるものへの慈悲心を育むことで、自分の非存在性を受け取るということが最終的な目標です。以前の教育が批判された主体性の無さは、極めると実はある種悟りに至るのかも知れませんね。

――無私になるということですね。先ほどのＭ譲のナオさんの話に通じますね。

信國　いい友達になれそうです（笑）。

米原　極めていくとそうなりますよね。

仲正　うんうん。

信國　僕は天皇もそうだと思うんです。ほとんどはっきり主張されない。だからこそ永続してきたわけですし、そこは老子のタオイズムにも通じると思います。

また、今のメディア、ものを作る人、買う人の関係は、主従が逆転していきながら、ある意味洗練された方向に向かっているのかなとも思います。

仲正　理屈を言うと、人は自分だけでは主体性が何か分かりません。言葉で自分に納得させるしかありません。でも、言葉というものは他人から習ったものだし、他人に向かって発しないと意味をなさないものです。自分に向かって語りかけ、自分の主体性は何かと自分探しをしているつもりでも、実は他人に向けて発信しているわけです。つまり自分探しと言いながら、どのように自分を出したら他人が認めてくれるのか、深いところで求めているわけです。実社会でなくとも仮想の社会をどこかで想定し、その中で何をすれば自分の主体性になるかと考える。そのような構造を常に持っているわけです。それはまさにヘーゲルが言ったことで、実際にはどこかで自分と他人との釣り合いを取っていくしかないわけですが、それが分からないと、どうしようもない自分探しに陥る。何をやったら自分らしく見てくれるのか、何をしたら自分の存在感を出せるのか、というドツボにはまり込んでしまう。自分らしさを探究し始めると、何をやっても他人がやっていることなわけです。

厳密に考えると、自分だけしかやらないことなんて、この世にはありません。

信國　セント・マーチンズで初日に配られる一枚の紙に、ファッションとは何かが一言で書いてあるんです。一つは、「異なるもののミックスである」。もう一つは、「あなたが何物であるかの表明がファッションです」。日本ではファッションは手芸的なものの延長にありますが、西欧ではファッションは自己表明という意識が根底にあります。それは作る側にとっても重要だし、誰に売りたいかという時にも、そういう意識が必要になります。

――本当に自分からオリジナルに発せられるものは実はないのではないか、という仲正先生のお話と、ファッションとは自分とは何かの自己表明である、という信國さんのお話は、どのように繋げられるでしょう？

信國　「自分とは何か？」というより、「自分は何です」と言いたい時、その「何」が既に社会的に存在しないと、どう言ったところで「何か」になれないわけですよね。

米原　ＳＭ譲も、プレイには基本的なフォーマットがあるけど、人気が出る出ないは、それが本気かどうかが問われるようです。多分、台詞なんでしょう。その台詞を棒読みなのか、本気で言っているのか。ちゃんと感情を伝えられるＳＭ譲が人気を集めるわけ。

信國　言われる側からすると自己否定の快感があるわけですね。だから本気で否定してくれる相手がいい。

米原　だから棒読みで言われても駄目。

菩提寺　そこに文脈があるか、ということですね。炎上の話とも繋がる気がします。

仲正　言葉を単語やフレーズに分解してみると、自分が世界で初めて発した言葉はないんです。分解すると誰かが既に同じようなことを言っている。ＳＭ譲の台詞でも、完全に分解するとそうなります。ただし、受ける側からすると、収まりの範囲を示す分布図のようなものがあり、収まりの範囲から微妙にズレているところを感じて、「この人は本気だ」とか感じるのでしょう。それは計算して出る答えではなく、どこで微妙にズレたと思うのか数値化はできないわけですが。

このイベントのために鷲田清一さんの『モードの迷宮』（１９８９年、中央公論社→ちくま学芸文庫）をきちんと読んでみたのですが、鷲田さんが論じているのは、まさにそういうことです。みんなファッションで微妙にズレたいと思っていて、微妙にズレたつもりになっているけれど、同じような人ばかりで、興覚めする。人は自分独自を求めている。だけど大抵の場合、みんな同じような方向に独自性を求めるので、ズレようとしても結果的に同じところに行ってしまう。

信國　人と違うということと、人と同じということはアンビバレンツなものです。人と違うようになりたいけれど、まったく異なると、そこには共通の言語がなくなり、誰からも認められない。世間とは違うあるグループがあった時、そのグループと一緒になりたい、ということだと思います。人と違くなりたい、だから世間とは異なるそのグループの人たちと一緒になりたいという、ファッションではアンビバレントな欲求が同居していますね。

米原　僕がやっていたコギャルの雑誌でも、彼女たちは、「人と違くなりたい」「今までの自分を変えたい」ということで始めるんです。でもその子たちがメインになると、人と違う恰好が人と同じになる。「人と違うようになりたい」という気持ちの子たちが同じ格好をしてメジャーになっていくから。そういうことだよね？

信國　はい、そうですね。

――不思議ちゃんがたくさんいると、もはや不思議ではなく普通になってしまうわけですね。

信國　ただし、そこにも層があります。最初にそこに行き着いた人たちと、途中から入った人たち、つまりマイノリティだけどメジャーになりかけているところに飛び付く人たち。後者は、どちらかと言うと、他と違うというよりも、その〝メジャーなりかけ〟と一緒になりたい人たちですよね。そういうピラミッド的なものがあると思います。直近のメンズ・ファッションでは、男性が床屋へ行く動きが目立っていました。刈り込んで髪を分けるスタイルがすごく流行っていたんです。実は僕もやっていたんですが。あるファッション評論家が、最初に始めた人と後から飛び付いてきた人とのボーダーがもはや分からない、と言っていました。僕はそこにまとめられるのが嫌になって髪を伸ばしたんです（笑）。

――その話とデザイナーからテーラーに転身されたのには、関係がありそうですが？

信國　テーラーになったのは、追いかけっこのゲームを棄ててしまいたいという気持ちからです。

菩提寺　昔、まだあまり日本で紹介されていない時に、ヨーロッパのビスポーク靴職人の人達と懇意になったことがあって、それでセレクトショップのパーティーなどに行くと、どこでも「何年何月に彼と出会ったのか」と事細かに聞かれる。こちらはたいして気にもかけていなかった事なので当時は不思議な感じがしましたが、今の信國さんのお話を聞いて納得できました。

今、信國さんは高級ビスポークテーラーとして主にスーツをつくられています。男性の古典的な服では昔からの流れが重視されるところがあります。スーツはフロックコートから展開したという話を僕は読んだことがあります。ロラン・バルトは、クエーカー教徒の服からスーツが発生したと言っていますね。質素な色や作りにイギリス的な思想が重なり、それがフランスに飛び火したという話で。わざと地味に抑えながら、でも差異を見せる。そこからダンディズムが始まったと。ダンディズムの言葉の定義については、いろいろな説が唱えられていて非常に複雑です。かっちりしていると言えるけれど、ある意味だらっとしていたり、はずすところもある。相反するものが同時にあることなど。仲正先生が専門とされているポストモダン的な要素もあるように思います。特権階級の最上位と言われている人の真似をするかというと、そうとは限らない。例えばボー・ブランメルのような、それほど上の階層ではない芸術家でもない人がスターになったりもする。リットン調査団のリットン卿の祖父エドワード・ブルワー・リットンが小説の中でダンディのマニュアルのようなものを書き、それをみんなが真似し、それを馬鹿にする人もいてとか。古典的な箴言集、マニュアル本にもブルジョワ階級に対して振る舞い方や服装についてあれこれ書いてあるのがありますね。『フローベールの紋切型辞典』とかそれを揶揄している側もスノッブだったりして。

信國　タキシードが最も分かりやすいです。最初は民主的なものとして作られました。当時としてはカジュアルなものだったんです。それが今やクラシックと言われている。僕も今、なるべく流行を離れてクラシックなことをやりたいと思っています。とても悩ましいのは、クラシックなものを作ると「変わってますね」と言われることです。「アバンギャルドな感じがする、やっぱり信國さん、変わってるわ」みたいな（笑）。

菩提寺　前回仲正先生がファッションについて、周期的な変化が見られるというお話をされました。まずは古典に戻り、古典のネタが尽きてくるとエキゾチズムに行くと。ロラン・バルトには『モードの体系』という著作があり、ファッション関係者たちとも対談しています。構造主義者であり記号学に関心がある彼は、モードとは最終的には長い周期で周っているだけだと言っていますが、一方でモードの面白さを彼なりの文章でポストモダン的に表現していました。

仲正　「モード」と言う時、定義によるけれど、バルトやベンヤミンが「モード」と呼ぶ現象は19歳世紀以降のものです。

信國　大量生産以降ですね。

仲正　そうです。ダンディというものが厳密な意味で成立するのは、19世紀的な現象だと思います。周期があるのだけれど、大量に流行った時に微妙にズレて「これは自分オリジナルだ」と表現できる期間がある程度あると、大勢の流行に抵抗できる。モードが出始めた時期はそれが可能でしたが、今はサイクルが早くなり過ぎていますね。これも鷲田さんの受売りですが、今我々の言う「モード」とは、初夏秋冬というように周期的に入れ替わっているものを指していますが、近代以前の世界では、そういう波のようなものはあったのかも知れませんが、早いサイクルではなかった。これほど早く決まった周期でぐるっと回って来るようなモードは、極めて現代的な現象だと思います。しかも周期がだんだん早くなっているので、先ほどから出ているような話になる。少し前まであれば、多少時間差があり、「そう簡単には真似できないだろう」というものがある程度成立していた。でも今、みんなが同じ方向で情報を集め始めるので、自分だけでやっているつもりでも、人のやっていることがついつい情報として入ってきている。だから知らない間に似てしまう。そういう事態が今起こっているのではないかと思います。だからオリジナリティというものが揺れている。本当に自分で思い付いたものなのか、もはや分からない。オリンピック・ロゴマークの盗作騒ぎにしても、そういうものかも知れませんね。本人ではないから分かりませんが。情報収集している間に、知らず知らずに自分のものとしてしまっている。そのようなことがものすごく高速度で起こっています。

信國　マルコム・マクラーレンも、セント・マーチンズに来た時にはっきりとそう言っていました。僕も身をもって体験してます。彼がヒップホップを発見した時は、サウス・ブロンクスで逆立ちになって頭でクルクル回ったり、レコードこすったりしている、けったいなことをしている子たちがいると聞いて行ってみたんです。それでああいう子たちを見つけて紹介したわけですが、あっという間に広まりました。また、ヴィヴィアン・ウエストウッドがデザイナーとしてパリコレでショーを開いた時、ある種革命を起こすような気持ちで手伝おうと思いました。日本は曖昧な人種ですが、彼女も、マルコムにしても非常にソリッドです。彼らがああいう斬新なことをした時、「『VOGUE』を潰すぞ！」くらいな気持ちで、本当にファッションと闘う意識でやっていました。ですが、穴の開いたセーターなどを出してパリコレでショーをやったものの、次の週の『VOGUE』はそれを表紙にしていたんです。その時にマルコムは負けたと思ったそうです。彼が言うには、ゲームには絶対に敵が必要。では最後に残るファッションの敵とは何かと考えると、メディアしかない。それで『VOGUE』を潰すという気概で挑んだわけです。

菩提寺　シチュアシオニスト的ですね。

信國　そうですね。

米原　僕はティーンエイジャーに人気の洋服屋さんのWEGOと仕事しているんだけれど、今は売れ線が一切ないんだって。小さい枠はいくつか出来るけれど、それが大きくならないうちに消滅していく。昔なら「今90年代が流行ってます」みたいなことがあったけれど、今はいつの時代の服を出したらいいのか分からない、と言っていました。ついこの間まで80年代が流行っていて、それまでは十年くらいのスタンスだったけれど今は2、3年で移動してしまう。多分、今の若い子たちからすると、80年代も90年代もゼロ年代も一緒くたにしか見えないんだと思う。今やっているように年代論を論じるのは、その年代を知っている我々くらい。「このオジサンたち何を言っているんだろう」というのが今の普通の若い子たちの感想だと思いますね。

信國　80'sのリバイバルは、感じとしてはなんとなく分かったんです。懐かしいのもあり、今の感じでいいな、とも。でも90'sのリバイバルに関しては、「そんなに楽しい時代だったかい？」という気がしましたね。

菩提寺　その流行のはやさは、別の所で米原さんから伺ったトラップにも関係するのでしょうか。

米原　ヒップホップは黒人好きがやり出したから、「黒人じゃないとヒップホップじゃない」という感じがあったけれど、トラップはあっと言う間に全世界に飛び火したんです。ロシアにもいるわ、中国にもいるわ、というように同時多発的。パンクが流行った時に、みんながみんな3コードでやり出したみたいな感じ。同じ機材を使っていることもあるけれどね。

ちょっとYouTubeで音を聞いてみましょうか。中国のクリス・ウーがいいかもしれない。クリス・ウーは元々EXOという韓国のグループの元メンバーでした。EXOは、タイプとしてはジャニーズ的だけれど、韓国語と中国語で展開するのに別々のメンバー構成をとるんです。中国と韓国の仲が悪くなった時に中国のメンバーが独立したんですが、その3人が今中国のトップアイドルなんです。

僕がびっくりしたのは、ジャニーズ系のアイドルのようでもあるクリス・ウーがこのような世界に通じる音作りをやっていること。今は彼が中国のメディアを席捲しています。

信國　ラップみたいですね。

菩提寺　ラップの中の1ジャンルですよね。

米原　なんだけど、このトラップだけが突然肥大して、ヒップホップを知らない人も入ってるんです。

仲正　電子音の通奏低音がずっと響いているところがポイントなんだと思います。ラップはリズムに合わせて動きも激しくなるけれど、トラップにははっきりした通奏低音があるから、例えばダンスする時、この通奏低音に合わせてゆっくりな動きができる。ラップだと、こんな感じでもっと激しい動きになる。

（仲正氏、立ち上がって実演）

でもトラップだとこんな感じでゆっくりと動ける。歌っている彼（クリス・ウー）自身もこの程度（手でゆっくりリズムをとる）の動きしかしていないし。他の人が一緒に踊ろうと思えばわりと入っていきやすいと思う。ラップのような激しい動きをしていたら、喧嘩のような感じで入っていくか、完璧に合わせるかしか無理だと思うけれど。これは同じようなメロディが通奏低音に載って続いているから入っていきやすいでしょうね。

米原　トラップにはバトルがないんです。

菩提寺　コンペティションがないということですね。

米原　元々は、歌とかダンスを全面に出してたんですけどね。

仲正　あと、彼の動きが典型的だけど、この辺だけで（顔の周囲くらい）手を動かしているでしょ。ハードルが高い動きじゃないですよね。

信國　パラパラにも通じそうですね（笑）。

仲正　そう、パラパラもそうですが、手の動きが大きいと身体能力が問われるし、練習しないと無理でしょう。このくらいならその場で真似できそうな気がする。

――私は個人的にラップは音楽として聴けなくて、「～だぜ、イェイ！」みたいに喧嘩ごしだったりするところが苦手です。

仲正　人間は攻撃性を出そうと思ったら、手を突き出すとか、突き上げて激しく動かすでしょうね。そうすると攻撃や支配の感じが出るけれど、これは手を伸ばす動きがほとんどない。ちなみに、顔の近くに手を持ってくるのは、赤ちゃんに話しかける時の仕草なんです。最近、気が付いたけれど、幼児向けのテレビ番組を観ていると、出演者が口の近くに持ってきていることが多いんです。

——先生、いろいろなものをご覧になりますね。

菩提寺　日本のトラップも観てみますか?

米原　じゃあJP THE WAVYを。

仲正　日本のものと黒人アーティストを比べてみると特徴がはっきり出てくると思う。黒人はまだラップっぽい要素を残していると思うんです。

信國　聴いていて、トラップはいろいろな要素があるけど、革新的ではないですね。懐かしい感じはあれど。

(再び、映像鑑賞)

米原　これが日本で一番ヒットした曲で、この子は元ダンサーだったんです。

菩提寺　信國さんがパラパラと仰ったように、日本の音楽の踊りは手が主、向こうのビートは脚腰からとよく言われます。

仲正　脚を使うとやっぱり動きが激しくなるから、素人は付いて行けなくなりますね。

菩提寺　一般的に最近のラップは詰め込み型の音が多いような気がしますが、仰るようにトラップはテンポが遅いことと、音数が比較的少ないのが特徴ですね。反復もしくは繰り返しを続けていると、音楽における時間的要素が少なくなる。ヨーロッパの伝統的音楽やそれにならった形式の音楽にあるような一線型の時間経過や起承転結が希薄になってくるというわけです。

米原　だから2分台、3分前半の曲ばかりで長くならないんです。

菩提寺　やはりそうですか。構造や雰囲気がわかればいいので短くても構わないという感じ、メロディが変化したり楽器が多かったりすると、そちらに意識が向いてしまう。しかし少なければ、ちょっとした変化を追っていくことによって（ヨーロッパの）ミニマル音楽的になる。日本の古典的な音楽、例えば御神楽、舞楽などは時間の概念があまりなくて、空間に堆積していくような音楽と言われてます。そういうものに近いのではないかという気がします。昔中国から伝来したと言われる雅楽はそれに通奏低音的に笙が奏される。先ほど観た中国のアーティスト　クリス・ウーも、金物の刻んでいる部分の速度はかなり速かったけれど繰り返しだし、軸となるテンポはやはり遅いという傾向がありますね。向こうはまだ歌になっていたけれど、この日本の曲は繰り返しの要素が強い。あとアメリカのものはインド的な音源使ってるのがありましたね。ラガーとかインド音楽とアメリカの初期ミニマル音楽は密接な関係がありました。もちろん各々トラップのアーティストが難しいことを考えた上でやってるわけではないだろうけど。

信國　哲学用語でプラトー（抑揚や展開がなく非物語的である様を指す）ってありましたよね。

菩提寺　今はYouTube等で視覚的に音が伝達されることが多いので、イメージ的に構造、雰囲気を捉えるような音楽が多いですね。そういうメディアの影響もあってかコード展開したり歌詞が盛り上がったり下がったりしてひと処に落ち着くようなものを求めているのではなくて、流行ものでも視覚的要素が音自体にも強く関係している感じがする。話はかわるけど80年代MTV時代は物語や歌詞を説明するようなプロモ映像が多かったと記憶しています。マイケル・ジャクソンのスリラーは物語的（時間経過）でしたがビリージーンの音は空間的、ミニマル的でした。

米正　今の若い子たちはみんなスマホで観ているから、基本的に長い曲には飽きるという面があるね。

菩提寺　アジアの、東洋の古典的音楽にあった感覚みたいなものが、何となく混交しながら世界的に広がっていったのかな。時間芸術とか時間の音楽というよりは、空間的というか同じ時間に留まりながら堆積していく、結果、音の密度を高めるような音楽に、シュトックハウゼンの「瞬間形式」に、大衆音楽も寄って来たのかなと思います。僕はラップあまり好きじゃないのでラップ、ヒップホップのことは詳しくないのですが、こういう1950年代以降現代音楽がテーマの一つにしてきた時間概念を考えたような特殊な音楽は実は昔からあるんですが、その場合、現代音楽にしても、どちらかと言うとマイナーな音楽とか、ひねりの入った音楽を好む人たちや好事家に受け入れられるもので売れ筋の音楽ではなかった。

仲正　一貫性がある音楽なら、ダンスをする際の体の動きもそれに合わせて変化させていかないといけない。緊張感を高めたり低めたり。でも、この楽曲だと場面場面ごとに強調点が変わっていて、わりとバラバラだから、素人がここなら自分もできると入っていけると思える。黒人のものはラップに近くて、普通の日本人だと入っていけるかな、という感じがします。先ほどの中国の曲に比べると、この日本のものはテンポの変化の感覚が短くて動きが小刻み。日本人はこの小刻みの部分に入りやすそうな感じがします。

菩提寺　ラップは、技術的に稚拙だった頃から反復、繰り返しをしていました。当時の器材の関係からも。初期のラップは、ある種テクノ、もっと言えばテクノ以前の一部のジャーマンロックに近いような感じがあった。ジャーマンロックから、テクニックがないと言われるパンクが影響を受けたのは今となっては定説です。それからＤＴＭ（デスク・トップ・ミュージック）の時代からＤＡＷ（デジタル・オーディオ・ワークステーション）の時代、エフェクトも含め同期させて簡単にコントロールできる音楽ソフトが出て来ます。昔はサンプラーもなく、シーケンスを作るのもかなりの技術か演奏力が必要だった。もちろん音源も既製品はなく、自分で作るしかなかった。テープループをいくつも作って操作し、エフェクトもそれに合わせてリアルタイムで操作してかつミキシングもかなり細かくやらないとできないとか、同時にいろいろなものが安易にはきれいに同期できなかった。その結果、自ずとこの手の音楽は「難しい音楽」になって、一般ウケしなかった。それが今、一般的な音楽でこういうことになっているというところが僕からすると面白い。でもたとえ音楽の形式上は近くても信國さんが仰ったように僕も一部を除いてトラップは面白いとは感じなかった、そこが前回の「柔らかいニューウェイヴ」の話と繋がるところかと思います。

米原　世界中の若い層がこれにハマってるの。ところが日本だけはトラップから取り残されているんです。

菩提寺　個人的にはアジアの古典音楽に近い感じがしてて、JP THE WAVYいいと思うんですけどね。

仲正　何を求めて参加するかによると思うけれど、魅力があるとすれば、参加しやすいことでしょうね。

米原　サビのところでみんなで歌うのが、わりと世界の流れになっています。

菩提寺　日本の伝統音楽はヘテロフォニーが特徴です。西洋のクラシック音楽では、例えば弦楽四重奏や指揮者がいるオケでは「せえーの」という感じで合奏しますが、日本のは同じメロディを各パートが奏で、そこに合わせて各々がちょっとズラして先に進んだり、もどったり、遅れたりしながら、ちょっと装飾音いれたりして、また同じフレーズに…というように、大体似たようなフレーズを揺れながら観念的な時間のなか進行していく。そういう意味では参加しやすいと言えばしやすい。高橋悠治さんの『パーセル最後の曲集』（74年 コロムビア）というレコードが、一人でオーバーダブして超絶技巧でこれをやっているのではないかと思っています。

（三度、映像鑑賞。黒人のトラップ）

米原　Bali Babyというアトランタの女の子です。
仲正　やっぱりリズムが早いですね。
米原　黒人は音を二分割とか四分割して動くんです。だから早い。コンサートでも黒人のオーディエンスはみんな飛び跳ねてますよね。
仲正　これだと簡単には参加できないですね。ある程度黒人的な文化を共有していると入っていけるのかもしれないけど、このテンポは一般的な日本人は入って行きづらいと思う。
米原　トラップの特徴は、基本的に盛り上がりがない。サビのフレーズしかないんです。
仲正　「あ、このパターンか」と思った瞬間に変わっている感じで、移り変わりが早い。手の運動で言うと、彼女は結構動かしてますね。
米原　トラップは、顔の近くで手を動かすことが多いです。この曲は『Enemies』といって、仲が良かった女の子と喧嘩して、その子のトラップを使って「あなたは友達のふりしているけど敵よ」と歌ってます。冒頭で、女の子の写真を弾丸で打ち抜いているシーンがあるけど、それが敵の女の子。でもリズムとしては、「喧嘩しているぞ」という響きは感じない。

――ラップは、敵対関係、言い争いから始まるけれど、トラップはそういう要素はない。というより、メディアの発展によって、みんなが音楽や画像をミックスしたり同期させることがやりやすくなった面が見て取れますね。

©JUN

photo by s koshino

米原　トラップでは、全員、最初にYouTubeで人気者になってからメジャーデビューします。それは全世界的流れとしてありますね。

菩提寺　これも米原さんに教えてもらった映画ですが『ワイルド・スタイル』（82年、監督：チャーリー・エーハーン）がヒップホップの黎明期を描いていますね。70年代〜80年代初めにかけて、〈ブロンディ〉のデボラ・ハリーやクリス・ステイン、トーキング・ヘッズのメンバーなどと初期ヒップホップ関係者の接触があったようです。『ＴＶパーティー』（１９７８〜82）というアメリカのケーブルテレビの番組があって、グレン・オブライエンの司会で、当時のニューヨークの音楽シーン中心に変な人達がジャンルを超えて大勢出演しています。バスキア、Ｗ．ステディング、Ｄ．ボウイ、イギー・ポップ、クリムゾンのＲ．フリップ、Ｐ－ファンクのＧ．クリントン、Ｄ．ヴァン ティーゲム、メイプルソープ、ノーウェイヴ関係でＤＮＡ、コントーションズとか。その中にワイルドスタイルの関係者はいたようです。また、ヒップホップの草分け的存在のＤＪアフリカ・バンバータはギャングのボスで結構な金持ちなんで当時、とても高価な楽器や大変高額な初期のサンプラー等を使っていました。でもクラフトワークのように緻密ではなく、ざらついたヒップホップっぽい音ですが。クラフトワークの「トランスヨーロッパエクスプレス」「コンピュータワールド」から引用し混ぜて使ってあって、かなり影響が見られる。これらの場合も先ほどの例と同様に、一般に言われているより初期の段階からいろいろな音楽、ジャンルが混交している事例といえると思います。

米原　前回も話したけど、ヒップホップの時代からはもうすべてサンプリング。既にある音の組み合わせで、自分たちの音を作るわけじゃない。リズムボックスの中に入っているビートをいかに自分のスピードに合わせるかとか、いかに面白い音をサンプリングしてきてそこに載せるか、というところから始まっているよね。

菩提寺 ファッションも元々、サンプリング、引用だったというお話ですよね。

信國 僕が受けたイギリスの教育では、デザインがどうこうよりも、リサーチを重要視していました。プレゼンする時、まずリサーチを見せないと、「あなたは天才か、気違いか、どちらかですか?」と訊かれます。天才であれば神がかっていて、何もないところがアイディアが降りてくるかもしれないけど、それは滅多にないよね、ということです。つまりリサーチありきなんです。

米原 DJもサンプリングのネタをいかに持っているかによる。

——編集作業が重要になるわけですよね。

菩提寺 それは楽音のアウラがなくなった電子音楽の黎明期にも関係している。例えばシュトックハウゼンは、電子音だけではなく途中から少年の声、ラジオの音等をミックスし始めた。当時はサンプラーがなかったので、シュトックハウゼンは著名な現代音楽家だからヨーロッパのクラシック音楽の歴史を踏まえた上で、おそらくクラシック音楽の進歩を前提に国家予算を使って放送局でつくっていた。ジャーマンロックになると70年代初頭からNEU!のようにテープレコーダーやミキサーを屈指してその操作の過程自体が骨格になる曲とかがレコード化された。フランスでは放送局、映画の音響関係からミュージック・コンクレートが出てきた。P・シェフェールとか。レコーディングした具体音を回転速度を変えたり逆回転したりしてカットアンドペースト、カットアップ、コラージュして音楽を制作するなど。

米原　ヒップホップが出始めた時に、黒人好きの人たちが徹底的にヒップホップを否定したのは、生音に非常に拘っていたから。従来のポップ・ブラック・ミュージックを好きな人たちから、「打ち込みの音が流れる音楽は黒人音楽じゃない！」と全否定されたんです。

菩提寺　生音に関しては、昔から常に、様々なジャンル問わず、いつの時代もそういう批判がよく出ますね。正に紋切り型というか。例えば電化したマイルス・デイビスをどう考えるかという特集が70年代当時ジャズ雑誌で組まれてましたが、当時は大半が電化に批判的でした。もし今特集を組んだら逆の結果が出るのではないでしょうか。あと波形から、発振器から創っていたシュトックハウゼンなどの初期電子音楽の「生音」とは何かを考えてみると面白いです。

米原　かつてアフリカにいた時に奏でていた打楽器による音楽は基本的にミニマルで同じ音を続けていた。ヒップホップもミニマルだから、通じているものがあると僕は思うんだけど。

菩提寺　アフリカの影響はおそらくあるでしょう。でも「根源」にもどったら「自然人」的で魂がある音楽というのではなく、僕としては電気楽器含め他との混交の方向で考えていきたいです。

仲正　元々の話から、ちょっと専門的になり過ぎてませんか。

菩提寺　深いところを言わないと思想面に入れないので。

信國　先ほどダンディズムの話題が出ましたが、ダンディな人は大抵、最後は気が狂っていますね。ボー・ブランメルにしてもオスカー・ワイルドも。

マルコムも、アンチ・ファッションをファッション・ワールドでやることはもうナンセンスという考え方でした。そういうことを言い出すと、あまりにも突きつめ過ぎて結局何もできなくなってしまうんですよね。ダンディズムにこだわって気が狂うのもそういうことなんじゃないか、という気がします。マルコムに「マルタン・マルジェラについてどう思いますか」と訊いたら、「彼は充分理解していない」と。アンチ・ファッションと言いながらも、ファッション・ショーを開いたりして、ファッション・ワールドにいるわけじゃないですか。後に結局、マルタン本人は辞めます。勝手な憶測ですが、それで行き詰まったところがあるんじゃないかな、という気がします。

photo by s koshino

仲正　元々は、何故日本でトラップの需要がないか、という話でしたよね。皆さんが話しているのは制作サイドの話でしょう？　何故日本でトラップの参加者が少ないのかというと、多分求めているものが違うんだと思います。日本人の場合、自分で入っていくという感覚がまだ少ない、要するにまだ受容するという感覚なんだと思う。

菩提寺　ファッションの話でも同じことが言えますか？　仕立てについて、僕の知っている狭い世界での話ですが、ミラノで修業して帰ってきた人がテーラーとして日本で開業しそこにお客さんが来たとします。ミラノのお店のハウス・スタイル、ディテールと全く同じように作って下さい、あるいは「一番古典的な歴史あるミラノのスタイルで作って下さい」と具体的に極端に部分的な細部や形式にこだわって依頼する人が日本では結構多い気がします。シューメーカーに対しても同じ様なことがあります。またその「こだわり」がその細部や形式をつくりだした理屈に矛盾するものであっても、そしてそのことがわかったとしてもそのまま依頼するケースが多いと聞きます。仲正先生が仰ったように、日本ではクライアント、お願いする側はその世界にちゃんと入っていこうとしない。全体が成り立たなくなるような部分的な蘊蓄、専門用語に拘泥しすぎる感じがあるのかもしれません。概念を考えて、テーラーに伝えて任せればそれでいいと思うのですが。

仲正　ものすごく専門的な知識を持っている人なら言えるかもしれませんが、そうではなくて何となくイメージを持っているだけの人は、とてもそんなことは言えなくて、「お任せします」というのが日本人のメンタリティではないかなと思います。

菩提寺　いやいやその逆で、専門的な知識を持ってない、持たない人々だからそういうことが言えるもしくは言うんだと僕は思います。

仲正　そもそも普通の人間は行かないでしょう。

――簡単に言うと、サヴィル・ロウに行ってハンツマンで服を作りたいと思っている日本人が、そこで修業をして戻って来た日本人のテーラーに対して、ハンツマンのように襟はこう、ここはこういう風に…と注文するということですよね。

菩提寺　そうなんだけれども、意味内容をたとえて言うとハンツマンとは別のところで修業してきた人に、例えばパリのフランチェスコ・スマルトやランヴァンで修行してきた人にハンツマンでは…と言う位の感じです。

信國　菩提寺さんが言う「概念」とは、もっと抽象的なことという意味ですよね。

菩提寺　そうです。大まかな内容ということと、それには意味の連関があり了解できて一般性があるということです。

米原　他の国では、若い子たちがトラップを聞いて「面白いじゃん」と食い付いて大メジャーになったんです。でも日本で、「これ面白いじゃん」と言った子が少ないのは何故か。世界的に大ブームが来ているのに日本にはない、それは何故か、という話でしたね。

仲正　単純な話、自分が何をしたらいいのか分からないからだと思いますよ。自分はクリエイターなのか、付いていく人間なのか、分からない。

菩提寺　それは僕が言った話と同じなんです。ビスポークは作り手と客の関係の上からものが出来上がる、成立するものなので。

仲正　日本の場合、送り手と受け手の区別がはっきりしている。芸能人の追っかけするような人たちは基本的に集団行動しますよね。日本に典型的だと思うけれど、例えばコンサートで一緒に踊る時、みんな完璧に同じ動きをしようとする。「オタ芸」と言われる、アイドルの追っかけのなんてモロにそう。だらしないからオタクと言われているはずなのに、アイドルのコンサートではものすごく統制がとれている。完璧にやらないとオタ芸をやったことにならないというか、そこでは勝手に即興で何かをやる空気じゃない。

日本人は、芸術に自分が一ファンとして参加する際に、「確実にこのように振る舞わねばならない」みたいな鉄板のルールを作ってしまうんです、いまだに。私は実際に見たことはないですが、地下アイドルのファンも非常に統率の取れた行動をとっているようですね。そういう日本人のメンタリティは変わらないんだと思う。自分なりに受容して好きに変形していいという発想はあまり持てないのではないかと思います。

トラップの魅力は、自分なりの勝手な振り付けで、自由なタイミングで入っていけるところだと思います。

米原 そう、すぐに参加できるんです。

仲正 日本人には、自由に入っていくという感覚が馴染まないんでしょう。パターン化されたみんなと同じ振り付けならば入っていけるけれど。

米原 〈Tik Tok〉というアプリサイトがあって、一つの音楽について15秒間だけ自分のプロモーションができるんです。このアプリは抖音（ドゥーイン）という名前で、元々は台湾のものだけど、中国ですごくウケてるんです。何万曲もあってそこから選べるんですが、日本で流行っているのは、一つの曲をみんなが同じ振り付けで踊る動画。全部同じ振り付けで、その中でどれだけ可愛くでき

信國太志

るか等で差異化している感じ。中国、韓国、日本の地区によってそれぞれ違いがあるけれど、日本のものを見ると同じ音にみんなで合わせるのが大ブーム。でも中国の投稿を見ると、15秒の1曲に1日かけて自分なりに工夫したものを撮ってる。それを使って自己表現することに焦点が合ってるわけです。ところが日本では、一つの曲に乗ってみんなが同じ踊りをいかに上手にできているか、に関心が向かっている。使い方がまったく違うんです。

仲正　「逃げ恥（逃げるは恥だが役に立つ）」ブームがありましたけど、あのダンスが典型的ですよね。若者言葉で言えば、「完コピ」できそうかどうかに、価値観が置かれてる。

菩提寺　完全コピーの話よりも、ダンディズムとファッションの話をしませんか？

米原　繋がっていると思うよ。ダンディズムについても、西洋のダンディズム的なものをいかに日本で完コピできるかでやっている人たちが多いじゃない。

信國　トラップについては、音楽の好みの問題で流行らなかったのか、それとも流通とか外部の要因が関係しているのか。僕は完全に好みだけの問題ではないような気がします。人口動態の要因もあるんじゃないでしょうか。海外でファンが多いのは十代、二十代の子たちでしょう？　日本の十代、二十代の人口の層を考えると、一つのムーヴメントを生むほどの数がいないのかもしれない。僕はトラップが流行らないのは少子化の問題だと思います。僕らの世代から見るとそれほど新鮮ではないし、これを支えるはずの二十代くらいの層が少ないということ。ある程度早いもの好きな人が人口割合の中である程度の層を作っていないとムーヴメントというものはできないものです。トラップを聴くと大衆的なところから始まる音楽ではないと思うので、これをムーヴメントとして熟成する力が数として日本の二十代にはないんだと思います。僕は、好みとか日本人だからという問題ではないと思います。

米原　日本のシステム自体の問題ということ？

信國　そうですね。僕はサーファーですが、今二十代でサーフィンしている子なんてほとんど見ないですし。

米原　でも、人口350万人くらいのエストニアみたいな国でもトラップは流行ってるんだよ。若い子たちが夢中で聴いている。

信國　彼らにとっては、ある意味、僕らがラップを聴いたくらいの新鮮さがあるんじゃないですか。

――後半は仲正先生から「ギャルソン論争」の話をしてもらって、ファッションの話に入りましょう。80年代に、吉本隆明と埴谷雄高の間で「コム デ ギャルソン論争」と呼ばれる論争がありました。それについて仲正先生から発言をいただきます。

菩提寺　以前仲正先生はあの論争について、「きっちりと考察されていない」と仰ってましたが。

仲正　『an・an』（マガジンハウス）1984年9月21号で、吉本隆明に〈コム デ ギャルソン〉の服を着せる企画がありました。ビジュアルがメインで文章にはあまり期待していなかったのだと思いますが、その企画に寄せた文章で吉本はこんなことを言っています。

「衣装のファッションの反対物は、すべての制服、画一的な事務服や作業服だ。ファッションが許されなかったあの戦争時代には、男性には二種類くらいの国民服が制定され、女性はモンペ姿が唯一の晴れ着であり、作業衣であり、ふだん着だった。女性たちはわずかに生地の模様を変化させるくらいがファッション感覚の解放にあたっていた。統制と管理と、それにたいする絶対の服従が必要な権力にとっては、制服は服従の快い象徴にみえるし、ファッションはいわば秩序を乱す象徴として、いちばん忌み嫌われるものだった。だから楽しいファッションは肯定されるべきだ」

権力への服従からの「解放」だったわけですね。左翼だった吉本にとって、これは是非とも言っておくべきことだったのでしょう。

「それは管理にたいするはぐらかし、軽い反抗、すくなくとも無関心の旗じるしになっている。そうまでいわなくても、愉しいファッション、それは由緒とか根拠とかを幻惑させる。わけても私は、女子高を出てすぐにＯＬになったような娘たちや、中学や高校を出て就職しているような若い男たちが、休日や祝日に安そうだけれど恰好のいいラフなファションを着こなして闊歩している姿を、盛り場の雑踏に見るのが好きだ。二種類くらいの制服と作業服、一種類のモンペ姿が着られる衣装だった四十年前の若い男女の、暗く固く貧しい姿は、すなわちわたし（の世代）自身の姿だったからだ。もちろんその頃は社会全体が貧困で、ファッションどころではなかったともいえるかもしれないが、なによりも統制と管理の好きな権力が、多様で安くて恰好いいファッションを若者が身につけるのを忌み嫌ったのだ。ファッションはさり気ない不服従のしるしだからだ」

（「現代思想界をリードする吉本隆明の「ファッション」」『an・an』1984年、446号、pp.74-75.）

要するに、ファッション（モード）を、それまでの身分制と服が一体になっていた体制に対する反抗として捉えています。モードは、大衆を構成する諸個人の創意工夫や自由な生き方のイメージによって本来どんどんと変わるものであり、来ているもので社会的階層が分かってしまう、身分制のある社会に対する反抗になっているのだ、という理屈です。この時代に今さらそんなことを言うのか、という気もしますが。19世紀のヨーロッパだったらまだしも、当時（80年代）の日本でそれを言うか、と。ただ、それまでこういうことをはっきり述べる人が日本の思想界にはいなかったからでしょう。それと、吉本と近いとされる全共闘などの新左翼の学生運動は、従来のマルクス主義のように経済的な平等にだけ拘るのではなく、近代的な管理、画一化からの自由を求めていたとされるので、そうした考え方によりそうということもあったのかもしれません。吉本にとっては、大衆を構成する諸個人の欲望が、私的なライフスタイルの面でも解放されることが重要だったのでしょう。

これに対し、作家で文芸批評家でもある埴谷雄高が反発し、『海燕』という文学雑誌に批判を掲載します。今の若い人から見れば、両方ともかなり昔の時代の左翼知識人ということで同じ範疇に入ってしまうでしょうが、一九二四年生まれの吉本が当時六十歳だったのに対し、一九〇九年生まれの埴谷は七十五歳で、結構年齢が開いています。昭和の初期に共産党に入党し、活動していた埴谷がマルクス・レーニン主義をなかなか捨てられず拘りを持っているのに対し、吉本の方はとっくに見切りを付けている。批判文は、もはやそんなに先がない埴谷が、まだ先がある吉本の近年の態度に対し､苦言を呈するという形になっています。そうした全般的な批判の文脈の中で、ファッションの話も出てくるわけです。『an・an』への登場の少し前に吉本は、ヨーロッパで盛り上がっていた反核運動に呼応して、反核署名活動をしている左翼知識人の態度を、アメリカに厳しく、ソ連には甘い、相変わらずの型にはまった旧左翼的な態度であり、大衆の反発を招くだけだというように皮肉っていました。左翼の人たちはそれを裏切りだと受け止めていました。そうした流れの延長で『an・an』の記事を見た埴谷は次のように書いています。

「その苦言呈示の思いは、一編集者から一つの大判の雑誌をもらつたことから、惹き起こされました。その大判の雑誌は、一九八四年NO・四四六の『an an』九月二十一日号で、その見開きの両ページに、「現代思想界をリードする吉本隆明のファッション」と題された二枚の写真が掲げられています。

最初の写真には、多くの書物に囲まれた広い書斎で、一六、〇〇〇円のセーター、一三、八〇〇〇円のダンガリーシャツを着ながら原稿を書いているあなたの横向きの姿が写されていますが、この書斎の天井から垂れているシャンデリアもテーブル、ランプも豪華だと思いながらも、あなたの勉強ぶりに感心こそすれ、苦言などありません。わたしが衝撃を受けたのは、次のページの写真でした。そこで最も賞賛されるべきは、背後の適切な建物を発見し選びだしたカメラマンというべきでしょう。あなたは半円形の鉄の網窓を背にして腰をかけていますが、その背後のコンクリートの壁には斜めへ放射状に開く数条の襞が走つていて、あなたの頭部は、まさに「光背」を負つているのです。私は、あなたを梅崎春生や武田泰淳や高橋和巳と同じ「内面の強者」である伏目族と嘗て名づけましたけれども、この写真のあなたは伏目でなく、カメラマンの右手を眺め微笑し、なかなかいい顔をしています。

そして、そのとき、あなたは、六二、〇〇〇円のレーヨンツイードのジャケット、二九、〇〇〇円のレーヨンシャツ、二五、〇〇〇円のパンツ、一八、〇〇〇円のカーディガン、五、五〇〇円のシルクのタイ、を身につけ、そして足許は見えませんけれど、三五、〇〇〇円の靴をはいています。このような「ぶつたくり商品」のCM画像に、「現代思想界をリードする吉本隆明」がなつてくれることに、吾国の高度資本主義は、まことに「後光」が射す思いを懐いたことでしょう。

cameraworks by Takewaki

吾国の資本主義は、朝鮮戦争とヴェトナム戦争の血の上に「火事場泥棒」のボロ儲けを重ねに重ねたあげく、高度な技術と設備を整えて、つぎには、「ぶつたくり商品」の「進出」によつて「収奪」を積みあげに積みあげる高度成長なるものをとげました。

今年は国際青年年だとのことで、この一月、NHKTVに、「世界五〇ヶ国の若者一〇〇人が地球感覚で語り合う八十分」の「今夜はみんな地球人」といういわゆる特別番組がありました。その後半部を私が眺めたところ、タイの青年が発言して、日本を悪魔、と呼んだとき、恐らくアジアの数箇国の青年からでしょう、忽ち拍手が起りました。けれども、司会者は、この日本=悪魔説を無視して、最後の「みんなで仲よくやりましょう」まで手際よく進行させてしまいました。

さて、そのタイの青年が、この「現代思想界をリードする吉本隆明のファッション」のＣＭ画像を眺めたら、どういうでしょう」

（「政治と文学と・補足――吉本隆明への最後の手紙」『埴谷雄高全集10　薄明のなかの思想』pp.663-665、講談社。初出：『海燕』１９８５年４月号）

これに対して吉本は明確に反論していませんが、知識人は〝欲望〟というものをきちんと知るべきだ、それがどこに流れていくのか見極めるべきだ、という態度を取りました。１９８４年の本の中では次のようなことを言っています。

「だからぼくは言うんです。商業メカニズムを引っ張っていくことを肯定しろって。還る道がないってことを否定しろと。この人がどんなに反体制的なことを言っても、異議申したてをやっても、こいつは駄目なんだ、これは絶対に否定しろって言うのです。ぼくらも雑誌をやっていますが、こういう考え方がぼくらを根本的に支えています。だから自分が還れなくなったら、自分は手、あげますね。そういう基礎から、社会メカニズムの直截性によってピックアップされて出てゆくこと、これは絶対的に肯定せよ、それは往く道だけはプラスになるんだ、ということなんです。だが、還る道ではマイナスに作用して、風俗化を受けるってことは間違いないことなんです。往く道の限度までゆくとね、現代社会のメカニズムは表現者を風俗化させ駄目にするという働きしかないんです。だからこそ、還れなければいけない。還る、ということが現代の表現の、大事な問題なんです。」

（『大衆としての現在　極言私語』北宗社、聴き手：安達史人）

商業メカニズムによって人間の欲望が大きく変貌している、それをあなたたち知識人は認めたくないのだろうが、それではダメだ、ということでしょう。その欲望にいったん身を任せ、とことんまで行ったうえで、そこで起こっていることを「表現」しないといけない。高みに立って、商業化メカニズムを嫌悪する態度を表明するだけではダメだ、というわけです。埴谷は基本的に、人間の中には貧しい人に自然と連帯する気持ちや、商業主義は恥ずかしいものだという矜持が本来備わっていてるという前提に立って、吉本など流行に敏感な知識人たちはその矜持を失っている、と憤る。対して吉本は、人間の欲望についてきちんと考えたことがないだろう、と反論しているわけです。

信國 吉本さんは親鸞論も書いていますよね。欲望についての考え方が通じています。親鸞も、当時の僧に禁止されていた、妻帯や肉食を行ないました。埴谷さんの言うような清廉潔白なピューリタニズム的なものを打ち壊した人です。親鸞論を書いたことにも、その文章で言われていることも、吉本さんのそのような思想が出ていると思います。欲望を否定して、非欲望という実態のないところを目指すというのは甚だおかしい、ということでしょうね。

仲正 ポスト構造主義の影響を受けた現代思想でも、浅田彰等が〝欲望〟の重要さを、欲望の多様性を強調していると思います。『構造と力』や『逃走論』は、主体を一定の型に押し込める「構造」を突き破っていく、無意識に潜む「欲望」の力を論じた本だと思います。マルクス主義で人間の欲望について語るとなると、「衣食住足りて…」という話になりがちです。本当にそれだけなのか？という疑問が当然出てきますよね。それこそＳＭだったり、それ以外にも人間の欲望はあるだろう。貧乏人だとＳＭ的願望は持たないかと言うと、そうではないわけですよね。他人から見て、「そんなに貧乏なのに、何故そういう無駄で、エネルギーを消費するようなことをするんだ？」としか思えないことをする人は、結構たくさんいる。ベタなマルクス主義の観点では、人間にとっては衣食住足りることが最も基本的であり、そのベースの上に上部構造たる芸術や法律等があるわけです。自分の体をいじめるとか、芸術的なクリエーションをやるのは二の次、三の次だと。だから左派的な知識人や芸術家等は、自分がそういうことを出来ていることに対して、つまり自分が恵まれていることに対して、後ろめたさを感じるべき、という考えが埴谷にはずっとあったのだと思います。「物質的に恵まれているからこそ…」、と言われると確かにそうなのですが、でも人間の欲望とは本当にそういう基本構造に縛られ、規定されているものなのか？　という問いを吉本は問いを発しているのだと思います。まず食べられて、雨露をしのげる住まいがあり、衣の方はファッションとかではなく、まず寒くない程度、そしてモノを少し持ち運べるだけの機能を持つ服をいくつか持てればいい、それが基本。中国の人民服のようなものでいい、より豊かになってからファッションをやればいい。というように、埴谷は無自覚的に欲望の階層を想定しているのかもしれません。

信國　埴谷さんの言うことは理念的な妄想ですよね。そんな古めかしい一元的な知識人がいたこと自体がおかしいと僕は思います。それに対して吉本さんの意見はとてもまっとうだと思います。欲望について。親鸞も欲望を肯定していますが、「理趣経」［＊21］という仏教の経典がありまして、それには例えば人を殺してもいい、女を犯してもいいと書いてある。それでも地獄に堕ちないという話ですが、それをどう捉えるかが問題です。その通りに捉えて邪教のようなものを作った人もいます。ですが、「たとえ犯しても」と「たとえ」が付いているんです。それでも人間の本質とは善なるものだ、ということのメタファーとして「たとえ」と付いているのに、その「たとえ」を省いて実際にやってもいいと捉える人もいるわけです。埴谷さんのようなピューリタニズムも極端論だし、女を犯してもいいというのも極端論ですよね。

米原　２００３年は、全世界のルイ・ヴィトンの70％を日本人が購入したんです。当時ちょうどゴスが流行っていたので、ゴスとヴィトンを合わせた格好とかも出て来たりして。何が言いたいかというと、アンディ・ウォーホールが、アメリカのすごさということで、一般大衆から大統領まで、みんなハンバーガーとコカ・コーラを食すことを、「アメリカのＰＯＰ」と表現したけれど、当時の日本人は子供からおオジイちゃんオバアちゃんまでルイ・ヴィトンを欲しがった。貧乏なら貧乏なりの暮らしは享受できるけれど、ファッションのエンゲル係数が高いわけじゃない。給料10万円の人が3万円のポーチを買うのと、３００万の人が買うのでは意味がまったく違う。でも日本人はあえてそれをフラットにして、みんながヴィトンを持つことが幸せだ、というイメージを簡単に植え付けることができる人種だと思うんです。そのイメージを日本中のみんなが共有した結果、全世界の70％のルイ・ヴィトン製品を買っていた。最初に戻るけど、一つのテーマを与えられると勝手にイメージして自分たちで暴走してしまう日本人のメンタリティ。信國さんが話した理趣経の解釈についても、文脈を読まずに「犯してもいい」というところだけを自分たちのイメージとして広げていく人がいる。なんか繋がっているよね。

菩提寺　僕も、埴谷さんは80年代にすごいことを言っているなと思います。前回も、80年代は「何でもあり」の時代だったという話になりました。その前は学生なら学生運動に参加すべきという空気がずっと支配的にあったけれど、その雰囲気がなくなったので80年代は「何でもあり」になった。メジャーは『なんとなく、クリスタル』（田中康夫・著）の世界で、アンダーグラウンドは前回話したような状況だった。その時代に、埴谷さんのようなことを言っていること自体が教条主義的で先ほど話した一般性からもはずれていると思います。僕の記憶では、吉本さんが着ているのはツイードのジャケットで、ギャルソンっぽくないなと思っていたんですが、レーヨン・ツイードだったんですね、そこがギャルソンっぽかったのですね。それを分かって吉本さんが着ていたのかどうかは知らないけれど。

信國　僕は、当時、中沢新一さん等がデザイナーズ・ブランドの服を着ているのを見て、自由を感じました。それまでの大学の先生はそういう服装はしなかったので。

菩提寺　当時　ギャルソンは、雑な言い方すると、公務員も含め硬い仕事をしているような米原さんがいうところのオジサン（＝サラリーマン）と関係ない人が着る服でした。「背広」を着て行くような会社には着て行けないようなものでした。

米原　でも84年は、ギャルソンはマルイに入っていたんです。つまりマルイで買えた。文化服装学院の子たちとかは、ご飯を我慢してギャルソンを買ってたんですよね。

菩提寺　確かに。G・アルマーニとかはマルイには入っていなかった。埴谷さんは「ぶったくり」と言っているけれど、確かに高いかも知れないけれど、6、7万円台。それに目くじら立ててどうするのという感じ。あと僕は資料を持っていませんが、吉本さんはギャルソンについて、「芸術」というような評価をしていませんでしたか？

仲正　吉本の『ハイ・イメージ論』（1989年、福武書店→ちくま学芸文庫）所収の「ファッション論」で、ギャルソンのことに触れています。

「「東京国際コレクション・85」で、コム・デ・ギャルソンの川久保玲が見せたファッション・ショーは、内心で思わず唸るほどの感銘だった。ただその驚きはもしかすると初歩的なもので、評価の軸としては邪道かもしれない。ちょっぴりそんな危惧はある。が、どうしてもそのことはあるのだとおもえた」という書き出しで、内容的には、日本人にはまだ到底到達できそうにない、〈人種が違う〉という強い身体的な印象を与える白人のモデルに、日本的な発想のデザインを身に付けさせることで、通俗的なエキゾチズムを超えた、差異を際立たせていく手法に感銘を受けた、という主旨のことを述べています。難しい文章なのですが、要は、元々ローカルな性格が強く、地元の人の身体に合った民族衣装的なものを、それとは根本的に異なった身体性の人に着せることで、差異を作り出すことこそ、ファッションの本質だという議論です。そして『an・an』に掲載されたコム デ ギャルソンの服の配色について、図示しながら彼なりに分析しています。

菩提寺　『相対性コム デ ギャルソン論―なぜ私たちはコム デ ギャルソンを語るのか』（西谷真理子・編、2012年、フィルムアート社）で千葉雅也さんらが、特にメンズブランドのHOMME PLUSをディスるというスタンスで語っていました。メンズは恰好よくない、シェイプされてない。芸術と比べるとお話にならない、例えばアヴァンギャルドと言っても「デュシャンの泉」と比較したら問題にならない、というような話をしていたと思います。

信國　それはまたナンセンスですね。

菩提寺　今のは僕の伝え方が良くなかったと思いますので、かなり長くなりますが、本を見ながら付け加えますと、ストリートファッションの「コーディネートする」と、それに先行したアヴァンギャルディズムが合わさった90年代が青春だった千葉さんらとしては、ランナウェイ上の服だけを対象にして前衛的と捉えて行く、そんな神話的なギャルソンに対する評価、語り口に違和感がある。よって「本気の批評」を辛口でしてみるということで、ギャルソンに対する「モダニズム的言説」を批判しています。それはどういうことかというと、『ザ・スタディ・オブ・コムデギャルソン』（南谷えり子著、リトルモア、２００４）に「型紙の制作下でどこまでのことができるかと実験をすると形態的な面白さが出てくる」という表現があり、それに対して千葉さんは「パターンのある種の原理主義に基づいた分析をして」ギャルソンは「表面的なことやっているじゃないんだよ」と主張しているかのようにみえる。「そういうのをほめるのが典型的なモダニスト的言説」でC・グリーンバーグのメディウムスペシフィック概念を、ファッションに当てはめると「まずパターンから作られるというのが衣服というメディウムの特性であるとして、そのことを純化する」ということで「これは抽象表現主義とかミニマリズムの文脈と繋いで考えることができる」「そういうのが現代美術みたいで立派と褒められるのはわか」らないではないが、「ファッションっていうのは本当に保守的な世界だったんですね。だってデュシャンの便器なんてはるかずっと前のことでしょ」という話でした。

わかる気もするけれども、これも男物の服に関しては、ずれがあるかなという感じがします。ギャルソンが「嫌儲ファッション」「ようするにお金儲けをすることを馬鹿にするタイプの種族の人たちが好む」「ある種の清貧志向」いうところは興味深かったです。さっき僕が言った「着て行けない会社」と矛盾するような、しないような。あくまで「嫌がる人」であって、しない人とは限らない。また川久保さんは昔インタビューでクリエーションとビジネスは拮抗しない。長い時間仕事をするのは当たり前という話をされていたと思います。左翼的な二項対立の単純な図式に埴谷さんのように当てはめても的外れな感じになるのではないでしょうか。

仲正　埴谷雄高の話がおかしく感じられるのは、欲望に善悪があるかのような語り方をしているからでしょう。多分、過剰な欲望は悪だという感覚があるんだと思います。ファッションでも芸術でも自分の好みを言うのはいいけれど、良い悪いという話にするのは興ざめです。ファッションを思想の問題にする際には、例えば、「これは欲望をそそられるけれど、何故これは欲望をそそられないのか」「何故これはセンスが良いと思えるのか」という問いを立て、分析するべきです。そうでないと思想家が語る意味はないです。

埴谷の稚拙なところは、欲望の本質を分析する前に自分で善悪を決めてしまっている点です。「欲望とはそもそも、どのように人間の中で発生するのか?」「何故人間にはモードに対する欲望があるのか?」。これらは哲学的な問いです。「何故制服だと駄目なのか?」。これは社会学的でもありますね。そういうレベルの議論をすればいいわけです。吉本は、先ほど引用した制服についての議論等に見られるように、彼なりにそういう議論をやろうとしています。吉本自身のファッションの欲望論は、正直それほど深まっている感じはしないけれど、吉本より二十五歳若い鷲田清一さんは、少なくとも『モードの迷宮』では哲学的にそれをやろうとしています。メルロ＝ポンティの「スタイル」論等を援用して哲学者の立場で欲望を分析している。『モードの迷宮』以降はネタの使いまわしの印象がありますが。良し悪しの前に、「人は何故他人と異なろうとするのか?」「何をもって他人と違うとするのか?」「どこに自分と他人との違いを見つけようとするのか?」、そのような問いをきちんと分析すべきなんです。吉本や鷲田清一はこの時代（80年代）に、ファッションに典型的に見られる、「欲望」の多様化という思想的課題が浮上してきつつあることを察知していたのだと思います。

信國　吉本さんにギャルソンを着せたのが、ギャルソン側のアイディアなのか編集者のアイディアなのか分かりませんが、吉本さんが評価した85年の「東京国際コレクション」を含めて、指摘できることがあります。当時、川久保玲さんは山本耀司さんと合同ショーを開き、デニス・ホッパー等を連れて来てモデルにしました。それは非常にエポック・メイキングなことだったんです。それまでの格好いい「服」を着るということから、格好いい「人」が着る服、というプレゼンテーションだったわけです。ファッションとは内面性の一つの表現という姿勢を明確に打ち出した。その動きの中で、思想家としての吉本さんが着ることも意味があったのだと思います。

僕がセント・マーチンズにいた時のコース・ディレクターの部屋は、壁一面がすべてコム デ ギャルソンの印刷物でした。それほど彼女がデザインするものが好きでした。でもギャルソンのようなデザインをすると怒られるわけですが…。川久保さんには「ファッションは人である」という思想が根本にあったのだと思います。セント・マーチンズでも根本的に教えられることというのは、「今年の丈はどうだ」「色はどうだ」ということではなく、「そのファッションを誰が着るのか」というものでした。その人はどういう人なのか？　ワインであれば赤が好きなのか白が好きなのか？　家にある照明は蛍光灯なのか蝋燭なのか？　等など、いわゆる人間像を根本に考えます。だからギャルソンのそのアプローチはとても素敵で素晴らしかったと思います。

――埴谷雄高はそこまで感じていて、「ギャルソンのそういうコマーシャリズムにあなたは乗ってしまっていますよ」という抗議であったかもしれません。

信國　かもしれなくても、あまりにもナンセンスですよね。

ちなみに僕は中学校三年生の時、コム デ ギャルソン HOMME PLUS は福岡では久留米市にしかなかったので、そこに買いに行ったことがあります。僕は当時、スタンダードなものとデザイナーズのものの間で揺れていたんです。リーバイス501を買うか、ギャルソンのジーンズを買うか、本当に迷って。ギャルソンの方がリーバイスよりも高いですよね。お店に行って試着をしたんですが、「ここは君が来るところじゃないんだよ」と言われたんです。ギャルソンの思い出として、そういうこともありました（笑）。でも、もちろん素晴らしいブランドだと思っていますよ。

菩提寺　僕はプリュスの縮絨のジャケットを着て彼女と銀座のレストランに入ったら、末席に通された経験があります。その時はギャルソンはそれなりにパワーがあるんだなと思いました。

――はい、そういうことがよくあって、私は彼と一緒にレストラン行くのが嫌になって、「また…」と思うこともありました（笑）。でも南青山のレストランでは同じ服で上席に通してくれたりして（笑）。

菩提寺　信國さんが断られたのは、価格という面で店員さんが判断した気がしますね。「学生には分不相応、高いものですよ」と。埴谷さんと似た感じかな。一方向的過ぎる考えかもしれませんが、その頃のギャルソンなら５０１と違ってまだセルビッチもない生地で、かつ形はリーバイスの影響下にあるジーンズですよね。そう考えるとその店員さんに大した思想はないですね。

米原　吉本さんは文章で、制服や戦時下のモンペなど、みんなが共通のものを着せられていたことを批判的に書いていましたが、例えば地方のヤンキーたちは制服をすごく自由に改造していますよ。制服の裏地にがっつり龍の図像が入っていたり。そういうものを見て、「ファッションの自由があるじゃん」と僕は思ったりします。同じものを着ているから不幸かと言うと、僕はそうでもない気がするんです。

信國　吉本さんも先ほどの本でギャルソンの配色のチャートを分析していましたが、よく出て来るのは青系の色なんです。それは何故かというと、日本人に合う色だからだと思います。

菩提寺　吉本さんが示した配色は驚くほどのものではなく普通だったということですね。米原さんが仰ったように、僕もギャルソン、ヨウジには制服のモジュールを弄る、裏返して着るとか日本の（不良）学生ファッションからの影響があるのではないかと思ったことがあります。川久保さんはピンクや水玉、グレーが好きですよね。昔、ギャルソンオムにピンクとグレーのＴシャツがあって、つまり下着とは違う世界として色で主張しているんだなと思いました。最近はあまりそういう感じはないようですが。先ほど千葉雅也さんの発言を引用して僕が言いたかったのは、千葉さんは仕立服には興味がなさそうなので関係がないのかもしれないけれど、男性ファッション、ジャケット、スーツについてはどうしても仕立服が基本、原型なので、モードのジャケット、スーツでブリコラージュだ等といろいろ貼り付けたり、パッチワークしたところで、何か細工したところで、根本的な面白さにはなかなか迫れないいじゃないかということです。現に近年の紳士物のギャルソンでミシン縫いの本切羽になっている商品がありました。大衆や流行りに迎合的で、機能面を考えてその仕様にしたのでなければモダニズム的でもない。

信國　皮肉にも、最初のギャルソンのパリコレはモンペのようなものでしたよ。そういうものを西洋人に着せて「パリコレ進出だ！」という意識があったと思います。山本耀司さんにはモロにあったと思います。

菩提寺　イベントとしては面白いですね。アヴァンギャルドとして。

仲正　吉本も「ファッション論」で、日本のアイディアだけど西洋人に着せたところがすごい、と言っています。同時に、「日本人が、この容姿の水準にまでゆくには、まだまだ長い歳月がかかるのだな」と感じたということです。私はファッションにそれほど関心がないので、偏見を持っているだけかもしれませんが、最先端のファッションって基本的に、まず恰好のいい人に着せて、それに合わせていくという発想がありませんか？

信國　仰る通りだと思います。でも、川久保さんにしても山本耀司さんにしても、決して西洋的な体系ではないので、ご自分たちが着てよく見えるということを根本にされています。それを西洋のモデルに着せてパリコレをやったところが革新的でした。

米原 当時、日本各地で農家の人や漁師にギャルソンかヨウジの服を着せた写真集があったような気がするんだけど。それにはモロにそういう思想が表れていますよね。普通ならば恰好いいモデルを立てるところを、日焼けしたオジサンにギャルソンを着せる。しかもそれが恰好よく見える。

仲正 これも鷲田清一の受け売りになってしまいますが、衣服のモードは必ず身体のイメージとセットになっています。身体をいかに魅力的に見せるかが基本になっている。隠している場合は、「そこはどんな風になっているのだろう?」と思わせる。

信國 エロティシズムですね。

仲正 そうですね。鷲田清一の議論を読んでいると、どうしても、彼が論じているのは恰好いい人のエロティシズムのような気がしてしまいます。じゃあ身体的にあまり恰好よくない人のエロティシズムはファッションの中でどのように表現され得るのかな、と読みながら感じました。だって、やたら太った人とかすごい猫背の人とかの身体のラインをそのまま想像させたら、うんざりしちゃうでしょう——不細工な身体の方がいい、ブサかっこよさが素敵だという人もいるでしょうが、そこをターゲットにするのは難しいような気がします。かといって、ひたすら隠したらファッションにはならない。

菩提寺 ギャルソンはフェミニズムとの関連はあるのでしょうか?

信國 名前がコム デ ギャルソン、「少年のように」ですからね。周りでどうこう言うより、彼女自身のあの華奢でスレンダーな体系をどう見せるかということからだと思いますけれど。

米原　セクシーという部分に関しては、ギャルソンのファッションにはない？

信國　アズディン・アライアのボディコンのような感じはまったくないですね。

米原　ちょうどギャルソンが出てきたのは、ディスコ・ブームの時で、その正反対に位置していた。やっぱり服飾系の子たちが好むという服という感じでしたよね。普通のギャルとかディスコで騒いでいる人たちは、一切ギャルソンは着ない。着ると逆に浮く。浮くというのは、先ほどの末席に案内されるということですね。時代的には一般的ではなかった。一般的な人たちから見ると、ギャルソン着ているのは「ヘンな人」。こんなに議論されているけれど、コム デ ギャルソンは普通の人は手を付けない服だった。

菩提寺　ちょうどその時代に、前回も少し話題にした、ジョルジォアルマーニやジャンフランコフェレ、ヴェリウォモ等のミラノ・ファッションが流行り出したと記憶しています。一般人にはあいうものがわかりやすかったのかな。

米原　ザ・ギンザがアルマーニやセルッティを置き出した頃ですね。イタカジがわーっと入り出した。

信國　イタカジ（イタリアン・カジュアル）ですね。

米原　男子も女子もイタカジ全盛の時代。女の子は基本的には体の線を見せる服でしたね。

――吉本も制服について言及していましたが、そういえば銀座の小学校が今年アルマーニの制服を採用したということで物議を醸し、報道番組でもその話題でかなりの時間を割いていました。あれはどういうことだったんでしょう？

菩提寺　これも先ほどの吉本－埴谷のギャルソン論争と似ている部分がありそうですが、メディアで「庶民感覚では…」という言葉が出ていましたがどうですか。

信國　泰明小学校の件は港区は学校を自由に選択できることから生徒獲得の経営戦略として賢いと思います。

公立だから公平でという意見には賛同しません。

――私の学校は横浜にある中高一貫校だったのですが、制服は関内の老舗の仕立て屋が採寸に来ていました。当然だけどそれが物議を醸したことはありません。それは私立だからということもあるでしょうが、アルマーニという名に理由がある気がします。もし泰明小学校の制服が私と同じ仕立て屋の服だったら、値段が高くても話題にはならなかったのではないかと思います。

仲正　ところで、先月にあった米原さんの写真展「FLOWER CHILDREN ― "THE MILLENNIALS"」で見た女の子の姿勢が気になっているんです。ああいう子を見ると、「おしゃれ」ってそもそも何に対するこだわりなんだろう、と思います。従来、どんな「おしゃれ」でも基本的に、腰を落としてお腹を突き出す、オジサンがよくやるようなだらしない姿勢――私も時々やりますが――は、良しとされていなかったですよね。米原さんの写真に写っていた女の子ではお腹を突き出した姿勢の子が目立ちました。最近よく見る姿勢の悪い典型的な女の子です。大学でも最近は姿勢の悪い女の子がすごく増えているんです。金沢大学の同僚の30代半ばの女性の先生と話したのですが、最近は姿勢をよくしてウエストのラインを綺麗に見せようとする意識のない女の子が増えてきているような気がする，ということです。この身体感覚は面白いなと思ったんです。オジサンが楽したい時の姿勢ですよね。米原さんの写真を見ている内に、金沢のような田舎の子だけではなくて東京でもだぼーっとした感じが平気になってきているのかな、と思ったんです。

米原　基本的に姿勢は悪くなってきていますね。

仲正　最近は昔のように学校の先生が姿勢をいちいち直しません。例えば字を書く時、机に覆いかぶさるような姿勢で書いている子が多い。おそらく隠したいという気持ちがあるんでしょうね。そのせいで、胸にぐっとペンを引き寄せることになり、不可避的に筆圧が高くなり、不自然に太い字になったり、紙が破れたりする。それなりにおしゃれな感じの服装をしているつもりに見える女の子が。昔なら先生に直されていました。

信國　ギャルソンやヨウジヤマモトのようなブランドから発生した身体性のようなものがあると思います。そのデザインは、リバイバルされて、もはやスタンダードになってしまっているので、今の若い日本の女の子は、西洋的な身体に憧れて、モデルのように胸を張って歩こうとかいう意識はないのではないでしょうか。

菩提寺　バルトは、モードとクラシックを比較した議論で、クレージュの時代のモードは女性の身体を表現していると論じていました。それに対しギャルソンやヨウジヤマモトはアンチで、それを破壊していった面があるのでしょうか。それを西洋人に着させたことに対して、ガヤトリ・C・スピヴァクがギャルソン批判をして、フランス文化を搾取したというようなことを言っているそうですが…。

仲正　最近の女の子が姿勢が悪いという話に共感してくれた、先ほどの30代の同僚が、フランスの女の子はヒールを穿いて背筋を伸ばし、バレリーナのように姿勢がいいと話していました。日本では鏡などで姿勢をチェックする習慣がないから、だんだん体位が崩れてバランスが悪くなっている子が多くなってるんでしょうね。

米原　オジサンがお腹を出すのは、その姿勢が楽だから。でも、オジサンに「姿勢悪いよ」って、指摘すれば変えるよう少しの努力をする。もともとオジサンには姿勢を保つという価値観があったからだと思うんです。そういう姿勢をただす、という価値観がなくなった今、楽を求めてオジサンと同じような姿勢になっていくのは必然かもしれませんね。僕自身も、彼女たちをモデルみたいに立たせるのは嫌なので、普通に立ってもらうとああいう姿勢になることですね。

仲正　ファッションと一緒に、どのような姿勢をすると恰好よく見えるかというイメージがだんだんと変わってきているのでしょうね。

米原　もう全然ないですね。

信國　ないですね。

米原　何をブームにしていいか分からない今の状況からすると、「こういうことをしなくてはならないとか」「こういうことが恰好いい」という、みんなで共有できるようなイメージが今はまったくないんです。

信國　僕の時代から、アンチ・ファッションがファッションだったので、僕らがファッション・ショーをする時は、いかにモデルにモデルウォークをさせないかに必死だったわけです。「モデル歩きは絶対にしないでください」と。もはやそれを説明しなくてもいいくらい、以前の西洋的イメージはないですね。

米原　ブランドによってはモデルが全員素人というところもあるよね。

――セント・マーチンズの時代からそういう感じだったんですか？

信國　デビューして自分のショーをやり出した頃ですね。ちなみにこれはモデルの話ではありませんが、セント・マーチンズで、クラッシュド・ベルベットというベルベットをシワ加工した生地を持って行った時はすごく怒られました。何故かというと、ゴージャス、リッチなものを表現する生地なので、すごく体制的なものだからです。その時から根本にあるのはアンチ・ファッションなので、「こんなの使ってどうすんの」という雰囲気が学校自体にもありました。「あなたはクリスチャン・ラクロワみたいになりたいんですか？」みたいな。

菩提寺　信國さんは、今の仕事では高級素材を使われてますよね。コーデュロイは労働服から発生したもので、昔フィレンツェのベテラン職人Loris Vestrucciさんからスーツとして着るのはコミュニストか建築家だという話を聞いたことがあります。以前信國さんのお店で生地見本を見せてもらったら「カシミア」のコーデュロイが各色ありました。戎居さんが濃紫のカシミアコーデュロイでスーツをつくりました。

信國　コーデュロイは勧めていますね。高級な素材も使っています。記号のゲームをするデザイナーを降りたので。

米原　今は、体制サイドに入ることの方が圧倒的にパンクだよね。

信國　僕が興味を持つのは、〝ねじれ現象〟です。ある時点からクラシックなものがアヴァンギャルドになるということに、ものすごくワクワクするんです。

米原　常に新しくあること、その当時にメインのイメージを壊すことが恰好よかったわけじゃない。でも今はすべて壊れているわけです。そこを分かってほしいんです。今の若い子たちには、もうそういうものがない。今の世の中には核となるものがないんです。僕らはこうやって語るけれど、今話しているようなことを若い子たちが聞いても「何の話？」となると思う。僕は街の話から答えを出していきたいんです。信國さんのやっていることは、今や若い子たちが知らないことを、改めて「こういうことですよ」と出していることになる。若い子たちにとってはすごい衝撃で、びっくりしちゃうんです。パンクが突然出てきて、穴あきファッションが衝撃的だったのと一緒。その時は「何これ⁉」という衝撃があったけれど、今は何にでも穴が空いていて、穴という記号でしかない。それを反体制の証みたいに思う子はどこにもいないわけだもん。

菩提寺　シュー・メーカーのStefano Bemer［＊22］が存命中に、米原さんに配色を依頼したことがありました。色を選ぶ際、例えばイタリア人に頼むと、ヴィヴィッドな色でもイタリア、ヨーロッパの伝統に基づいた色の方向に振ってしまうようです。エレガントになるように。米原さんが厳密に選んだポップな色の靴を発表したらイギリス人が反応して、「同じものを作ってほしい」という依頼が来たと言います。

そういうクラフトの世界はヨーロッパですら減ってきているようです。ステファノ・ベーメルはウィリアム・モリスから影響を受けていて、職人が工程をすべて一人でこなせることを基本にしていました。モリスはマルクスの疎外論の影響を受けていているわけですよね。ベーメルは、そうしないと顧客の感じが分からない、あと仮に職人の人数が増えてもうまくコントロールできない、その結果自分が納得できる商品がつくれなくなる。イギリスの大手ビスポーク・シュー・メーカーのように分業制にして、やる気の無いアウトワーカーに丸投げすると、バランスが悪くなるし顧客からまともにフィードバックも入らない。その結果疎外されるというようなことを言っていたと記憶しています。在りし日のベーメルと今の信國さんがやられていることは近いと思います。今はほとんどご自身ですべて手掛けられているんですよね。そういう尖ったクラフトの世界と、米原さんの尖ったポップ感覚との組み合わせは、それまで出会うことがなかったもので、当時は「なんだこれは」という感じだったと思います。

信國さんが今、クラシックな注文服の職人をされているということが大変興味深いので、その続きをお聞きしたいと思います。

信國　そもそも僕がジョン・ガリアーノに研修生として入り込んだのは、時代背景としてはマルタン・マルジェラがとても盛り上がっていた時代で、マルジェラとはまったく違う美意識を彼が持っていたからです。脱構築的なデザインのマルジェラの隆盛は、先ほど触れた東洋vs.西洋みたいなことで、いわゆるアメリカの『VOGUE』を中心とした西洋的ファッション美意識の沽券にもかかわることだったわけです。そこで投資家を見つけてきてガリアーノというスターで華々しく展開することで、ザ・アメリカン・ヴォーグ的な、西洋的なものを立て直そうとした。以前はクリスチャン・ラクロワがそういう位置にあったと思いますが。コム デ ギャルソンのような、それまでの価値観をぶち壊したものが一世を風靡し、流行した後に、突然現れた構築的なものに、とても新鮮な衝撃を受けたというか。つまるところ、それは彫刻性だと思います。服自体も立体感があり、そこには技術があるわけです。

僕が今、自分で縫っているのは、縫うのが好きだということではなく、実際にそのレベルのことを頼む人がいないからです。

菩提寺　サヴィル・ロウの歴史を僕の知る範囲で話して、信國さんに伺いたいと思います。一つは軍服上がりのギーブス&ホークス、法曹界に顧客が多いイード&レーヴェンスクラフト等のメーカー、もう一つは昔ハリウッドの人たちにトランク・ショーをやったり、王侯貴族を顧客としているアンダーソン&シェパード［＊23］等のメーカー。両方のタイプの顧客をもつヘンリープールなどのメーカー。あと60年代にはロックスターなどを顧客としたトミー・ナッター。それらの流れや傾向は、今もまだあるのでしょうか。

信國　そこにも一つの〝ねじれ現象〟があります。僕は去年、トミー・ナッター［＊24］の流れを汲むチットルバラ・アンド・モーガン［＊24］というスタジオに修業に行きましたが、そこでも〝ねじれ〟

photo by s koshino

を感じました。従来的なギーブス&ホークスやハンツマンの方が、実はクラシックな技術を今はもう省いてしまっているところがあったり、ビジネスとしての制服みたいなものを始めたりしている中、昔はアヴァンギャルドであった流れのスタジオが、古《いにしえ》のやり方を異常なまでの緻密さでやっている状況なんです。それがとても面白くて。ビートルズがアルバム『アビーロード』のジャケットで着ていたデザインは当時はアヴァンギャルドだったけれど、今やそこにクラシックな部分があるというのが一つの〝ねじれ現象〟ですね。

米原　ストリートでも、今はぴしっと髪を七三に分けている不良の子も結構多い。クラフトワークよりも七三なの（笑）。それから、コワイ人たちも不良もスーツを着出しているという現象がありますね。

――それは不良っぽいスーツの着方ではなく？

米原　ぴしっと着ている。それがコワサを引き立たせるんだって。つまり、その時代にないものはすごく目立つということ。信國さんが言っていることと多分同じ面だと思う。街の敏感な人たちは気付いているはず。日本の不幸は、ちゃんと明確に何故それが必要なのかを言っている場所も人もいないこと。

仲正　うん、そうですね。

菩提寺　日本のファッションの話をすると、80年代アルマーニ等のミラノ・ファッションが流行った後に、90年代に伝統的なクラフトよりのクラシコイタリア、ピッティウォモに流行が移った。日本では横浜元町の信濃屋、その後日本橋三越、大阪南船場のアリストクラテコ、エヴィスなどが輸入し始め、雑誌でも話題になり、だんだんそちらへシフト。ある時期からクラシコイタリアや仕立てのブームが始まったと記憶してます。ビームスが靴のビスポークオーダー会を始め、現在のジョージ・クレヴァリー［＊24］の前身ポールセン・スコーンのビスポーク（J・カネーラとG・グラスゴー）を扱っていました。後のビスポークサンプルの中にアンソニー・クレヴァリー［＊24］の靴があったのを覚えています。

photo by m bodaiji

ビームスは最初は輸入物のロメオジリの服とポールセンスコーンを組み合わせたりしてたかな。丁度ブルータスがグッドイヤーウェルトの靴特集を組んだ頃です。そこでは山本康一郎さんがスタイリングしていました。

信國さんの話を伺うと、現在サヴィルロウ

では逆にモード的部分?を持っている、アヴァンギャルドなスタジオの方がクラフトよりの仕事をしているということでしたが、派手な色を使うオズワルド・ボーテングのような動きもまだ健在ですか?

信國　オズワルドはもう古くて今年もうお店がなくなるという話ですね。

菩提寺　じゃあ今は先ほどのチットルバラ・アンド・モーガンの流れになっているんですね。

信國　そこにマイケル・ブラウンという、いずれスターになるだろう人がいます。僕が思うに、彼が世界で最も構築的なスーツを作っています。

菩提寺　では日本の場合はその流行りがすっぽり抜けている感じですか。

信國　イタリア・ファッションもまた、ねじれているんです。イタリアン・ファッションも、本来は大英帝国の服に対してのある種のアンチテーゼ、ある種のカジュアル化だったと思います。それが日本人の目には、ヒストリカルでクラシックなもののように映っていたのではないかな、と思います。

菩提寺　ジョルジオ・アルマーニがバルバス時代に作った一つボタンはハンツマンの影響でしょうか?

信國　へえ、そうなんですか。

菩提寺　実物を見たことはないですが。そういうことなんじゃないかと思います。90年代のキトン、アットリーニ、ブリオーニ、イザイアなどいわゆるクラシコイタリアのブランドはナポリのサルトがやっているクラフト的なものを既製服に取り入れて、対モード、対ミラノファッションという感じでやっていると僕は認識していました。よってむしろ彼らはサヴィルロウには親近感のようなものを持っていると思っていました。もちろんイタリアの仕立てと英国の仕立ては全然違うので違うものですが、イタリアの紳士誂え服職人はサヴィルロウに対してはアンチテーゼを持ちつつも、一方では無視できないオーソライズされた存在と思っているのではないでしょうか。

話はもどって、それが今の世界の動きだとすると、信國さんは「記号のゲーム」から降りているが、最先端の流れに手を付けられているということですね、

——あえてクラシックをやられていますからね。

信國　技術的なものは日本にはまったくないんです。

菩提寺　信國さんは日本でもいろいろなところに修業に入られていますが、長々とはいないのは、やはり「違う」と思って次に動かれるのですか?

信國　そうですね、何か物足りなかったのでしょうけれど、今思うと過去に日本で学んだことについて、「あの先生は何故こんな偉そうなことを言ったのかな」という部分もありますね(笑)。

菩提寺　この仕上げは「昔からやっているからだ」と言われたけれど、イギリスまで遡って調べると違った、と話されてましたね。

信國　勘違いもいろいろありますね。

菩提寺　仲正先生が仰った、日本ではオタ芸とか、みんなで同じ動きをするという話と通じるとこ

ろがありますか。

信國　そうですね。例えば、60年代にある技術を入れたら、その後はその先生のシステムのようになり、○○先生のやり方、××先生のやり方というように、エライ先生がたくさんいたわけです。でも、どれも本場イギリスのやり方とは違っていました。

――埴谷雄高と吉本隆明の「ギャルソン論争」についての話から発展しましたが、「欲望の肯定」という論点も出ました。前回のトークイベントの他力本願やSMの話にも繋がるようですね。完全に自分自身を他に委ねてしまうことは、実は主体を失くしているのではなく、完全に委ねてしまうことが本当は最も強いことだという議論でした。他力本願は信仰と結び付いているものです。信國さんも仰っていたように、吉本は「信」の問題を巡って親鸞思想の核心を論じていたと思います。また、「理趣経」は真言密教の経典ですが、どのように解釈するかという問題は、あるところまで修業しないと読み取れない内容というか、一般の人びとが享受できるような経典ではないというところで、ご指摘の通り要求される解釈のレベルがあるのだろうと思います。

埴谷の言うこともちょっと面白いなと思った面があります。内容そのものではないのですが。トークの冒頭で、マス対マスでは向い合えるけれども一対一で向かい合うことがなかなかできない、という話がありました。埴谷は嫌味たっぷりな文章で真っ向から吉本に向かった。前回のトークイベントで、仲正先生から、昔のアイドルは高橋英樹のように、骨格がしっかりとした男が多かったという話がありましたが、まさしくそういうイメージです。埴谷には今の男子にはないような骨太なイメージがあるな、こういうのを恰好いいと言うんだな、と思いました。
また、クラフトからテーラーの話になりました。デザインやファッションの記号ゲームから訣別して、信國さんは今テーラーとしてお仕事されており、今作られているのは一着数十万円という高価な洋服です。埴谷と吉本の論争――「あんなに苦しかった戦中の国民服等からファッションは楽しいという時代に来たのだ。それを楽しもうという趨勢になっている」（吉本）、「けれど、あなたの部屋にあるシャンデリア等云々」（埴谷）――に見られるように、アヴァンギャルドなギャルソンが、それほどお金を持てない人たちの、ある種の攻撃の対象、権威と見られるような面についてはいかがですか。

信國　例えばダライ・ラマ法王はロレックスの時計をはめていますよ。

菩提寺　〝値段〟というものについて、仲正先生に伺いたいと思います。マルクスを出すまでもなく、確か分業制をいったアダム・スミスでさえ労働時間、労苦と価値の関係性を述べていたと思います。信國さんのように一人で採寸し、型紙をつくって、縫ってとすべて行っている場合は、労働時間と労力を大変必要とするわけです。おそらくギャルソンのジャケットは制作にそれほどの時間はかからないでしょう。

米原　今の話は、最初に話したＳＮＳでの炎上の時に、僕の写真作品を見て「エロいヤツだ」とか攻撃してくる人もいたんですが、それとほとんど変わらない気がします。高いジャケット着ようが、見た目がどうのとか関係ない。でも、今の攻撃の仕方は、自分たちのイメージからズレているところを突くんです。僕については要は、「子供のことを語る人は、こんなエロい写真は撮らない」ということ。「ヘンタイ野郎」とか書かれましたよ（笑）。

菩提寺　前に僕が話した、テーラーにオーダーする時に何かを思い込んでしまって、決めつけてしまっている人達がいるというのと同じ感じですね。論理的に何かを考えようとか、ほんとうにそれでいいのかと他方向から考えるという気がない、できないということでしょうか。

仲正　埴谷雄高を個人として見ると、単に物の見方が古いだけなんですが、それに注目し、意味があると思う人がいるということですね。そうじゃないと、メディアは「論争」として取り上げない。欲望というものにヒエラルキーがあった方が、人は落ち着くんです。嫌らしい言い方だけど、値段は欲望のヒエラルキーを決める一つの基準になっているわけです。元々は服装は身分と連動していました。例えば紫は皇室に近い人ではないと身に着けられない、その次は黄色というように。そのようなヒエラルキーがあった方が、もちろん下の方の人間は腹が立つけれど、収まりがいいというか。自分は一体何者で、どんな人に従っていけばいいのか、ということが分かるという面もあるわけです。

通常、大衆は、上位が崩れてきて、今まで偉そうにして恰好つけていた人間が、自分とそれほど違いがなさそうな様子になると、最初は喜びます。しかし、あまりに差が無くなってくると、今度は自分をどうすればいいのか分からなくなるわけです。そこで次に、自分は周りの人よりちょっと違っていて、ちょっとセンスが良い人に見られたいと思い始める。いわゆる差異への欲望が目覚めます。ですが、目覚めた時には既に上っていくべきヒエラルキーが無くなっている。そうすると、無くなったものを何らかの形で補償しようという欲求が働き始めるのだと思います。それで、専門の領域を作り上げる。オタクはオタクで狭いグループを作り上げる。そういうものを土台にしないと、自分自身が上って行けないからです。壊しただけでは、収まらないんです。後になって、自分も本当は上って行きたかった、と気づく。ところがもう上るものがない。そうすると、それまで当然と思われていたような秩序とは違うようなものを求めだす。何か疑似秩序のようなもの、価値のヒエラルキー的なものがないかと探し出す。自分もそこに乗っかっていきたくなる。流行に群がる心理には、そういう面があると思います。

信國　服の場合は、作る時間によって価値が変わるだけのことで、それを買うか買わないかです。

米原　でも、ハイ・ブランドは「原価の5～10％で作れ」という話だったりするわけじゃない。他に約25％が宣伝費。それってぜんぜん原価になってないじゃん？

信國　値段と価値の乖離で考えると、ハイ・ブランドが作るパターン・オーダーが一番悪質ですね。ただ、その記号性を欲しい人は買えばいいと思います。僕が去年修業したチットルバラ・アンド・モーガンなんて、ほとんどの人が知らないです。でもそこに来る顧客には、1本25万円のパンツの同じ色を2本買う人もいる。それはそのもの自体の価値と自己満足ですよね。ただし、「このブランドを着ている」という自己満足ではなく、本当にクオリティを知っている自己満足です。

菩提寺　既製服のハイ・ブランドにも、一応独自の型というものがあることもあるけれど、そうではなく他社製品のマスター・ピースを安易に模倣したようなものもあったりする。しゃれではなく。それを一緒くたにしている人は、知っている人から見ると知らないんだなと思う。これらはユーザー側のことですが、信國さんからさっきあった作り手側のリサーチの話とも関係するのかな。個人的な意見を言うと、労働時間と内容の面白さに僕はお金を払いたい。

信國　手が込んだものが存在し得る社会の方が健全だと思います。

米原　そこをちゃんと評価するという人たちの目もあった方がいいですね。

菩提寺　そのためには、ちゃんと見る、考える。その瞬間にただの思い付き、思い込みで安易に批判とかしてちゃ駄目ということですね。

米原　炎上に戻る感じ？（笑）

仲正　自分なりのライフスタイルを見つけられる人って、あまりいないと思います。炎上に集まってくるような人間は、自分なりの生き方のスタイルを見つけられないのでしょう。ああいうことをしょっちゅうしていないと、自分が社会の中で生きているという実感がないのでしょう。他の場面では自分がやっていることの手応えが感じられないのでしょう。手応えというものは、意図的に探し始めたらもう駄目なんだと思います。

――クレームというブランドにぶら下がってしまう感じでしょうか。

仲正　自分ではクレーム（言いがかり）をつけているつもりはなく、主張なんです。主張という名でクレームをしている。英語の〈claim〉には「主張」という意味もありますよね。本人たちはそんなこと考えていないでしょうが。第三者的に見ると非常にネガティヴなことをやっているけれど、本人たちとしては、分かりやすく言うと、「世界」を変えたいんです。自分の生きている世界を変えたい。人はみんな、この世界の中に自分の痕跡を残そうとします。でも普通に生きていると、よほど目立つ仕事をしていない限り、痕跡なんて残せないでしょう。自分らしいことをやろうとしても、その自分らしさが見つけられない。だから何か目立つこと、人目を引くことをやろうとする。手っ取り早くて、やった気になれるのは、大きなものをぶち壊すこと。そうしたら必ず痕跡は残ります。例えば東京都庁を爆弾で破壊したら歴史に名前は残るでしょう。でも、そこまでやる度胸がない。作る方で名前を残した方が恰好いいけれど、それはできそうにないから、度胸のない連中がネット上で集まってツイートしまくり、有名人の権威を落とすという一番安易なやり方に飛びついてしまう。攻撃している人間のワン・オブ・ゼムになってしまったら、意味はないけど、決定的なネタを投下するとか、自分のツイートをきっかけに火の手が上がれば、「一番槍」のような感じで記憶されるかもしれない。そういう淡い期待を持てる。

信國　文句を言うのは人間の性ですからね。相手がどうでも、発散したい人は好きなようにやっていますよね。

仲正　ああいうことをする人の気持ちは、多少は分からないでもないんです。私も学者をやっていて、「自分はこの世界に生きている痕跡を残せているのか」と思う時がふとあります。

米原　ヤンキーもコギャルもそうですが、高校時代にやるだけやって、「卒業しました」「いい思い出ができた」と言うんです。後はもう思い出の中で生きていく、という生活。今の話はそういう部分に繋がるかな。

信國　ド派手衣装で有名な北九州の成人式みたいですね。

仲正　まさにそうですね。

米原　自分が生きている証拠とか、自分は何者であるのかということが、今は無茶をする、壊すということでしか表現できないから、歳をとってそれができなくなった時に卒業するという考え方。僕は、「そのまま生きていけばいいじゃん」と思うの。ずっと固執し続けて何十年となれば、立派な芸になるはずなんです。だけど日本社会には、「やんちゃは卒業して、まっとうな大人になりましょう」という圧力がある。ファッションについてもそれは言えると思う。この年代ではこれを着れるけれど、それを過ぎるともう着れないとか。日本人でよくそういう話をするじゃないですか。すべてにおいて、すぐ〝卒業〟という話になる。１００％イメージが合わないと、そこに関わっちゃいけない、その場所に居てはいけない、というメンタリティ。今の話のまとめとして、そう言えるかなと思います。

仲正　最近、友達を作れないことに悩む学生が増えています。私は「何故友達が必要なんだ?」と訊くんです。仕事だと思って話しかけろ、仕事なら嫌な人間とも付き合わないといけない、何故それができない?　と。それでも、抵抗があるようです。そういう子と話してみると、本当の友達でないのにコミュニケーションしたふりをするのが、すごく嫌なんだと言うんです。「真のコミュニケーション」とやらを求め始めてしまうと、終わりはない。普通の人間はいい加減だから、「心の底から分かり合った」かどうかなんて、年がら年中本気で考えている人はまずいない。「本当に自分はこの人にとって必要とされているのか」と考え始めると、「私は特別じゃない」という結論に至らざるを得ないでしょう。今の学校教育では、特にゆとり教育が始まる前後から、「君には君の個性がある。見つけようと思えば見つけられるはず。それを真摯に追求していけば、周囲の人も必ず分かってくれるはず」ということが強調されてきました。70年代あたりから、メディアや教育機関、企業で、ずっとそう言われ続けているように感じます。そんな「個性」は多分見つからないでしょうし、真の理解者なんかいるはずない。そういう風に無理矢理思い込むとかえってきつくなるんです。炎上みたいな特殊な集団行動に加わると、何か自分の居場所、自分が他人と繋がれる場所が見つかったような気がして、瞬間的に満たされるのでしょう。

菩提寺　シモーヌ・ヴェイユの『工場日記』では、単純作業をさせられて労働者は嫌になっていると書かれていますが、僕の経験だけで言うと、単純作業をやることが好きな人の方が多いという印象があります。しかも予め行程が決められているようなもので。「自分で考えてやってみろ」と言われると、困る人の方が全体をみると多い気がします。たとえ高学歴でも。

仲正　そうだと思います。

米原　それは70年代から始まったと思う。60年代は、ヤンキーではなく不良。不良はずっと同じ姿勢で卒業しない。70年代に、ヤンキーという、〝卒業〟する人たちの存在が登場した。「個性を出せ」とか「君のキャラで生きていきなさい」と言われた時、ヤンキーになると個性を出した感があるでしょう。今の話を聞いて、不良ではなくヤンキーという、卒業する人たちの登場は、そういう教育を受けた反動なのかなと思いました。ヤンキーはまさに僕らの世代からなんです。それ以前は不良の先輩しかいなかった。僕らも「個性を出せ」とか言われていたな、と思って。だからヤンキーが羨ましかった。「ヤンキーっていいな、ヤンキーになりたいな」と思ってましたもん。

一同 （笑）。

菩提寺 話は変わりますが、信國さんに伺いたいのですが、こちらが分からない差異によって作られているスーツやジャケットも少しずつ変化してきているということなんですか？

信國 はい。

菩提寺 今後、ご自身が作っていて変化する可能性はあるのでしょうか？

信國 そうですね。僕は今、根本をチットルバラ・アンド・モーガンのスタイルで作っているので、それを日本人に合わせていく中から、必要項として見つかっていくのかな、という感じはありますね。前ほどことさらに、「何もないところから自分のスタイルを作ろう」ということはあまりなくて、やっていく中から、ですね。先ほど触れた黒人のマイケル・ブラウンもチットルバラ・アンド・モーガンにいたんですが、同じことをやっていながら彼が作ると何となく微妙な違いから生まれる個性があります。

菩提寺 作り手も顧客と接してものを作っていく中で、意識しなくとも変化していく面もあるということですね。間主観性ということかな。

信國 これだけイタリアニズムに席捲されているし、僕も以前は影響を受けている部分もあったんです。そこにあるのはスタンダーディズムというか、その人っぽい体形というか、あまり誇張せずにその人らしさがいい、という感覚だと思います。でも今はそうではなく、もう少し盛った格好良さというか、その人に威厳を与えたりするものが欲しいですね。イギリスの服の根本にあるのは、僕が触れてきたデザイナーのアレキサンダー・マックィーンからジョン・ガリアーノまで、仕立てにかかわらず、そこにあるのはある種の盛った美学です。分かりやすく言うと肩パットの問題です。今これだけＮＧと言われている肩パットをもう一度復権させたいな、と。それも80年代的な有り様ではなく。自分はそれが美しいと自分は思っているので。「行っていいのかな」という微妙な気持ちがずっとあったのですが、それがやっとなくなってきたのが、ここ最近の変化です。

菩提寺　今日お話を聞いて、また僕も信國さんにお願いしたいと思います。オーダーの面白いところは、技術は当然、この人に頼んでどうなるか。面白くないケースもよくあって、僕の場合、そこで途絶える場合もあります。でも刺激を受けることができたときはこちらも頭が活性化された感じになる。

信國　着てみて何かちょっとフレッシュな感じがあればいいですね。

――ながながとファッションの話をしましたが、仲正先生はご自身のファッションについて何かお考えはありますか。

仲正　私は服については、ひどく破れて、裂け目を隠しきれなくなったら、仕方ないから新しいものを買う。先ほども話しましたが、ファッションとは、外部に対して「自分をどのように見せたいか」という欲望と多分セットになっているものだと思います。私は外部にどう見せるのか意識していないわけではなく、むしろかなり意識しているのですが、着ているものでそれを表現すると、「無駄に神経を使って嫌だな」、という思いは昔からあります。

自分で自分のイメージを作るという時、自分のキャパシティの範囲内で考えます。ことあそこくらいであれば自分の見え方をコントロールできるけれど、その範囲を超すとちょっと難しいなというのが誰にでもあると思います。何となく守備範囲というか、強い防衛ラインのようなところと、どうでもいい、という部分を分けている。多分狭い意味でのファッションは、私にとっては弱くしておいた方が都合がいい領域なんです。武装しないでいい領域。

先ほどの話とも関係しますが、人はあらゆる分野で自分を際立たせることはできないので、自分の強い領域を作っておいて、そこにエネルギーを集中しようとしますが、それが見つかった人は幸運なんです。今は多くの人が、「ここなら自分が勝負できる」「ここならば他人と違うところを見せられる」というものを見出しにくくなっているのでしょう。前近代社会であれば、そんなことは必要なかった。みんな制服を着て、同じような生き方をしていて、そこから外れる必要はなかったわけです。今はほぼ不可避的に就職活動をしなくてはなりません。就職活動自体にはフォーマットがありますが、ゴールは全く不確定。就職用のエントリーシートを書く時、横並びではないことを書けと言われますよね。横並びの様式に、横並びではないことを書け、と。

――仲正先生は大学に就職活動をする時、どんな格好をされたのですか?

仲正　本当に面接まで行ったのは多分二ヶ所だけだったと思いますが、普通にスーツを着ていきました。

一同　おお！

仲正　別に驚くことではありません。スーツを着ないというこだわりがあるわけではないので、着ていかないと問題が生じるかもしれないというのが定番の常識になっていれば、着ます。その時のスーツをまだ持っているはずです。ＮＨＫの番組「１００分 de 名著」で、ハンナ・アーレントの『全体主義の起源』について解説した時に着ていたものが、それだったのではないかと思います――その記憶に自信はありませんが。着ているものには力を入れないけれど、でも、自分を際立たせないといけない時ってやはりありますよね。この歳になると、自分より年上の人は職場にあまりいなくなっているので、普段気を使わないで済むようになっていますが。

先ほど言いかけましたが、今の若者にとって一番の矛盾は、エントリーシートという非常に画一的なものに、個性を表現しろという無茶苦茶なパラドクスを突き付けられていることです。画一的な枠を決めておいて、自由な余地はかなり少ないはずなのに、「自分らしさを表現しろ」と言われる。彼らは何をしたらいいか分からない。個性を際立たせるにしても、何をしたら「個性」と認められるのか分からない。そういう矛盾があまりにも大きくなって、適応できない人間が増えていると思います。

米原　90年代にコギャルの雑誌『egg』を作った時のことです。普通の子たちが何故コギャルの格好をするようになるかと言うと、それまでお母さんの言うことに「はい」としか言えなかったけれど、コギャルの格好をすると「イヤ」と言えるから、という子が多かったんです。形が変われば自分の中身も変われる、と。夜、遊びに行けなかったけれど、コギャルの格好をしたら行けるようになったとか。そういうことですよね。

仲正　そうですね。誰かが「これをやったら君の個性になるよ」と教えてくれれば楽になるんでしょうけれど、そういう便利なことを誰も教えてくれない。でも、自分らしさをアピールしないと、サラリーマンさえできない、と教えられている。60年代以前の画一的な教育と、「個性を出せ」という教育を、同時にされているわけです。

――その話はちょっと分かります。例えば僧の格好をしていない限り、人の家に托鉢には行けませんよね。

私が仲正先生と初めてお会いして驚いたのも、その服装だったんです。その服装に私は仲正先生の強さみたいなものを感じました。強さとしか言いようがないのですが。最初にお会いしたのは新宿の高層ビル街の近くでの講義だったので、近くのホテルに宿泊されていて、ルームウェアのまま出て来られたのかな、と思ったんです。でもそうではなく、いつお会いしても必ずご自身のスタイルを崩すことがない。私はそれに「ただ者じゃない！」と感じたんです。ご自身は意識されてないと思いますが、私はそこに恰好良さを感じました。

仲正　それはあまり大したことではないと思うけれど。一つあるとすれば、統一教会の信者だった時に物売りをしていた経験です。個人の住宅に珍味を売りに行くだけで、それまで内気で、人付き合いが苦手な高校生だった私の生活感覚からすると、信じがたいことだったのに、商店街にも売りに行けと言われる。場違い感が半端ありません。売れなくて駄目な信者だったのですが。その他、勧誘とか街頭遊説とか、いろいろ変わったことを経験しました。そうした経験のお陰で、托鉢の話ではないけれど、普通なら特別な恰好をしないとできないことを、普通に近い格好でやっていたので、意外といろいろなことが平気になりました。

菩提寺　目立たないようにしているとのことですが、僕からするとすごく目立ちます。ただ、仲正先生は清潔好きで、しっかりと洗濯されていますよね。それでものすごく着込む。普通はジーンズは着込んでも、ポロシャツは着込まないし、チノパンもそんなにボロボロになるまで着込まない。その上無造作だから、ポケットが出しっ放しになっていても平気。ボールペンを芯を出したままポケットに入れているから、インクの筋がばーっとズボンの生地に付いている。

——ダンディズムですよ。そういう意味ではギャルソンを超えているなと思いました。

菩提寺　余計なことをやらずにストレート。徹底してやるのは現実的には難しく、なかなかできないことですね。

仲正　芝居に出演するのが全然恥ずかしくなくて、平気なのも、感覚としては同じなんです。みなさん、度胸があるねとかいうんですが、私としては大学の授業と大差ありません。多分、ちゃんとした理由があれば、全裸で演技することもできるでしょう――スカトロだけは、周りの目がどうというより、自分の衛生感覚からしてダメですが。自分はこういう立場のはずだから、こういうことはできない、という既成観念はあまりなくなっていますね。

――仲正先生からちょっと激しいご発言がありましたが、最後に信國さんに質問です。信國さんから先生の服をご覧になって、どのような感想、印象を持たれましたか?

信國　僕と共通する部分があります。それは僕の妻がよく知っていると思います。僕が今着ているきちんとした服とかは、カモフラージュという意味があって。作ることはやっていますが、自分自身では本当は服で見せるということには興味はないんです。だけどこういう職業なので。服を作るのは好きで、美しい服は本当に好きなんですが、自分自身のものにはそれほど頓着がないんです。

米原　プライベートの時とかすごいもんね（笑）。

――先ほどの仲正先生の、仕事だと思って隣の人とコミュニケーションをとってみるというのと近い話ですか?

信國　そこまでではないですが（笑）。

――最後に会場からご質問はありますか？　では、指名させていただきます。信國さんのパートナーのアキさんは？

「質問というか感想というか、本人が言ってましたが、彼は本当に着た切りスズメなんです（笑）。気に入ったものをずっと着続けて、ボロボロになって捨てるということの繰り返しです」。

――日本人のメンタリティの話もありましたが、米原さんと仕事をされているWangさんはご質問や感想はありますか？

「中国では、ファッションについても、アートについてもそうですが、情報がまだ多く入っていないんです。信國さんのような人が自ら行って自分の作品を広げるというのはすごく大事なことだと思います。僕は日本に6年間住んでいますが、ますます感じるのは、中国と日本はお互いに知らないということです。僕自身は今は雑誌をやっていますが、ファッション等を通じてお互いのことをよく知るようになりたいな、と思います。

質問が一つあります。最近のファッションに関して、ハイ・ブランドとストリート・ブランドのコラボが結構頻繁にやられていますが、それについて皆さんはどう思われているのでしょうか？」

米原　原価率はさらに低くなっているよね。

信國　それはありますね。

米原　本当にイメージだけの世界。

「昔からそういう動きはあったんですか？」

信國　僕は元々ストリート上がりなんです。スケボーとかもしていた人間で。ちゃんとしたデザインをやり出した時に、それが強みだと思ったので、そういうミックス感は当初からありました。今の有り様は新鮮だと思いませんが、ただ「こうなるだろうな」と思っていました。理由が一つあります。ある時からジバンシィはストリート色が強くなりましたが、それは向こうでのお客さんはゲイの人が多かったからなんです。ただ、それを日本に輸入する際には、持っていきようがなかった。でも僕は、これからオジサンがだんだんストリート化していくだろうな、と予測していました。その流れになってきていますね。今度のルイ・ヴィトンのシュープリームとのコラボもそうですが、ラグジュアリー・ブランドと言われるものは、一旦全部ストリート化するだろうな、と思います。

米原　今、新宿二丁目にいる人たちは基本的にストリートの格好しているよね。ゲイの人たちは若い子たちのブームに敏感だから、その方向に行くのは必然だよね。ストリートが流行った時、ゲイの人たちが一斉に僕みたいな恰好になったの。だから俺は絶対ウケるのよ（笑）。

一同　（笑）。

菩提寺　Wangさんに質問があるのですが。中国でも一般的に、こういうブランドを着ているところいう考え方の傾向を持つ人だ、という認識はありますか？

「あります。僕は6年間離れていますが、中国の友だちに聞いた話では、今はシュープリームがすごく流行っている、ということでした。ただ、6年前に僕がまだ中国にいた時は、東北地方ですが、一番流行っていたのはY－3でした。Y－3を着ている人たちは、似たような感覚を持っていたと思います」。

菩提寺　紳士服はヨーロッパの影響をどうしても受けやすく、最終的に仕立ての方向に行く傾向があると思うのですが、中国系の人たち、例えばシンガポールでもそこに拘る人たちが出てきています。中国ではそういう動きはありますか。

米原　今の話は、僕らの世代で、ギャルソンを着ている人たちの性格は大体似ていたということと同じだと思う。一般的な人たちの中でY－3を着るということは、80年代に僕たちがギャルソンを着たように、意識して着ないときれないわけだから。

菩提寺　中国でもいずれは仕立てに拘るようになりそうですか。例えば西洋とは異なる感じのビスポークとか。

「一つ思うことは、今は情報が相当足りていない部分があるので、ヨーロッパやアメリカのファッションやカルチャーが直接入るのは、なかなか衝撃があると思います。日本を経るのが一番いいパターンなんです。日本で、西洋と東洋のカルチャーやファッションをブレンドした後に、中国に輸入するのが、多分一番受け入れやすいと思います。」

米原　ただ、それは少し前までは日本を好きな人たちだけがやっていたけど、今はネットでの伝達状況が早いから、そもそもから中国で流行っているものだと思っている人たちが圧倒的に多いでしょ。シュープリームが日本経由で入ったなんて誰も思っていないし、「日本に来れば安く買える」と思っている人たちの方が圧倒的に多い。そうなると、そういうことを意識している人たちはどんどん少数派になる。先ほどの信國さんの話と一緒で、その周りを囲む無意識の人たちが圧倒的に多くなった時に、今後中国のファッションがどうなるのか、僕は知りたいな。今話しているような方には決して行かず、「流行っているものがいい」という感覚。日本も同じでしょ？「流行っているものが断然いい」と一時なったじゃない。ある部分では今もそうだし。中国もそうで、今は「流行っているものがいい」というところに邁進しているからね。

信國　そこから中国の川久保玲なり山本耀司みたいな人が現れるかもしれませんね。

米原　そうそう、それが出てくると面白いよね。だけど、中国は徹底的に合理主義だから、面倒くさいものは基本的に嫌うので、「これが流行っています」という処にピッと乗るという考え方が全般的にはっきりあるよね。

「あります」

米原　何カ月もかけて洋服を作っていくとか、そういうのは性格からすると面倒くさいよね。

「そうですね」

信國　僕は直接会ったことがないんですが、中国の20代、30代のすごい若い世代で仕立てに興味を持っている人たちがいるようで。彼らもちょっと変わっていて、日本にシュープリームを買いに来る人たちのように、世界中のすべてのテーラーを周って服を作っている人たちもいるようですね。

菩提寺　90年代、0年代の日本人にもすべてとまでは言わないけれど、そういう人がいましたね。30から50歳位だったけど。今後は中国の20から30歳台くらいの人たちから面白いもの、面白いやり方が出てくるかもしれません。

――では、課題はまだ残すところですが、今日はお開きにしたいと思います。どうもありがとうございました。

根本敬×仲正昌樹×菩提寺伸人トークセッション

（菩提寺光世　司会）２０１８・12・09

――このイベントは、80年代から考えようということで全く異なるジャンルで活躍しているゲストを招き、一年前からスタート致しました。ひとつひとつの現象として、脈絡なく語られる80年代はありますが、思想的な背景やつながりも含めて、深く掘っていき、違う何かが見えたら面白い。ということで、出会うことがなかった人々、接点がなかった人々にお声掛けしたわけです。この度は根本敬さんをお招き致しました。前回までの話をざっくりしますと、結局80年代は、思想においてもアイデンティティにおいても、ゆらぎみたいなものを見せ始めたのではないかということでした。現場の実際を話し合い、それが今とどうつながるのかという話をしてきました。

この度お招きした根本敬さんは80年代のカルチャーを牽引した人物であることは確かだと思います。なぜかと言えば、彼やその作品が単純な枠に収まりきらないからです。どういうことかというと、べ平連や学生運動が捲き起った60、70年代前半は、例えば、軍国主義と民主主義、共産主義と資本主義、そのような二項対立的なもので線引きがされていたと思います。80年代は既にそれができなくなっていたのではないでしょうか？

例えば、身体と非身体、実践と観照、ファインアートやメインカルチャーとサブカルチャー、またはカウンターカルチャー、芸術と商業芸術だとか、そういう線引きはもはやできないだろうと今までのトークの中で話されてきました。

そこで前半は、根本敬さんがどう現われてきたかを話し合うために、まず、『ガロ』創刊の背景から話し合いたく思います。80年代、なぜ根本敬だったのかを捉えられればと思います。後半は、根本さんの作品について話したく思います。私自身、漫画について素人ですので、四方田犬彦氏と中条省平氏が編纂されている書籍の三巻目『1968［3］漫画』（筑摩選書）の年表などを参考にさせていただきます。では、まず始めに『ガロ』のことをお伺いしようと思います。『ガロ』は1964年に創刊されていますが、どういう時代の中でどのように出てきたのかを考えてたく思いますが、よろしいですか？

菩提寺　あと付け加えてさせていただきます。NHKの『ニッポン戦後サブカルチャー史　深堀り進化論』（NHK出版、2017）という書籍、元はテレビ番組からですが、そこで都築響一さんが書かれてることも面白く、根本さんにも言及されておりそれをもとに展開していければと思います。そこには年表があり、年表自体に都築さんのお考えが表現されているのではないかと思います。

——『ガロ』が出てきた背景と、その時の時代、50年代後半から60年代にかけて思想的にどういうことが日本で起こったのか、日本の思想史、どういう時代だったのかっていうのを。仲正先生から簡単にお願いします。

仲正　１９６４年って言うと、私が言うことでもないと思うんですけれど、安保闘争のちょっと後っていう感覚だと思うんですよね。思想史で言うと、丸山真男の『日本の思想』（１９６１）が出て三年後ですね。あの頃もうすでに吉本隆明が活躍し始めてんだけど、彼が決定的に有名になるのは１９６０年代の後半、全共闘の前後ぐらいだと思います。それまでは、丸山真男に代表されるような、アメリカをモデルにしながら近代化を進めていくという発想が、いわゆる進歩思想的なものが左派の間でも強くて、共産党もそれにある程度同調していたけれど、それと違う流れ、吉本隆明に象徴されるような、近代化を批判し、近代化から取り残されるもの、あるいは近代化の枠からはみ出るようなものを評価する思想の傾向が台頭してくる、境目の時期なのではないかと思います。青林堂から出てる、『ガロ』関連の評論集『ガロの世界』をコピーしてきました。１９６７年に出てるから、『ガロ』が出来てから3年後ということになります。結構有名な人たちが書いているのですが、当時の知識人たちの受け止め方がよく分かります。今読むとなんか笑っちゃうようなことが書かれていますね。最初に、鶴見俊輔が出てきます。鶴見俊輔って丸山と並ぶ近代化推進、市民社会重視の代表的な思想家として知られている人で、アメリカ寄りのリベラルで、戦後の日本にプラグマティズムを本格的に紹介した人です。長くなりますが、読みますね。

cameraworks by Takewaki

「十四、五年前、国民的科学の創造というスローガンが、民主主義科学者協会でとなえられていた頃、若い学者の多くが民衆の眼から見た歴史を紙芝居で表現することを試みた。いま三十代後半から四十代前半くらいの年齢にわたる若い学者たちで、そのころ紙芝居をつくったり、紙芝居をもって説明してまわったりしたことのある人は多い。いまでは非常に専門的な学術用語にたよって論文を書いているその人たちにとっても、紙芝居の体験はかたちをかえて生きているのかもしれない。しかし時代はかわって、紙芝居と日本の学問とのつながりは見失われた。／紙芝居という大衆芸術のかたちそのものがすでに滅びてしまった。その最後の日日は、加太こうじの『街の自叙伝』にえがかれている。／『ガロ』（青林堂刊）という月刊漫画雑誌をよんで、私はここに予期しないしかたで民主主義科学者協会のつくりだした歴史のとらえかたが生きていることを感じた。道ばたの芸術としてはすでにほろびてしまった紙芝居の作劇術が、姿をかえて、その漫画雑誌の中に生き返っている。／物語漫画というのは、十九世紀末にアメリカではじまった漫画の様式で、これは日刊新聞に発表されるために、軽快なテンポと簡潔な表現を特徴とした。また、新聞の毎日の紙面とのつりあいも考えて、時事性がもり込まれた」。

こういう感じで続きます。言いたいことは大体想像つきますよね。要するに、文化を民主化するっていう試みの中心が紙芝居から漫画の中に移ったということです。漫画は民主化のためのツールだって捉えているわけでね。今こんなこと言ったら、ほんとにもう笑ってしまうんだけど、この時代の知識人にとっては真面目な話だったのでしょう。鶴見さんの文章の、『カムイ伝』に関する記述を読んでおきましょう。

「新聞連載漫画が、『フクチャン』にしても『サザエさん』にしてもはっきりと喜劇として割りきれているのに対し、紙芝居ふうの漫画は、例えば『カムイ伝』のように喜劇とも悲劇ともわかちがたく、喜劇的なものをふくめた大悲劇として、おもくるしくにごって、流れてゆく。この点で新聞の中のいこいの一スペースとして、期待どおりの笑いだけを供給する連載漫画とちがって、喜怒哀楽のあらゆる機能をそなえた全体芸術としての役割をになっている。／国民の科学の運動は、『山城の国一揆』、『祇園祭』、『母の歴史』のようなすぐれた紙芝居を生み出した。『母の歴史』の場合、これは長い巻物のようなかたちになっていたと思うが、ひとりの架空の母親の眼をとおして同時代史がえがかれているというかたちになっていた。『ガロ』に連載されている白土三平の『カムイ伝』

はそれらの延長線上にある作品であり、広い意味で石母田正の『歴史と民族の発見』の影響のもとにある」。

どういう方向にもって行きたいか、はっきり分かりますね。もうちょっと読みます。

「この物語は、民主主義科学者協会と同じように、唯物史観を支えとしており、歴史を、階級闘争を通して無階級社会にいたる道と考えている。同時に、この作者は、かつての民科の歴史学者のように偏狭ではなく、マルクス主義歴史観以外から、例えば、今西錦司の生態学を大いにとりいれて、歴史記述をゆたかにしている。住みわけ理論という言葉などが見られ、それについての説明がついたりしている。大学生が漫画をよむということは、ちかごろでは新聞や週刊誌でも問題にされているが、大学生の教養が非常に低下していることと考えあわせれば、この白土三平の漫画をよみこなすことができる大学生ならば、今の大学生としては教養ゆたかな部類に属すると思う」。

唯物史観的な教養を更に進化させたものとして捉えてるんですよね。これ、おそらく、当時の普通のカムイ・ファンの学生にとっても、カムイ・ファンの集いのような場で、鶴見さんのこの文章をいきなり読み上げられたら、ちょっと違うだろうって、言いそうな気がします。他の記事による記事、例えば、『ゲゲゲの鬼太郎』に関する評論も、同じようなハイブラウな雰囲気で書かれている。反体制、唯物史観、民衆の中の抑圧された声…そういうものが『ガロ』の漫画の中から立ち上がってくる。作家さんや編集してる人たちの思惑とけっこうこれずれてそうな気がしますが、文化人・教養人の間ではこういう受け止められ方したんだろうなあ、あるいは、こういう風に正当化したかったんだろうっていうのが、こういう文章に典型的に出てるように思います。

――今お話しされた文章の後半に、『ガロ』11月号に読者から投稿された手紙が紹介されています。『カムイ伝』に関してですが、「白土三平氏の漫画は、私の問題意識に極めて鋭く迫るように思われ、まったく全神経を緊張させて読ませていただいております」これはある大学生からの手紙です。投稿者は、おそらく当時京大の大学生だった竹本信弘さん（『泪の旅人――ならず者出獄後記』明月堂、2001）だと思われます。『ガロ』が創刊されて、その頃の時代までは、当時のマルクス主義だとか思想と深く結びついた文化として、実践っていう言い方おかしいかもしれませんが、漫画という表現に思想を表わしていたところがあったのだと思います。大学生や知識人たちがおそらく『ガロ』という漫画を支えた層であったのでは、と私は想像したわけです。

菩提寺 僕は漫画に明るくないですが、前出の筑摩書房から出た四方田さんと中条さんの著作を読んで学んだところでは、その漫画自体をすべてみたわけではないのですが、60年代後半から70年代前半に『ガロ』に掲載されていた漫画のなかで、一方で全共闘運動にちょっとシニックな感じ、批判的な感じでセクト間の争いなどを批判するような作品が既にあったという文章をみました。流れとしては、当時の全共闘とか左翼的運動の文脈の中にあったかもしれないけど、漫画という媒体自体がそういう力を持っているのか、または芸術に近いとか、絵で表現されるものの要素が強かったりするので、感覚的に活字媒体とは別のノイズやいろいろな要素が混交することによって、そういう部分を持つことができたのではないかという感じがして興味を持ったのですが、実際にそのような面はあったのでしょうか?

——今日、この会場に、青林工藝舎の手塚能理子さんと高市真紀さんをお招きしています。以前の青林堂で編集者としてご活躍されていましたが、当時の青林堂、『ガロ』は、体制に対抗するような、どちらかというと左派の学生の表現の場としての漫画の提供みたいなものを意識していたかご存知でしょうか。

手塚　私が入社したのは79年なんですね。それ以前の69年代と70年代にかけての話を聞くと、当時は学生運動が盛んになってて、公安に追われた人が時々青林堂に逃げ込んでたって話は聞きました。そういう学生に読まれてたっていうのも聞きましたし、『ガロ』を作ったのは白土先生ですし、『ガロ』と命名したのも白土先生ですね。最初の頃は、赤目プロいう名前が入ってると思うのですけれども、編集は赤目プロがやってたんですけれども、白土先生自身も共産党員であったっていうこともあるし、学生に支持されていたっていうのは間違いないと思います。今いろんな漫画がありますけども、当時はほんとに新しかったんだと思います。ガロは。だから、みなさん、たぶん読者の方も、びっくりしたんじゃないかと思うんです。だから、そういう学生たちによってものすごく読まれたということはずいぶん話は聞かされました。

——学生運動はセクトに分かれて、それぞれの闘争があったと思いますが、そういうセクショナリズムというか、セクトからはちょっと離れたところから傍観する感じだった。『ガロ』はそういう立ち位置だったという話ですか？

菩提寺　その時代の全共闘的な流れみたいなものに対して、それを一方的になんでも支持するという感じで描くのではなく、一歩距離を置いて批判する精神も持っていたのではないかという、『ガロ』自体にそういう漫画を受け入れる多様性があったということでしょうか。

手塚　批判する精神もそうですが、漫画に対しては常に新しいものっていうのを、というのがあったと思うんですね。だから、『カムイ伝』あれば、一方で『墓場鬼太郎』が出てくる。それからも一つ大きいのは、林静一先生がアニメーション界から漫画の世界に入ってくる。これもかなり大きかったんだと思うんです。林さんの場合は学生運動とかってあんまり関係ないところから入って来てますから。そういう流れが一方であったっていうのも事実なんですね。『ガロ』の編集部ってピリピリしてるなあって思われそうなんですけども、わりとおおらかなんですよ。

——編集の場が。

手塚　そうですね。長井勝一さんっていう初代の社長さんがそういう人で、もともとは、山師って言われてた人ですから、いろんな商売やって、それで白土さんと出会って、その前に貸本屋やってたんですけれども、白土さんと出会って『ガロ』を一緒に創刊するわけです。長井さんは人に対してもいつもおおらかっていう立場だったので、何かに対して敵視するとか批判するっていうのは、あんまりなかったと思います。

――なにか批判精神に基づいて、逃げこんでくる学生運動家や、公安に追われる人たちを受け入れるというわけではなく、追われて逃げてきているから、どうぞどうぞ、いらっしゃいみたいな。

手塚　そんな感じですね。

菩提寺　寛容ということですね。特徴として。

手塚　長井さんなんかはちょっとおもしろがってたところがあるのかな。

――なんか駆け込み寺みたいですね。

手塚　だから、居心地のいい編集部でした。

――なるほど。

菩提寺　どうしてこういう長い前置きをしたかと言うと、根本さんが81年に『ガロ』でデビュー。その前に自販機本などで描かれていたということですが、僕自身もガロで根本作品を初めてみて衝撃を受けた。どうして自分が『ガロ』を読んだか、あんまり漫画読むほうではないので記憶にはないのですが、『ガロ』というと長井さん時代の『カムイ伝』とか、そういうイメージだったので。この時代、時期にどうして根本さんがガロ誌上に現れたのか、採用されたのかという事に興味がありました。その流れの詳細を現場の方から聞いてみたいと思っていました。今、手塚さんからお話をいただいて、編集部には、なんとなく寛容な雰囲気が実はあって、とりあえず受け入れるというようなほど好い感じがあったということで、一つ答えをいただいた感じがしたのですが。根本さんがそもそも、『ガロ』にどうしても載りたいということでアクションされた理由というのはなんだったのですか？

根本　寛容さですね。『ガロ』だったら自分の居場所が見つかると思って。

菩提寺　根本さんの作品を受け入れてもらえるだろうと。

根本　自分の作品をっていうか。受け入れてもらえるような作品のスタイルはいくつか選択肢が、蛭子能収（ヒルコノシュー）風とか川崎ゆきお風とかでも既にあって、これならいけるだろうと決定的に思ったのが、それが、『ペンギンごはん』（＊糸井重里原作、湯村輝彦作画　76年から『ガロ』に連載）だったんです。

菩提寺　あれは75年ですか。

根本　76年ですね。

菩提寺　『ペンギンごはん』を『ガロ』でみていて、その流れからいけるのではないかと考えてということですか。

根本　ええ。

仲正　最初の問題設定が深刻っぽくなりすぎているんじゃないかな。私は『ガロ』をそんなに知らないけど、掲載されている作品や雑誌の作りを見ると、直感的に、寛容な漫画雑誌だなと感じました。実際問題として、共産党だからとか、全共闘だからって、作品を選択してたら続いてなかったと思う。漫画雑誌としてありえないでしょう。

――鶴見さんの文章から、そのような捉え方の読者も60年代の全共闘までは、いたのではないでしょうか。

仲正　左翼の人が期待するのと、編集人がやってるのって、それ絶対ずれてるはずなんですよ。そんな左翼の知識人の期待通りにやってたら、無茶苦茶つまらない漫画しか、載ってなかったと思います。参考のために、権藤晋さんって、比較的初期にガロの編集者をされてた人が、『ガロを築いた人々』（ほるぷ出版、1993年）っていう著作で書かれていることを読み上げてみます。『ガロ』で作品を発表したいろんな作家さんのことを順々に紹介されて、終わりの方に自分が編集者としてこういうスタンスだったっていうことを書かれてるんです。

「私が『ガロ』の編集部に在籍した四年と少しの間、『ガロ』誌上に作品を発表しつづけた作家たちを、陰になり日向になって応援をおしまなかったのが評論家の石子順造さんだった。石子さんの知遇を得たのは、一九六四年頃、私が、小さな新聞社に勤めているときだった」。ここは書き出しだから、まあいいんですけど、この石子さんとの初対面について微妙な書き方をしています。「新宿歌舞伎町のコマ劇場の裏に「蘭」という名の喫茶店があった。戦前からあったらしく、いわゆる〝進歩的文化人〟がよく顔を見せていた。石子さんは、席につくなり、「どうしてぼくのことを知っているんだ」、と詰問口調で言った。(…)声自体もダミ声に近いちょっとスゴミのあるものだったが、次々と質問してきた。まるで、敵か味方かを識別するかのように…」。〝進歩的文化人〟にカッコを付けているし、石子さんのいかにもそれらしい物腰にちょっと距離を取っている感じの書き方をしている。それから、元は資産家で、戦前大臣まで務めたリベラリストの御曹司だとか、共産党系の学生運動に参加し、実家から絶縁されたとか、石子さんのいかにもありそうな、左翼エピソードが続きます。

この方は1966年9月に青林社に入社したということですが、1968年にあるマンガ家から銀座のデパートの地下の喫茶店に呼び出されて、『ガロ』は佐々木マキ、林静一やつげ義春の「ねじ式」などの何が何だか分からない、ごく一部の読者にしか理解できない作品ばかりのせている、「マンガはもっと開かれてあるべきもので、楽しいもの、心あたたまる内容でなくてはいけない」

と説教された、ということです。政治的な路線とは別に、徹底的にとんがった漫画か、カムイや鬼太郎のように、一般ウケするものがいいのかって、意見の対立もあったということですね。書き方からすると、権藤さん自身は、一般ウケしない尖がった作品だと分かって載せているんだけど、それを本人もある程度疑問に思っている感じがありますね。

更に、「青林堂のマスコット嬢」という女性も登場する。そういう感じの職場だったんでしょうね。左翼の人が、「マスコット嬢」という言葉を使うとしたら、ヘンですね。たぶん、この人には、左翼の人と付き合って、左翼的なスタンスを見せてる面と、こういう軽い感じで編集部の中で振舞ってたところと、両面あるんでしょう。それが普通だと思いますが。

それから新宿放火事件に巻き込まれたI君という人についてこういう記述があります。「同僚のI君もTさんに負けないほどの正義感の強い少年だった。ただ、I君の素朴な正義感は、石子さんや山根さんからよくからかわれたりもした。私も、『おっ、アメリカ帝国主義を攻撃しておいて、コーラなんか飲んでいいのかなあ』などと冗談を飛ばした」——今から見ると、こういう冗談あまりにもベタで笑ってしまいますね。「I君は、『大人って素直じゃないんですね。斜に構えてカッコつけたりするんだから』とムキになって反論していた。／I君の本心はプロの劇画家になることだった。それまでの間、青林堂に勤めながら、技術の勉強に励もうということだった。だが、時代が時代である。正義感の強いI君にとって、社会の動きが気になった…」。そして、一九六九年のメーデーでは、I君と一緒に〝青林堂労働組合旗〟なるものを作って、代々木公園のデモに参加した話が出て来ます。左翼運動みたいなものに関わりながら、完全にマジになっているわけではなく、そういう自分たちの行動を距離を置いて眺め、茶化している感じです。
まじめな調子で、あなたこれどういうイデオロギーでこの作品を書いたんですかっていちいち追求するような編集者がいたら、漫画家の人たちもそんなに寄ってこれないと思う。編集部が緩いスタンスだから、いろんな思想的な背景や、美的センスを持った漫画人が集まってきたのだと思います。その時々で、集まって来る人に一定の傾向があったのでしょう。
後、『ガロ』とほぼ同時期に『サンデー』だとか『ジャンプ』だとか、今の大手漫画の雑誌の多くが創刊されています。終戦直後から続く大手の漫画雑誌もかなりあったようです。『ガロ』の特徴として、小出版社のままということが言えると思います。

――大きくなってない。

仲正　大きくなってない。長いこと続いてんだけど、大きくなってない。これ重要だと思う。大きくなってたら、ぜんぜん話が違ってたと思う。

――大きくなるとそれだけお金もかかるから、商業ベースに乗っていかないと存続ができなくなる。

仲正　絶妙な規模で続いたんじゃないかと思うんですよね。

菩提寺　経済的なものが変わると、読者層も変化してしまうということですね。

仲正　全然売れなかったら潰れちゃうでしょう。大手にならないでも、喰っていけることが非常に重要だったと思います。

――重要であるし、難しいですよね。

菩提寺　今の「マスコット嬢」の話は1回目の米原さんのデモの「スケスケ賛成」の話に似ていませんか。僕が根本さんを読んでいた時は、毎回真面目に真剣に読んでいました。最初読んで衝撃を受けて、次にどうくるかと興味を持って、わくわくしながら読んでいました。毎月どんどん激しくなっていった。一時、『天然』でちょっと方向が変わったかなとも思ったのですが、その後も次から次へと激しくなっていった。真面目に読めたということは、予定調和と暗黙の了解から成立する左翼的な文脈よりも真剣に読める内容、アクチュアリティーがある内容をそこに感じたからです。そこには穏やかな甘いエッチな話や村社会のなかでの猥談などの余計な要素は全くなかった。ある意味で硬く冷たい内容でした。81年デビューですが、先日根本さんが、『祭りの準備』というATG映画から非常に影響を受けられたということを伺いました。先ほど『ペンギンごはん』は76年ということでしたが、これは75年位の作品ですよね。70年代初めに『八月の濡れた砂』という藤田敏八、大和屋竺［＊25］他が制作した映画がありましたが、それは全共闘以降の雰囲気を持った、表現した映画だとよく言われているけれども、原作云々ではなく『祭りの準備』もその流れの作品だと思いました。きれいごとを批判するような。今村昌平、浦山桐郎の『にあんちゃん』と比較してそう思いました。これも好きな映画ではありますが。

――『にあんちゃん』（59年）は徴用工として炭坑で働いていた両親を亡くした幼い在日コリアンの兄妹が懸命に生きる話で、彼らを吉行和子演じるインテリ左翼が適切に支える。浦山桐郎の監督デビュー作『キューポラのある街』（62年）に通じる色調の濃い作品ですね。それに対して『祭りの準備』（75年）や『八月の濡れた砂』（71年）は退廃的な諦めというか。

『にあんちゃん』（原作・安本末子）の話と、『祭りの準備』（脚本・中島丈博）の話は、ほぼ同時代の話です。にもかかわらず、そこには大きな隔たりがあるような気がします。

映画公開は、全共闘の前と後です。時代の空気が反映されているのでしょうか。

それは、しらけたっていう感じでしょうか。

菩提寺　浅田彰さんの言う「シラけつつノル」や日本のポストモダンの受容、それよりももうちょっと前の時代。パンクロック以前の時代、70年代の香りがするんですよ。おそらくその時代の影響を根本さんも僕も受けていて、それで根本さんの80年代につながってきて、『ガロ』自体もそれを受け入れるような土壌を持っていて、既存の読者がいて、さらに新たな読者層がつくられていった。それで根本さんは、仲正先生のお話にもありましたが、確かにアンダーグラウンドだったかもしれないけれども、僕の周りで「特殊」な音楽を聴いていた人達、あえて例を出せば、当時にピーター・アイヴァース［＊26］とタージ・マハル旅行団［＊27］の両方を聴いていた様な人達は根本さんのファンでした。

根本　評価高かったんです。

菩提寺　当たり前のように皆「今回のネモケイ良かったね」とか言って、知ってるよねという位の感じ。視聴率の高いTV番組よろしく、もしくは基礎教養のように話していた。僕が根本さんと最初にお会いしたのは、以前の会でも話した『モダ～ンミュージック』で、80年代初頭に生悦住さんに紹介してもらって、その下にあったお決まりの喫茶店でスパゲティ食べながらお話しました。その時に根本さんがおっしゃったのは、自分の漫画がうけるのは200人位だと考えていると話されて……。

根本　その後500人にしました。（笑）

菩提寺　確かに『豚小屋発犬小屋行き』の後書きで石野卓球さんの話だと500人という話が出ていました。ところで都築さんが『NHKニッポンの戦後サブカルチャー史』に書かれてるヘタうまに関する文章、「ヘタうま　アートと初期衝動」に関してなのですが、根本さんのことがかなり述べられています。フランスで2014年にヘタうま展をやった。大規模な展示会でかなり話題になり、評判だったが、ところが日本のメディアでは、それはほとんど取り上げられなくて、日本では「ヘタうま」の概念自体が正しく理解されてないと……。

根本　唯一、たった一人だけ自主的に観に行ったっていう「日本人」が確認されたんですよ。一人だけですね。

――漫画界の方なんですか？

根本　いえ、ファンの方です。

菩提寺　続けますと、日本では「ヘタうま」は、あまり理解されてなくて、「この言葉を知っている人でも、あくまでも漫画やイラストの界隈の一時的な流行だったように考えている人が多い」と都築さんはいいます。しかし、「フランス人にとって「ヘタうま」が、現在形のポップなアートだと認識されているからこそ」マルセイユで「非常に大規模な展示会」になったと。根本さんが最近も一緒に仕事をされている、青林工藝舎から出た『命名』の表紙デザインなどにも関係されたパキート・ボリノさんの、自分の好きなものだけ集めて、版画工房で作る、作品集に根本作品が入っていると。自分の好きなものとして。それで「日本では多くの人が注目しないものが外国では支持されている。」「アーティストとして」なぜそういう現象があるのかという流れに入ってきた時に、「そもそも現代なんとかとか、現代美術とか現代音楽とか現代文学とか、現代という言葉がつくと途端におかしなことになる」、当代≠現代的でないものが「現代だということにされてしまう」ということを都築さんは、書かれているのですが、根本さんのおっしゃったファン200人というのは、だいたい、現代音楽のコンサートにくる人達が200人位というので、奇しくも同じような人数だなと僕は思った。年表見ながら、この文章全体を読むと、確かに都築さんのおっしゃりたいことはわかるのですが、一見矛盾がある、なんとなくポストモダン的な文章に見えます。文章自体が。

部分的には現代音楽、芸術、プログレとかを否定してるけれども、別の部分では、デュシャンとか、現代アートのおもしろい部分を評価されていたりとか、同時には、部分からは全体が成立しないような話がいろいろちりばめているのだけれども、まとめて読むと、なるほどそうですよねというような内容になっていると思います。巧みに作られてるというか。

根本　それはＴＶでやったやつ？

――本はＴＶよりうんと短くなってる感じです。

菩提寺　ＴＶよりもきれいにまとめられているのではないでしょうか。

――放送では春画の話とか、ありましたね。

菩提寺　ＴＶでは、あと、おもしろい話だけど、昔のヘタうまの例として、商人が道楽で高い画材で下手な人に描かせた絵が江戸時代にあったという話をされていたけれども、本ではそこは省かれています。ちょっとおもしろい表現があって、都築さんの。理解されないものがサブカルと呼ばれるっていうところなのですが、「サブカルチャー」っていう言葉が変質してサブカルという言葉が出てきたのは、根本敬さんの漫画であっても本来それを好きな人にとってはべつにサブというわけではないし、実際に彼の漫画を好きな人ってのは非常にたくさんいる。しかし彼のような表現を許容できなくなってしまった人たち、コマーシャル側の人たち、つまりメインカルチャーの人たちが、見たことのない表現だからという理由で、こいつらはサブだということにしてしまった。その言い方は本来サブカルチャーの意味とも違ってるし、ほんとうにマジョリティーに寄り添った表現をしてるのは根本敬の側であることは明らかです」と書いてある。最後のここがおもしろい表現だと僕は思いました。

根本　マジョリティー側に。

――寄り添った。

菩提寺　「ほんとうにマジョリティーに寄り添った表現をしてるのは根本敬の側であることは明らかです」これ、なんか、注意して行間を読まないといけない文章かなあと思ったのですけれども。確かに、根本さんの漫画っていうのは、僕からすると、どちらかというと、大衆、大多数の人を……。

根本　を含めて。

菩提寺　逆の意味で、大多数の人たちのイメージを……。

根本　大多数ね。地道に働いて生活するそういうような人たちですよね。

菩提寺　例えば、語弊があるかもしれないけど、いわゆる昔良く言った「中産階級」＝普通＝庶民＝中流＝大多数というのがあるとしたら、そもそも存在するのかとか、それに対する批判というか、ちゃかしているような感じもあるのではないかと。

根本　それが、70年代半ばまでに『宝島』で、嵐山さんが書かれていた『チューサン階級ノトモ』、あれの影響けっこう大きいんじゃないですかね。自分の場合。

菩提寺　それが、ひとつの目標であり、人とはそういうものだという考えがなんとなくあるとしたら、あるいは考えていなくてもそこに馴染まされてしまっているような状況に、そうとは限らないのではないかと、矛盾点を示したり、刺激したり風穴を開けて、仮の、架空の安定を揺さぶるところを根本作品は持っていたのではないのかと感じたんですよ。大雑把に言うと。だから、そういう意味で、先ほどの「マジョリティーに寄り添っている」というのは、そのマジョリティーが中流意識を強く持つ人＝大衆だとすると、ある意味、「寄り添っている」と言えなくもないと思ったのですが、それ、ちょっと考え過ぎですかね。

――私が読む印象では、寄り添ってはいないのですが。

注釈　＊『チューサン階級ノトモ』嵐山光三郎著は『宝島』（宝島社　月刊誌）75年８月～１９７６年８月号に連載。その前にガロ（編集長南伸坊）で「真実の友社」を結成していた。

自らを「チューサン階級」と位置づけ、「チューサン階級という表現は、もともと中産階級にすぎない愚民どもが」、金はなくとも自分だけの楽しみの世界をつくりあげ、群れない「チューサン階級」に対し悪意をもって蔑称することで、「自らは、中産階級であることから逃げようとしているのだ。」「七十年代にあっては、暴動も革命も暴力団も全共闘も、すべて中産階級のヒマモテアマシ」と嵐山氏は述べている。

続いて出版された『チューサン階級の冒険』（白川書院 1977年）の『労働組合物語』に次のようなエピソードが収録されている。アルバイト先の下着会社で女性下着を横流しし小遣い稼ぎをしていた「久保クン」に促され、一緒に下着をくすねていた著者は、久保クン達から賞与獲得の為の労働組合活動に誘われる。ある日経営者側から商品窃盗の追究を受けると首謀者久保クンから罪の一切を著者は押しつけられた。さらに「久保クンだってずいぶん盗んだじゃないか」の著者の発言に慌てた労組執行部から「警察権力の介入をゆるさないぞ」と騒がれ、著者は「自己批判」を強いられた。久保クンからは「こいつは、きっと会社の犬だ。私を攻撃し、組合を攻撃するためのスパイだ」という内容のビラをばら撒かれる。その結果著者は、始末書を書かされ弁償をし即日クビになった。その後たった「200円の賞与」をもらった「久保クンは、いま、秋田県で高校の国語の先生をしている。」という内容。

仲正 ちょっと待ってね。この都築さんの文章、はっきり言って、根本さんに対するほめ殺しだと思うよ。このほめ方ないと思うわなっていう。

――この文章そのものがちょっとポストモダン的っていうか。

仲正　ポストモダンっていうより、おフランスです。だって、最初からそうでしょう。フランス人がアートとして評価してんのに、日本じゃ評価されてないってね。そりゃ、日本人は漫画としてみてんだから。ここで、あまり拘るべきことではないけれど、単に価値観の多様性を持ち上げているだけのこの手の文章を、ポストモダン的というのは、雑です。

――あえてマジョリティーに寄り添ってるなんて言うことが、なんともポストモダン的だと言ったのですが…。

仲正　菩提寺さんたちも、ちょっと、根本さんの作品ってなんかアートっていうふうに持っていこうとしすぎてないかな。

――もっていこうとしているわけでなくて、正直なところ私は、根本敬さんの作品がするりと入ってきたかっていうと、そうではなく、読むのにはかなり力が要ったわけです。それはなぜかと言うと、先ほど仲正先生がおっしゃたように、『ガロ』は漫画ですから、おおらかに門戸を開いてるのは当然です。今までの漫画という枠なら、大衆に向け娯楽として提供されるのが一般です。そこに思想があったり、主張があったりと芸術作品として扱うのは違うとおっしゃっているのだと思います。私が、例えば70年か80年代に読んでた『ガロ』は、普通にすらりと読めるものも確かにありました。ますむらひろしさんの『アタゴオル』シリーズなど、そういう類いはするすると読めます。しかし、やはり根本敬さんとなると、私の中ではパワーが必要というか、簡単には読めない。なぜなのかと妙に引っかかり、無視することができない。

仲正　「漫画読む」って言う人多いですね。僕はその言い方自体ひっかかります。漫画は読むもんじゃないと思います。

――見るもの？

仲正　見るもの、というか、めくるものだと思います。漫画ってリズムが大事だと思います。物語だけに重点を置いているわけではない。私も、17・8歳の少年が見るような、『ジャンプ』や『マガジン』に載っているようなポップな漫画が好きだから、物語は大事だと感じますが、主として「物語」を追うんだったら小説を読んだ方がいい。ラノベのようなものもあるんだし。

――物語を追うわけでなくて。例えば映画も、普通にみるものになってしまって、映画は解釈するものでないってことになってしまう。

仲正　映画はテンポや映像の作り方で大分違うでしょう。解釈なんか考える余地もなく、どんどん進んでいって、それが快感だというものと、ゆっくり進んでいって、解釈したくなるようなものもある。漫画は、小説と同じようにめくるテンポをある程度コントロールできるけど、解釈しながらゆっくり読んでいたら漫画ではないでしょう。たぶん、菩提寺（司会）さんは漫画って読むもんだって感覚が最初にあるんでしょう？

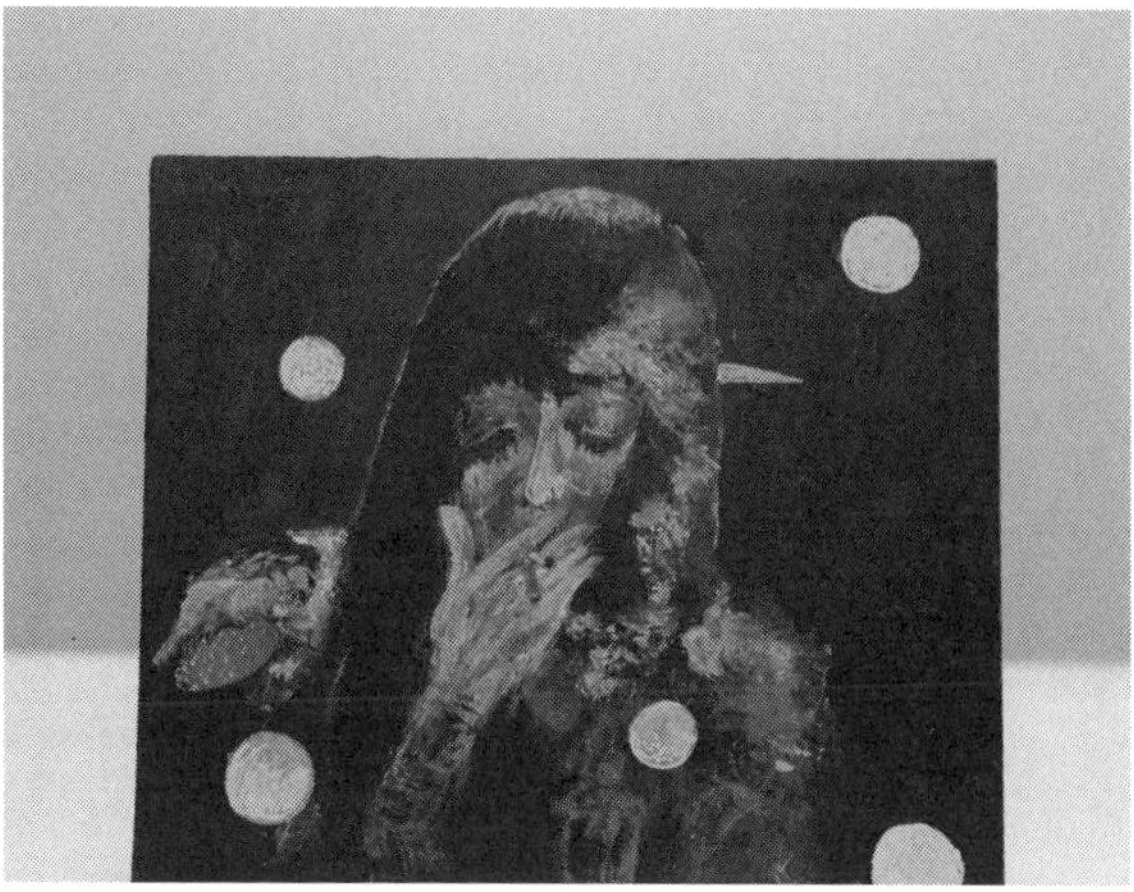

cameraworks by Takewaki

――見るものもあるし、読むものもあります。

仲正　僕にとって漫画は基本的に見るものです。どんなタイプの漫画でもね。まず、絵を見るわけね。絵の印象と、その変化のテンポの組み合わせが重要です。それで読者を引きつけられないと、物語は機能しない。「読む」って感覚っての人も、いてもいいんだけれど。

――では、見る感覚で根本敬さんの漫画どう思われますか？　見られますか？

仲正　見られますかっていうと、確かに心地よく「見る」というものではないですね。抵抗ありますよ。率直に言って、僕には、ヘタうま系って言われてるものを心地よくずーと見てるって感覚はないです。ただ、私は芸術が娯楽より上だと思っているわけではないですし、根本さんの作品はどちらかと言うと、芸術の要素が強いのは確かだと思います。娯楽と芸術を私なりに強いて区別すると、娯楽っていうのは、ずっと受け身で受容できるもの、自分の平凡な想像力に対する刺激をそのまま素直に受けとめていればいいものだと言えるでしょう。受け身のままでも、ストーリーやイメージがどんどん勝手に展開していくので、楽に見たり聞いたりできる。それに対して芸術では、何か感覚にひっかかって、こりゃなんだっていう違和感が起こってくる。無論、単に下手なせいで違和感が生じる場合もあります。多分、その場合の方が多いでしょう。その違和感が一時的なものじゃなくて、その人の感覚にじわじわと浸透してきて、通常とは違う感覚が芽生えてきたら、それが、アートなんだと思うんですよ。極端なことを言うと、同性の身体には興味がない人に、同性の身体に対する性的欲望を喚起することができれば、それは物凄く高度な芸術だと思います。

菩提寺　その話について、自分を当てはめてみると僕にとっての「娯楽」は、「アート」に限りなく近いです。仲正先生の定義だと根本さんは、僕にとってはアーティストということになります。逆に言うと、そのまま予定調和的にだらだら聴いたり、みたりしていられるものは、気持ちが悪くなる。僕がちょっと変わってるのかもしれないけれど。

仲正　わかります。

菩提寺　例えば、モーツァルトの器楽曲とかで協和音の連続でだらだら均等に刻んだりされると、僕は気持ちが悪くなってきます。「穏やかで落ちついた音楽、楽しい音楽、賢くなる音楽」とか、「情操教育に良い」とかいう人もいるけれど気持ち悪くなる。それとは逆に、根本さんの漫画を読むと気持ちよくなる。

仲正　気持いいね。わかりますね。そういう人がいるのはわかる。僕はそうじゃないけどわかる。

菩提寺　その定義ならアートになるのですが、でも、都築さんが言いたいことは、いろいろなことをポストモダン的に書かれていると僕は思うのですが、なかなか偶然性の問題とか細かい事含めて考え始めると安直に一方向的に話すと言いたい事が通じない、話に矛盾が生じてしまい趣旨が伝わらない、だからわざとこういう書き方をされたのではないかと。例えば、都築さんは海外でのニューペインティング、ストリートアート、グラフィティーの潮流と同時期に出現した「ヘタうま」は当時日本でのそれにあたる潮流だったのではないかと述べ、「日本人は美術大に入らないと美術作品作れないと考えているのか。昔ながらのデッサンを勉強させられて、入学したら今度はコンセプトがなんだってさんざん言われて教育されて、芸術家になるけれども、なんで、それで、美大に入らないでサブカルと言われるような活動をしている人をまっとうなやり方をしている人じゃない」っていうふうに言うのかと……

仲正　ちょっと、それ、古くない？

菩提寺　でも、これは、他にもこれとは矛盾する話が同一の文章にあった上でこれがあるから。当たり前と言えば当たり前だけど、あえて理屈を言えばアート、芸術をやるのに必ずしも美大に行く必要はないという話だと思います。例えばクラシックギター奏者の鈴木大介さんは音大には行っていない。行く必要がなかったから、メリットがなかったからという様な話を本人がされていた記憶があります。この場合のメリットというのは楽壇に入るため、聴取者、特に大衆にプロと認知してもらうためなどが考えられます。

仲正　そんなことこだわっている人、今時、そんなにいるかね。菩提寺さんたち、なんか鶴見さんみたいな感覚持ってない？

菩提寺　確かに僕が都築さんのこの文章で違うな安易だなと思うのは、「権威化」した「プログレ」の対照として「パンクの精神」という言い方をよくされていて、「権威主義に対抗するもの」がパンクロック。これはわからないでもないけれど、「スリーコードのパンク」こそというような話がよく出てくる。それは違うと思う。理由は「スリーコードのパンク」というのは、スリーコードを覚えて、和声を守ってそれをロックンロール的に演奏しているというだけで、形式を大事にしているとも言えるし、漠然とした大衆のロックのイメージに添うためにスリーコードに頼っているとも言えるから。NO WAVEのDNA〔＊28〕みたいに楽器のチューニングもできない、しないで面白い音を出していたパンクは別だけど。そこのメンバーだったアート・リンゼイはその後プログレにも分類されるゴールデン・パロミノス〔＊29〕に参加、そこにはジョン・ライドンも参加した。その元セックスピストルズのジョン・ライドンの自伝には彼はアイルランド系で労働者階級でそれでもって9歳から働きはじめて、稼いでカン、ホークウインド、ファウスト、キャプテンビーフハート等（これらはパンクではなくプログレに分類される事が多い）のレコードを週1枚ペースで買って聴いていた。ピストルズ時代に『ゴット・セイヴ・ザ・クイーン』の歌詞がまずいと「保守的な」メンバー達から注意されたり、宗教に関する歌詞の曲に至っては却下されたと書いてありました。この曲は彼の後のバンド、パブリック・イメージ・リミテッドで採用された『レリジョン』だと思いますが、PiLの『メタルボックス』発表当時のライドンのインタビューでも自分は「ストーンズなんかには影響を受けてない。カンやマグマから影響を受けた」などと言っていたと記憶しています。まとめるとスリーコードのパンクだから「初期衝動」を表現できるとは限らないし、冷静に考えてみると、レコードの帯表示のように便宜的に分類する以外にプログレッシヴロックとパンクロックに分けて考えても仕様がないし、一方で藝術大学へ行かないでアートやっては悪いとか、音楽やっては悪いということもない、アートと漫画を分ける必要もない。聴いたり、みたり、読んだりするこちら側としては、最初からそんな事は全く頓着しないで接している。

理屈を言うとそれが普通で論理的だが、世間や権威主義的な大衆はそうとは限らないということだと思います。

仲正　……。都築さんの文章について特に違和感あるのは、世の中の人にはすごく頭が固くて、こっちはアートで、こっちはサブカルだと決めつけている人、権威がいるって前提の下で、アートとアートじゃないものの区別を脱構築しようとしている自分をアピールしているけれど、ほんとに、そんな人たちいるのっていう疑問を感じます。しかも彼の論説では、最も肝心なことが語られていない。「ヘタうま」って、そもそも何なのか?カルチャー対サブカルチャーみたいな話をずっと続けて、「ヘタうま」がその区別を解体する鍵になるというのだけれど、それでは、「ヘタうま」と呼ばれる作品を特徴付けたことにならない。アート／非アート、カルチャー／サブカルチャーの区別を解体するようなジャンルって、たくさんあるでしょ。その中で、「ヘタうま」というのはどういうも

cameraworks by Takewaki

のか位置付けないと、意味がない。
　そこで、私なりにちょっと考えてみました。「ヘタうま」っていう言い方が、まずいんだと思う。文字通りに取ると、ヘタなのにうまい、という逆説を体現している作品ということになりますが、それって神秘主義的な話でしょう。下手なんじゃなくて、普通のメジャーな漫画からずれた表現をしているということだと思います。メジャーな漫画は、こういうのが美しいんだ、かっこいいんだ、イケているんだ、っていう典型を作って、ファンにそれを印象付け、その典型をずっと追っていくのだと思う。

——なんか、お手本というか、何かがあるってことですか？

仲正　美術だったら、19世紀の後半、マネが出てきたぐらいから、普遍的な美の典型を作り出し、追求し続けることの不可能性が露わになった、ということがよく言われます。こういうのが一番美しい、バランスが取れた描き方だっていうのが、なくなったと。今という時に限定してさえ、どんなのが一番美しい描き方かなんていうことを問うこと自体がもうナンセンスになっています。

だけど、漫画はそうではない。先ほどの、メジャーになる漫画雑誌の経営戦略という話と結びついてくるんだけれど、大商業誌の漫画には、「美しいキャラクター」の造形技術があって、それを中心に編集されていると思います。よく言われるように、漫画のキャラクターって、たとえ美形でも、実際の人間から物凄く乖離している。もし実在するとしたら、気持ち悪い存在ばっかりですよ。美形キャラでも、というより美形キャラこそ気持ち悪い。あんなに目が大きくて、足が細いのは化け物です。だけど、それを美しいと思わせるような技法がある。主人公の目と耳、口をこういう形で、これくらいの距離、サイズで、こういう陰影をつけて、こういう表情をベースにすると美しく見える、というフォーマットがある。少年漫画の場合、それと運動性ですね。こういう風に線を引くと、筋肉がきれいに見えるとか、こういうコマ割りだと動きに躍動感や緊張感が出るとか、相場があるでしょう。読者もそれを何回も見ている内に、それに慣らされ、「リアル」に感じるようになる。特定のルールの下で構築された疑似の美しい世界に、同化されていく。漫画をあまり知らない外国人が、日本の漫画を見ると、異様な人物造形に見える。そもそも、どういう方向に眼を動かしていいか戸惑ってしまう。日本人でも、漫画を見慣れてない人は、どう見たらいいのか分からない。普段、日本の漫画に慣れていると、アメコミの人物描写気持ち悪く感じられるでしょう。同じ『ジャンプ』の漫画でも、ジャンルごとに、美しさとか心地良さの基準が違うので、普段目にしていない漫画の絵は気持ち悪い。私は、『ジョジョの奇妙な冒険』の絵が気持ち悪くてしかたありませんが、あれがかっこいいんだ、というファンは多い。

そういう美しさのルールを作り出し、読者の特定の漫画的造形に対する感性を生み出し、引っ張っていくのが、メジャーな雑誌です。

──例えば8等身に描くとか、そういうような。

仲正 いちいち測定していないけど、純粋な8等身のキャラなんてほとんどでないでしょう。少女漫画なんか、かなり顔をアップで描いているでしょ。

──美しいとされるモデルみたいなものがあって、そのモデルに合わせて描くということですか。

仲正 作者と読者の脳の中にしかないモデルがね。少女漫画って絵画的な観点から見れば、大抵、下手ですよ。概して、身体を特徴付ける線が雑だし、単純。少年漫画の方が、細かく描いていると思います。細かく作りこんで、読者の意識を特定のポイントに誘導し、美しいって思わせるような技法は高いと思います。「ヘタうま」とされてる作品は、そういうラインからはずれて、別の所で勝負しているでしょう。どっちかっていうと、根本さんの絵がその典型ですが、普通の人間が、普通の人間だとグロいなと思うように印象付けるような描き方がベースになっているんです。むしろ、グロさの世界を構築していると言える。当然、実物にはない人工的なグロさです。一般的に「ヘタうま」っていうのは、技法のレベルが低いという意味で下手なのではなくて、メジャーな漫画の世界の美の文法に適合する、「美しいもの」の典型とは異なる基準の典型を作ってるということなんだと思います。
ほんとうに下手なのは、僕みたいな素人が描く、どこにモデルがあるのか、どういう基準によるのかはっきり分からない、一貫性がない絵のことでしょう。一貫して醜く見せるって、普通はできないと思う。なんか中途半端に実物に似てしまう。そこで、根本さんの絵の特徴って考えてみたんですけれど。

——壁全面がホワイトボードです。どうぞ使ってください。

仲正 もう一度まとめますと、人間は誰でも、平凡な想像力は持ってると思うんですよね。娯楽っていうのは、自分の日常でやりたいと思っているけどできないことをできたつもりにさせてくれるものです。すごくかっこいいことやりたいんだけど実際にはできないので、私たちはいろいろ妄想します。恋人とかっこいい付き合い方したいんだけれど、そんな相手いない。現実にいそうな人をちょっとモデルに思い浮かべて、変な想像するけれど、普通は、想像しようと思ってもイメージが長続きしないんですよ。すぐに飽きたり、自分でシラケたりする。もし妄想で架空の恋人を一貫したイメージで作り上げ、それと付き合っているストーリーを一貫性をもって描けるとすると、すごい想像力だと思うんだけど、普通の人間には無理。自分で想像しようとすると、キャラの形がぐちゃぐちゃで、ぼやけてしまうし、ストーリーもバラバラになってしまう。そういう普通の人間に対してメジャーな漫画は、美しくて感情移入できるモデルを与えてくれる。プラトンのイデアみたいな感じて、自分が心の中で求めていた美しい世界を想起しているかのような錯覚を与えてくれる。
ただ、その美しい世界の作り方は、少年漫画と少女漫画ではかなり違うと思うんです。

――少女漫画の方が装飾的ということでしょうか。

仲正 装飾物は確かにたくさん出て来るでしょうが、人物の描き方に関して言えば、どっちかっていうと、輪郭がぼやっとした感じの絵が多いと思います。

――そうですか?

仲正 例えば、萩尾望都とか。私は、あれ全然美しい絵だと思わないんだけど。男顔、つまり四角い顔の女性が多いような気がします。まあ、趣味の話だから、あれが魅力的だというファンも多いでしょう。とにかく、読者が惹きつけられる「美しい世界」が構築できたら、そこでの典型的な造形を徹底していく。
そうやって美しいものに憧れる一方で、人間は自分の心身に関して隠したい部分がいろいろある。例えば、体の表面のぼつぼつ、湿疹、あばた、脂肪によるたるみ。大小便を始めとする排泄物は、他人に見せたくない。これが自分の身体から出たものだと知られたくない。でも、そういう汚い部分こそが自分の現実だということは分かっている。こうした負の部分は、意識したくない。だけど、いろんな機会についつい意識してしまう。美しい妄想よりも、リアルに感じられる。だって、自分の身体は実際汚いし、自分の欲望が錯綜として、時として、どこがいいのか分からないようなヘンなもの、気持ち悪いものに惹きつけられることがあるのは、妄想ではなくて事実だから。

――整理されてないってことですよね。見たくないから隠してる。

仲正　現代文学だったら、身体的な汚い惨めな細部を描くタイプの作家っていると思います。今たまたま、現代思想でもよく名前が出てくるヘンリー・ミラーの小説を読んでいるのですが、恋愛とか世界観を語っている時に、排泄物のリアルな話が出てきて、何かの比喩で言っているのか、リアルな描写なのか分からなくなる。恐らく両方でしょう。大便を見ながら、世界の成り立ちとか、リビドーのメカニズムとか、社会的権力関係とか、知の秘密とかを考える。根本さんの作品に似ているような印象を持ちます。性的なものと排泄物みたいなやつが、主人公＝作者の想像力の中で混然一体化してるんです。精神分析で言われていることですが、文学作品にすると、ものすごくリアルな想像をすることを強いられる。

こういうのが、「ヘタうま」の世界なんじゃないかな。少なくとも根本さんのような傾向の作品のことを「ヘタうま」と呼ぶ場合は。無意識の内で抑圧しているものは、見たくない。でも、お前の内にそういうものがあるだろと突き付けられると、見ざるを得ないと感じる人もいる。中には、積極的に惹きつけられる人もいる。多くの人が割と抵抗なく惹きつけられる「典型的な美」を描くことがうまいのだとすると、それとの対比で「ヘタうま」ということになる。こんな感じで整理できるんじゃないかな。
根本さんの絵を私なりに観察して、気が付いたのは、人物がみんな水膨れっぽいんですよ。べちゃーとしている。なんか液体っぽさを感じさせる。

――膨らんでる。

仲正　膨らんでて、なんか、水を含んで、ぐにゃーとなりそうな。水風船みたいな感じですかね。

――首がなかったりしますね。

仲正　身体全体がふにゃーってなってて、固く硬質で支えるになるもの、体に張りを与えるものがあんまりなくて、押されると、ぐにゅーっとなっていきそうな感じ。暴力を振るわれた人物が、まさにぐにゅーっとしぼんでいくようなシーン多いでしょう。しかも、全体的にふやけているせいで、しわとかがけっこう目立つのね。精子がそのまま自我になったタケオ君でしたっけ？「精子」なんてまさに水っぽさそのもの。人間というのは、「精子」の水っぽさを継承しているように見えなくもない。実際、人間の身体の構成成分の三分の二は水分だし、産まれたての赤ん坊はふにゃふにゃしていますよ。成長の過程で発達する自我や筋肉が、その水っぽさ、ふにゃふにゃ感に抵抗しているんだけど、年を取ったり、弱ったりすると、抵抗しきれなくて、水っぽさが表に出てくる。そういう人間の身体の精神的なふにゃふにゃさが絶えず噴出すると、どうなるか。そしてしかも、ぐにゅーとなっているせいで、しわとかがけっこう目立つのね。それを可視化しているところに根本さんの一貫性があって、見てる人に、人間の根源的なだらしなさ、芯のなさを見せつけて、刺激を与えるんでしょう。根本さんの作品をアートと呼ぶとすれば、そうした刺激を喚起することがアート性なんだと思います。

――今の話を伺い思ったことは、先ほど、実は、仲正先生の話と私がアートと呼ぶものは全然違うものではないかと思ったのですが、実はそうではないかもしれない。仲正先生がさっき漫画はみるもので読むものではないという話です。どういうことかと思い訊いてみたら、仲正先生が定義される「ヘタうま」は、おそらく世間一般に言われてる「ヘタうま」とはちょっと違って、世間一般で言う「ヘタうま」は、技巧的に、技術面で下手だけれどもアート性があるものを「ヘタうま」と呼んでいるように思います。そんな感じのイメージだったのですが。

仲正　言っている人は、そういうつもりでしょうね。

――でもね、仲正先生、それを、「ヘタうま」と呼ぶとしたら、もしそうだとしたら、おそらく、『ペンギンごはん』は、「ヘタうま」の中に入らないと思います。とりわけ隠したいものや忌避されるものを表現しているのではなく、普通に「ペンギンジャーンプ」みたいなことを描いていますから。あれは別にこの中には入らないと思います。でも、まさしく、この図式でいくと根本さんの作品はここに入るのだろうと思います。だから、ここに入るということは、私の表現で言えば、ぺらぺらページをめくってみられるものでなくて、ここに向かう経験ですから、アートです。そういう話です。

仲正　もう一回整理するね。「ヘタうま」の定義ね。『ジャンプ』とか『マガジン』に出てくるような、要するに、美しくて、ファンタジー的な物語性を持ってる作品を、世間一般は「うまい」と考えてる。『ジャンプ』で読者人気1位とか2位とかになるようなやつを普通は上手っていうわけね。これからはずれるほど下手、ということになる。これが世間一般のイメージ。私が言いたいのは、本当にそれだけだったら、「ヘタうま」なんてありえないでしょ。矛盾した言葉でしょう。「ヘタうま」という場合の「うまい」には、『ジャンプ』の「うまい」とは別の基準があるはずで、根本さんの作品に即してその基準を求めれば、みんなが見たい「美」ではなくて、むしろみたくないものを描いている、ということになるわけです。そのペンギンには別の基準があるのかもしれないし、醜いもののが象徴化されて表現されているのかもしれない。

——さっきの先生の、『ガロ』継続について、小さいのがずっと継続しているという話と繋がってるのでしょうか。

仲正　大衆っていうのは、みんなと「同じもの」を求めたがるでしょう。美人って一番平均に寄ってる顔だっていうでしょう。一番見慣れてて、どういうキャラか安心して想像できるような顔立ちの人に人気出るでしょう。同じような傾向の顔の女優が、人気女優になる。同じような印象の人が同じようなドラマでヒロインやって、もてていたら、それが美人だということになるでしょう。そんなの退屈だっていう人もいるけれど、そうやって美人の「典型」を作ってもらえると、自分の美的妄想を何の抵抗感もなく、そのまんま引っ張って行ってもらえます。しかし世の中には、それについていけない人は、必ず一定数いるわけですよ。それからずれてるのを求める方が自分は安心するっていう人、必ずいる。そこから標準技法からズレるという意味での「ヘタ」に価値が出てくる。とにかく、技巧がないからずれてるっていうだけの話じゃないのは確かだと思います。

——そもそものモデルが違うっていうことですね。

仲正　そうそう。モデルが違うんです。さっきは、わりと説明のために単純化していったけど、メジャーの漫画でもいろんなモデルがありますよ。読者ごとに、美しい、かっこいいの基準が違います。わざとモデルを差異化して、出来るだけたくさんの読者を獲得し、こっちの系統に興味がなくなっても、次は隣の系統の…という風に関心を持続させるように工夫しているんでしょう。『ジャンプ』とかに出てる漫画でも、ヘタうま系とか脱力系とかありますよ。そういうやつはそういうやつで人気出てたりするんですよ。でも、やっぱり一番人気になるのは、『ドラゴンボール』とか『ワンピース』な感じのやつですよね。

菩提寺　根本さんの漫画をみてて思ったのですが、根本さんはあまり流行を意識して作品を作られたことがないのではないかと思いました。自分が出したもの、自分の作品から影響を受けて、何かに関わったことで自分から出てきた表現、子供の頃を含めて昔の自分から、キャラクターからの影響をずっと継続していて、そこに、光るものが乗っかったり、昔の自分から影響を受けて、今の自分と重なって新しい表現を出したり、それにまた影響を受け繰り返し重積、堆積していくような感じがします。時にハウリングやフィードバック起こしたりもして。特に青林工藝舎から2004年に出版されたこの大変先鋭的な作品『命名』を見ると、今まであったものが、キャラクターも、内容も絵、想起、連想した音楽とか、あと新しい手法も含めすべて重積しているような感じがする。それが絵の処理にも表れているような。（『命名』のページを示しながら）絵そのものがコピーで重なってしまっているところもあったり、拡大してグリッドが強調されて、そこと他のもが関連づけされたりしてその結果、時間も重なってしまって、止まったり、後になって突然出てきたり。例えば歯科医と寿司職人が時間を越えて重なってしまっている。この要素はこれの後半に出てきていた要素が、時間経過が変化してるから、ない部分もあるけれども。最高傑作『命名』については後に話したいのですが、それの前駆的なものが、これ（『Let' s go 幸福菩薩』袋とじ内側を示しながら）のコラージュにある。これ（『Let' s go 幸福菩薩』）の写真のコラージュが、『命名』のこの人物とかにあると思うんですよ。これが出た時に、やっぱりすごかったんだなと思いました。当時衝撃を受けて、3

冊も買って、これは封を切ってない本の1冊だけど、封切らずに計2冊を保管しています。1冊は袋とじを切って読んだ。

――『Let' s go 幸福菩薩』。

菩提寺　僕にとって『Let' s go 幸福菩薩』は、根本さんはお詳しいので音楽の例えでいうと、ヴェルヴェット・アンダーグラウンドのセカンドアルバム他という感じです。『ホワイト・ライト／ホワイト・ヒート』のベース、ノイジーな壊れたオルガンの『シスター・レイ』とか、トム・ウィルソンが野放しにしてノイズ音楽が顕在化してきたかなという感じ。ルー・リードの歌詞も効いていて、自分をプレゼントとして送って箱ごと切られて血だらけになって死んでしまうという詞の曲とか。その後ルー・リードはソロになって歌もののレコードを出してグラムロックに影響与えた後、いきなり『メタル・マシーン・ミュージック』[＊27＊16]をつくりました。当時はレコード会社を含めて一般には大変評判が悪かった。しかし極一部の人からは大絶賛されたというレコード。『Let' s go 幸福菩薩』はヴェルヴェッツの2ndとメタルマシーンをつなぐような作品のイメージが僕のなかではあります。ルー・リードのメタルマシーンが出た時に、「やっぱりルー・リードがやったね」と言った人が何人かいたらしいんですよ。「初期のヴェルヴェッツ聴いてる段階で、やると思ってたよ」って。現代音楽、ミニマルに近いジョン・ケールではなく詩と歌の人であるルー・リードが。まさにそういう感じがしたんですよ。

根本　メタルマシーンはあと何年で50周年なんですかね？

菩提寺　あれも75年。

根本　あと5年ぐらいで50周年。50周年延命措置で、50周年延命ショーっていうので、メタルマシーンが。

菩提寺　２０００年代に入って、ライブやりましたよね。ルー・リード自身がトリオで。４ｃｈも出したり。ジョン・ゾーンのザ・ストーンでインプロライブもやったり。

70年代には一時、メタルマシーンについて自己批判していたみたいだけれど、最終的にはメタルマシーンに対しては肯定的だったということでしょうか。

根本　変ですよね。デモ・テープがすべてだから。１万８千円ぐらいで６枚組でさ。１枚３０００円ということで……。

菩提寺　自分でレコードにしたものを聴いたことがないなんて当初ルー・リードは言っていたみたいだけど、16分1秒で1面ずつふっただけとか。確かに今後ボックスセットが出たらパンで音ふったり、実はルー・リードなりに細かいこと考えてやっているのがわかったりして、おもしろいかもしれない。

根本　でたらめの様で考えていたんですね。

菩提寺　おそらく。それで、根本作品に話を戻すと何が言いたいかっていうと、流行りものとは関係なく、ずっと重なってきてて、しつこく続けてらっしゃる、そういう意味で根本さんは変わらない。『Let' s go 幸福菩薩』の元の画の子供の頃から。表現の変化はあり、変化してるんだけれども深いところからきているのか最初のものからの転向はない。

根本　ていうか、それしか描けない。

菩提寺　一方で媒体（メディア）を変えることで、活字媒体とか、さらにそこでフィールドワークのような感じでいろいろな人たちに会ったり、映像、ビデオ作品を制作されたりという時期、その後はジャケ画をつくられたりとか。レコードジャケ画も大阪アビーロードみたいな作品（東京キララ社のブラックアンドブルー、TEE PartyのTシャツ）のようなすばらしい表現をされるので、ビートルズとニューミュージック（今でいうシティポップ、ヨットロック）が好きな人達には苦すぎる。正にパンクという感じ。でも一応ビートルズ関係なので、パロディ物でも買わないといけないことになっているタイプのマニアは買うことになるかもなどと勝手な想像するとおもしろい。オノ・ヨーコを批判しながらもレコードは一応ビートルズ関係だから買うという感じで。『亀ノ頭のスープ』に収められている「生きる（懸賞大当りの巻）」にも通じるものを感じます。ところでジャケ画というのはどこから始まったのですか。どういう発想から？　なにかきっかけがあったのですか？

根本　ちょっと、塗りで絵を描いてみようと思いました。

菩提寺　「塗りで」。

根本　塗りでね。

菩提寺　そこから『樹海』に展開したのでしょうか。最初はどなたか出版関係者から、ジャケ画を描いてみてと言われたとかそういった事はなかったのですか。例えば、黒寿司って、ブルースインターアクションズから、ソウル音楽に関して描くという仕事が来てインスパイアされたというのではないのですか？

根本　ブルースインタージャなくて、これは商売敵のシンコーミュージックの方。『FRONT』に連載してて。

＊注釈　『アックス vol.67』（青林工藝舎）「緊急座談会　根本敬×南伸坊×みうらじゅん「キープ・オン」は真理の神髄！！」で根本さんは、「『黒寿司』って本はさ、版元はブルース・インターアクションズってとこで」、しかし連載したのはその競合誌である『FRONT』であり「わざわざ対抗誌の版元から出して、それで開くといきなり『FRONT』の表紙が出てる」ことを狙ったのだと語っている。

菩提寺　ヒップホップの本。

根本　そうですね。

菩提寺　黒人ということで出し始めて、そこから始まって今はジャケ画を描いてもらっても、根本さん的な、お寿司がよく出てくる。そう言えば、高橋悠治さんのフレデリック・ジェフスキーの『不屈の民』をレコードジャケ画でお願いし、完成した画を見て、根本さんがこちらにおっしゃったのは、ピアノの前に座ってる悠治さんを「これマイルスに見えませんか」というお話でした。そこにはもちろん寿司と寿司桶がコラージュされていた。マイルスだからこれが出てきたのかなと僕自身は思いました。でも、音楽的に普通、文脈、人脈だけ考えると、フレデリック・ジェフスキーで高橋悠治でマイルスっていうは、関連あんまりないなと思うと思うのですが、実は僕としては近いなと思うところが確かにあった。75年くらいのアフロヘアーのマイルスでしょうか。キーボードで不協和音を奏でていた頃の。悠治さん自身が、マイルスと八木正生は、評価されていたと記憶しています。ジャズ対しては辛口な人だけど。だから、根本さんのいう因果というのか、僕もこれを見てなるほどと、星はついてるし、裏面は高橋悠治さんじゃなくて、『不屈の民』をジェフスキーに委嘱したウルスラ・オッペンスのレコードジャケットで拳とアメリカ国旗のレコードも描かれているから。そしてズボンのように光っていた。

——そういう連関みたいなものがあるのでしょうか。ひとつの画面の中に異なる時間があったり。例えば、お願いした浅川マキのジャケット画に、いくらのお寿司が描かれていた。それは浅川マキとブルースと『黒寿司』というつながりはあるんですか?遊び心というか?

根本　寿司とか、……お決まりだから。

仲正　やっぱりなんか腸みたいな感じのものが出てきますよね。

——内臓の?

仲正　そう、内臓の。内臓の中でも、特に腸のように見えるものがぐにゅぐにゅぐにゅっと蠢いている。管状のものがぐにゅぐにゅしているのが根本さんの絵に特徴的なんです。手足の描き方にもそういう感じが出ています。

――さっきの水っぽいっていう感じですか。

仲正 そう、水っぽいね。水っぽい管がよじれている感じ。要するに、胎児のイメージに近いのかな。あるいは、両生類とか。人間って、もともと、お腹の中にいるとき、両生類ぽい形してるでしょう。発生学的にね。なんかその原形が根本さんの作品のいろんなキャラクターや模様に出ている。作品によっては、独立のキャラか背景模様かよく分からない場合もありますが。これまさにそうでしょ。オタマジャクシか精子かわかんないやつが出てきてますね。

――まだ形になってない。

仲正 形になってないけど、ちょっと形になりかけて。それがおもしろいのかな。明らかにおじさんで、ほとんど死にかけている人が、瀕死の状態になって、一層、精子、おたまじゃくし的な水っぽさを増しているような感じの絵が結構出てきますね。フロイトと仏教を合わせた言い方をすると、死（タナトス）に向かっていく中で、生の緊張から解放され、原初の静けさ（涅槃）に戻りつつあるのか、それとも、発生時から実はずっとこういうふうになっていたのか。人間の身体の深いところにある液体的な層を表現しているような感じがします。

菩提寺　『怪人無礼講ララバイ』これは『天然』の後に出てきて、そういう意味ではルー・リードで例えると歌もの（『トランスフォーマー』、『ベルリン』など）からメタルマシーンへという感じでしょうか。これまた良い作品だと思ったのですが、この表紙のデザインはファンカデリックの『コズミック・スロップ』とかの影響ですか？　ファンカデリックも、あの曲自体が「兄弟は皆実父が違う…云々」という歌から始まって、サン・ラ、後期コルトレーン、アルバート・アイラーにも通じるアフリカ系アメリカ人的宇宙観、ファンカデリックの宇宙があるし。相互に複雑に関係し何が根源かも分からない世界。けれども最終的に輪廻転生して、後先どっちが根源か意味がなくなる。そういう意味でもファンカデリック的という感じがあった。湯浅学さんの『大音海』(ele-king books)の論考第2節「ソウル、R&B、ファンク」に「JBはファンク道を極めんとするパッションによって前のめりになっていたわけだが、ブーツィーとその兄弟によってもたらされた変革は、ひとつの到達点へとJBを導いたとはいえないだろうか。七〇〜七一年にかけて、」と書かれていますが、僕もその通りだと思います。

今、仲正先生がお話された、精子が先か何が先かわからないような状態が展開していて、そこに今までの作品の中のまた村田藤吉も出てくるし、佐吉も出てくるし、みんな出てきて、ぐるぐる回っていくっていうか。だから、死と生というのも関係してくるし、ジェイムス・ジョイス［＊32］の『フィネガンズ・ウェイク』みたいに、死んで甦るとか死んで生まれるみたいな、全体が部分にも入っている。フラクタルというか。本編はもちろん線形ではないが、巻頭と巻末には本編と筆致の違う小話がついていている。営業職の中年女性が本編を読む前と読んだ後で、若き根本さんらしき漫画家への印象が変わり、何かに腹を立て、陰で漫画家を呪うという小話。『学ぶ』にある『初恋福祉篇』の「誰とでも…」という小話に通じる面白さがありました。あと呉智英さんのあとがきの「程度の悪い普通、良識の気を引く異端」ではなく「ただただ異端」という話も根本さんを的確に表わしていると思いました。

仲正　今、気が付いた。これ蛇でしょう、それから、これ亀でしょう。で、これは、オタマジャクシか海蛇かわかんないけど、そういう形をしている。

――精子。

仲正　これ海蛇にも見えないこともない。

――猫もいるし。

仲正　猫もね。やっぱり、この舌がちょっと独立してる感じがするでしょう。精子が独立して意志を持つんだったら、舌が体全体から相対的に独立して、一つの生命体みたいに振る舞ってもおかしくない。アルトーの言い方を借りると、「器官なき身体」の中でいろんなパーツが勝手に動いている感じ。

――そうなんですよ、仲正先生。さっき仲正先生は、漫画はぺらぺらぺらぺらめくるものっておっしゃって、そこで、いや、根本敬の作品はそうじゃないんだっていうことでちょっと話し合いをしましたけど、今まさしく先生はその絵を見て読んでらっしゃって。その絵をね。これはなんだろうみたいな。

仲正　でもね、読んでるというよりはね。

――めくってるわけじゃないでしょう。

仲正　めくるって、いうのも一つの運動でしょう。文学書みたいにじっくり眺めるように促す作品が、芸術的で高尚ということでもないでしょう。今は、立場上、解釈しないといけないから、解説しているんですが。

――立場上だけじゃなくて、例えば、さっき私が言いかけたのは、彼（菩提寺）がさっき根本作品は気持ちいいと言ってましたが、私は、逆に、こういうのをみたり、いろんな作品を読んだりするのに力がいるので、どちらかっていうとしんどくなったり、気が重くなったりするけれど、だからっていってそれが嫌いかっていうと、そうではなくて、例えば、パゾリーニの『テオレマ』や『豚小屋』だとかベルイマンの『沈黙』『ペルソナ』やブニュエルの『自由の幻想』や『ナサリン』だとか、けっして流して見ることができるわけではないし、気持いいと思うような感想を得られるタイプの映画ではないと思います。けれども繰り返し観て考えてしまい、忘れられないという映画があるんです。むしろ私は、そのような中に、おそらく根本敬も入りつつあるんだっていう印象を持ちます。今まさしくおっしゃったみたいに、なんか根源的なものだとか生だとか死だとか、セックスの方の性だとか、食べるだとか、排泄するだとか、そういうようなものがごちゃまぜになって、なんか最後の方の作品で、『命名』になってくると、映画みたいに時間を追って、ページをめくってるはずなのに、元に戻ってきたりする。ストーリーについて話しているのではありません。例えば放送状況が非常に悪いテレビ画面が急にノイズ一面になって、放送が再開すると最初の場面に戻っているような錯覚を覚えます。関連のない何かが混入したり、異物やノイズもまとめて編集しているような感じでしょうか。

デイヴィット・リンチの一部の作品やクローネンバーグの『ヴィデオドローム』、ブニュエルの『自由の幻想』にも同様の時間感覚を感じます。

菩提寺　繰り返しがありますよね。

——錯覚みたいなものを感じるような。だから、ちょっと眩暈がするんですね。だから、そういう意味で受け手にも力がいってしんどいなあって思いながらも読んでしまう。そういう作品のあり方だから、やっぱり今までのモデルっていうのからは、まったく、おそらくモデルっていうものがないか、もしくはまったく違う尺度でなにか表現しようとしたのか。

菩提寺　そういう意味では、湯村さんがもともと言われたお話だと思うけど、「ヘタうま」という話では根本さんを分類できない。というか、分類したところで意味がなくなっちゃうっていうか。おもしろいところは別のところにあるから。

芸術映画と言われているけれども、パゾリーニ、ブニュエル、ベルトラン・ブリエ、ドゥシャン・マカヴェイエフ［＊30］、マルコ・フェレーリの『最後の晩餐』などは、根本作品と同様に下品きわまりない表現だったり、背徳的だったり、猥雑だったりもします。激し過ぎると芸術になると言ってもいい位。ルイス・ブニュエルの『ナサリン』という映画、僕が観るとキリスト教的なものを痛烈に批判した映画に思えたのですが、この映画はアメリカのカトリックから敬虔な神父を描いているということで賞を与えられたらしい。以前ブニュエルは『黄金時代』、『ビリディアナ』でキリスト教から批判されたので僕の感想はただの思いつきではないと思うのですが、同じ表現でも、人によってほぼ真逆の感想を生じさせる。根本作品にもそういうところがあるのかもしれない。

——ブニュエルの『ナサリン』について言えば、ナサリンは、ナザレのイエスを表わした名前とも言われていますが、貧民窟で布教する神父の名前です。神父が暮らす安アパートの窓はいつでも誰でも出入りできるよう解放されています。金品を盗まれても物ともしない自らの信仰をひたすらに貫き通す神父です。彼の元に殺人を犯した淫売婦が逃げ込みます。神父はこの淫売婦の魂を救うべく、真の信仰とは何かと説教しますが、彼女に住まいを放火された挙げ句、教会からは彼女との仲を疑われ神父の資格を剥奪され、行き場を失って巡礼の旅に出ます。この淫売婦と、外見は清楚だけど中身は性欲の虜になっている女を筆頭に一癖も二癖もある厄介な人々に巻き込まれ、巡礼の旅は神父の善行が裏目に出て、次から次へと苦難が降り掛かるストーリーへと展開して行きます。

筋としては単純な物語なのですが、何が印象的かと問われると、このどうしようもない淫売婦や、彼女に惚れ込む小人で外見は異形で一見下品に見える男と彼女が、何とも清らかに見える場面があります。それに反して次第に、この全く非の打ち所がないような善人であることを貫き続ける神父が、なんとも自己中心的な厄介な人物に思えてくるところです。

仲正　さっきも言ったように、何らかの形で支持している人、恐らく熱狂的に支持している人が一定数いないと「ヘタうま」とも言われないと思う。たんに素人の絵っていうか、平凡な絵で終わってしまって。「ヘタうま」って呼ばれてるのは、なんか逸脱してるんだけど、特定の方向に想像力を刺激できるものでしょう。必ずしも、美しくないキャラクターに向かって。根本さんの場合、ある意味、人間の身体の基層にあることはみんな実は分かっているけれど、それが自分の中にもあると思うとあまりに気持ち悪いので、見たくないなって思う要素が前面に出てきているので、わかりやすいんだけど、他のヘタうまの人も、たぶんいろんな仕方で逸脱してるんだと思う。当然、その逸脱の仕方が、漫画家ごとに、その人のファンごとに違っているでしょう。ファンにとっては、普通の人にとっては見たくないだろうけど、だからこそ自分は見たいというものを見せてくれている。

そういうファン・サービス的なところがあるから、成立してるんだと思います。ただここで、さっきの都築さんの議論を肯定するかのような逆説的なことになりますが、やはり、ベタにサブカルとしてのレッテルを貼らないと、こういうジャンル成立しないと思うんですよ。

――ベタにサブカル？

仲正　要するに、これは典型的に美しいものとは違うんだって、カウンターだっていうレッテル貼りして、分かりやすく表示することです。そういうレッテルのおかげでへそ曲がりが注目する。典型的に美しいものに注目する人が圧倒的に多いということを改めて印象付けることで、汚いものが抑圧されていることが際立つ。

――そうかも知れません。

仲正　近代以前の絵画でも、猥雑なもんだとか、気持ち悪いような絵とかあったでしょ。しかし、正統なきれいな描き方が確立されたことによって、正常でないものがいったん抑圧されたんだけれど、美しさの基準が固定してくると、意識下に抑圧されていたものがもう一回復活してくる。だから、漫画の世界は、むしろかなりベタに、美形のファンタジーの世界が出来上がっていて、それで漫画のマーケットが成立している。漫画見たい人のほとんどはそっち行くわけよね。絵画のように明確な様式はないけど、マーケットの動向で売れそうな傾向の絵が何となく決まっていて、それからはみ出さないで、それぞれの雑誌のイメージを守っていこうとする力が強く働いている。ファンの気分に左右される傾向と、描き方の画一化は、高級芸術化している絵画の比ではないでしょう。だから、それじゃつまらない、という反発も出てくる。

菩提寺　それは、正常でないものが抑圧されるかどうかは別にして、音楽でも、一部を除くハリウッド映画とかでも同じじゃないですか。だいたいみんな予定調和か、前もって善を措定しておいて勧善懲悪的なストーリーか、ピカレスクものになり易い。

仲正　そりゃそうですよ。ハリウッド映画はそういうものとして成り立っている。つまり、菩提寺さんが見たくない、おもしろくないっていってるようなやつがメジャーな地位を独占し続ける。普通の人が見たいものに群がってマーケットの傾向を持続させるほど、菩提寺さんみたいな人にとっては、どうして自分が見たいものを作ってくれないんだって、反発がひろがってくんですよね。抑圧されていると感じている人の間で、抵抗がだんだん大きくなっていくわけ。メインストリームがあるからこそですよ。メインストリームがなかったらね、それほど「逸脱したもの」に拘らないかもしれない。

——だから存続していく。

仲正　そういう面って必ずある。だから「サブカル」というレッテルは、双方にとって意味があるんです。

――増えないけれども存続していく話ですね。

仲正　典型ができるとほとんどの人は必ずそっちに行くんですよ。そっちの方が日常的に心地いいから。世の中の人は、〝平均的にいいもの〟をみたいわけね。すると、それはつまらん、って叫ぶ人が出てくるわけ。そういう人は、「サブ」、つまり。亜流とか「下」扱いして馬鹿にするな、と反発する――「サブsub」の元の意味は、「下に」ですね。しかしメジャーがあるからこそ、「サブ」のジャンルがはっきりしてきて、それなりに盛り上がるんですよ。それで、存続できちゃうわけよ。その線引きがないと、今「ヘタうま」って言われてるジャンル成立しにくいと思う。人間って、〝みんなが見たいもの〟があるからこそ、見たくない領域、見せてはいけない領域ができて、そこに強く惹かれる人たちが出てくる。

――では、後半始めたいと思います。前半をざっくりまとめますと、64年に長井勝一氏によって創刊された『ガロ』は、白土三平氏の赤目プロが編集作業を担っていたということです。ですから当然思想的背景があったことでしょう。時代の経過とともに来るものを拒まず去るもの追わずといった創立者の寛容さで、やりたいことを表現する方向に向かった。意識されていたことは思想よりむしろ新しいものを、世の中に輩出していくという話でした。それにおいて、仲正先生からは、漫画に求められるのは大多数にとって娯楽性なので、あらかじめある美的なモデルに、収まってるものの方が楽に読める。そこに購買層がつく。だから、政治性や思想色が濃い感じでは読者はつかない。でも、『ガロ』がおもしろいところは、そういう美的、プラトンで言うイデアなのか分かりませんが、美のモデルとなるものがそもそもなかったり、そういう尺度ではまったく測り切れないようなところの漫画を『ガロ』は出していて、それが、大出版社にはならないけれども、小さいながらもある一定層の支持を得ながら存続しているという現象がおもしろい、という話でした。ではなぜそういう現象が起こるのかという考察が、後半仲正先生の話からありました。その『ガロ』に81年現れたのが、根本さんです。後半は、特に、根本さんの作品についてさらに深くお話をうかがえればと思います。

そこで気になるキャラクター村田藤吉ついて伺います。この人は、なんていうのかすごく人からやられるっていうか、いじめられるっていうか、一見不遇な人です。力は常に抜け、変化もなくそのまま存在しているキャラクターがいます。根本さんご自身は、村田藤吉に共感しているのか、なにか考えがあってこういうキャラクターを描き続けていたのか。なにかがあるのでしょうか。

根本　単純に言って、自分が書きたい世界を描く上で、村田がいて佐吉がいると、だいたい、その中間のいろんな中途半端な人間いると。それだけで……出てくる。

——いじめ役みたいなものとやられ側とその中間諸々と言う感じでしょうか。

根本　大ざっぱに言うとね。あと、どっちでもいいやってなんにもしない人とかね。

――そこがきれいに線引きされてるわけでもなくって。先ほど少し話が出ましたが、高橋悠治演奏でジェフスキーの『不屈の民』のジャケ画を以前お願いしました。高橋悠治の『不屈の民』は、回転するように繰り返し演奏し続けるんですね。変奏曲ですから。どんどん音が間引きされ、なくなってゆく。最初弾かれた残音というか、耳が記憶する音と今度弾かれている音が重なってメロディーが立ち現れる。自分の耳のなかで現われる音楽ですから、自分の存在も同時に感じる。そのイメージと、打たれても打たれても（消されても消されても）存在する村田藤吉っていうキャラクターが面白いと思い、それで村田藤吉で『不屈の民』のジャケ画をお願いすることになりました。村田藤吉のことをキャラクターとしておもしろいから描いてらっしゃるのでしょうけれども、例えば、村田藤吉みたいな人がいたとしたら、それは好きなタイプなのか、ただイラつかせるだけのタイプなのか？

根本　両方なんでしょうね。

菩提寺　「両方」、善悪を簡単には区分できないことがあるように。村田藤吉は常に受け身で、臆病で、権威に弱く何事にも迎合しやすいが、我慢強く、繊細なところがあって他人への気遣いもある、そして全く怒らない。自分がなくなるようなことがあっても。また、受動攻撃的なところも本人にはない。そういうキャラが、いつも周りを刺激したり、何かを起こさせる伏線となっているのかもしれません。

根本 いたら利用するでしょうね。いいように。もしか、お金とか持ってたらね。

――そういう、どこにでもいそうな、人になびいて、受け身であり続ける人っていうのが村田藤吉だと思います。先日、女優の手塚理美さんから連絡があって『沈黙・サイレンス』観たかって聞かれたんです。映画の。篠田監督のではなく、スコセッシの方の『沈黙』なんですけれども。遠藤周作原作の話ですが、その中に、キチジローっていうのが出てきます。『沈黙』は隠れキリシタンの話で、宣教師が、どういうふうに改宗というか、転んでしまったかという経緯が描かれています。キチジローはかなり重要な役どころの村人です。彼はキリシタンですが、踏み絵を踏めと言われると毎回踏む。いとも簡単に裏切り、聖母に唾も吐きかける。自分が信仰している神ですら裏切る。その裏切りの赦し乞うため宣教師に告解を求める。この告解を通し次第に宣教師と信頼関係を構築していく。ここはもう崩れない関係だと確信したところで、やっぱり裏切る。そこに躊躇は見られない。長いものには即座に巻かれ、何でも手放す。保身のために家族も手放し、家族は火あぶりになって処刑されています。こずかれて、叩かれて、抵抗することもなく「すいません、すいません」と言って裏切る。そういうキャラクターです。極端に人が良い藤吉とは逆の、狡猾さが見え隠れする悪人タイプですけれども、私の中では重なるキャラクターです。

『沈黙』では遂に宣教師も改宗するに至り、今度は幕府からキリシタンを取り締まる側の役を任命され遂行していくわけです。生存者のほとんどがキリスト教を放棄したなか、裏切り者キチジローは何度も捨てながらも生きながらえて、最後までキリスト教徒であったかもしれない人物です。

スコセッシ監督も以前『最後の誘惑』でキリスト教団体から激しく抗議されました。『沈黙』で棺に収められた宣教師の手のなかに、村人からもらった十字架のお守りが握られているという原作にはない最後の場面は、キリスト教団体へのある種の対策ではないだろうか、というようなことをキチジローを演じた窪塚洋介氏が記者会見で語っています。この場面を大抵の日本人は、お守りを渡した村人と宣教師の人との関係性で観ると思いますが、欧米人は宗教との関係性で観るのではないでしょうか？窪塚氏の指摘はそこにあるのだと思いました。

前のイベントの話の中で、攻撃をする人じゃなくて、受け身の人に、実は攻撃をする人以上のある強さがあるんじゃないかという話に及びました。

とくに意識されているわけではないと思いますが、藤吉は一連の作品において繰り返し登場するキャラクターでもあるし、なにか伝えようというものがあるとしたら、このキャラクターを通して何を伝えようとされていたのでしょう。

根本　ただ役柄っていうね。こういう、極端な人たちが登場するんで。登場人物が幸せになるような漫画とか読みたいわけじゃないんだよね。

――幸せになるような漫画を読みたいわけじゃない。

根本　読みたいわけじゃないとみんな思うんで。

――ああ、出てくる登場人物が。先ほどの仲正先生の話の逆ですね。８割方が予定調和的なハッピーエンドを望んでるという話の。

菩提寺　読者、作品を受容する側の話でもメジャーがあってマイナーが生じるとは限らないと思います。『生きる』に入っていた不幸があっても大変努力して立ちなおる。ようやく良くなったと思ったらスーと消えてタイムスリップしてまた大変だった昔にもどってしまう。それを繰り返すという話がありましたが、それと似た様なＴＶドラマを僕は子供の時、おそらく昭和40年代に観た記憶があります。確か民放の昼ドラでした。ドラマも回を重ねるにつれエスカレートしていった。なんかそういうドラマ観た記憶はありませんか？

根本　観てたんですよね。そういうものを。

菩提寺　やはりそういうものの影響ですか。僕も子供の時観ていておもしろいなあと思っていました。当時の大衆がアイロニーを意識して観ていたわけじゃないと思いますが、同じ局の昼ドラのタイトルが、かわる度に自然に不幸を繰り返す頻度や強度がエスカレートしていって、最後は奇妙な位激しくなっていた。そうなるまで何作か制作されたのだから人気があったのだと思います。立前は、困難があっても、いじめられても邪魔されても努力と頑張りで困難を乗り越えて立身する。その後また困難が起っても再び頑張り…が繰り返していくというストーリーなので受容されやすかったのだと思います。

根本　『キャバレー妄想スター』（ブルースインターアクションズ）という本の中で、『エリツィンがカスピ海に滅ぶ』ってやつで、村田家族の飼ってるペットが、犬から始まってて、亀とか金魚ってどんどんどんどん抹殺されていくんですけどね。でも、どんどん殺される動物のスケールが小さくなってくる。

菩提寺　今度はデスカレートしたんですね。ここで根本さん自身が書かれた「幸福菩薩」の後書きを見てみませんか。さっき言った、『花ひらく家庭天国』とか、『固い絆のブルース』は文脈のある内容でそれはそれでおもしろいと思いますが、その後に発表されたこれは僕からするとノイズミュージックという感じ。

根本　主に自動販売機の絵ですね。けっこうまた、『ガロ』は『ガロ』で『ガロ』なりに精巧な『ガロ』の漫画で描かなきゃってなるんです。

菩提寺　ちょっと長くなるかもしれんけど、根本さんの書かれたこの後書きは、全部読まないとバランスが崩れてしまうので全文読みます。

「小学生の頃の自分はよくウンチ、ゲロ、オシッコ、ナイゾー、オチンチンの炸裂する下品な漫画を描いていたが、退屈な授業時間を凌ぐ時のソレからは何故か傑作が多かったような気がする。担任は有難くも自分の「ナイショク」を黙殺していた。教育熱心とされてる担任だったが自分は組で唯一その熱心からは除外されていたので、自分の好きなことだけしていればよかった。普通の子ならそこで悲観したり教師を恨むところだが、自分は進んでそれに甘んじ趣味の世界に没頭していたワケだ。とはいえ趣味はあくまでも趣味であり決して漫画家などになるつもりはなかった。自分としては投手として、セなら広島東洋カープ、パなら近鉄バファローズへの入団を希望していた。

それでいて作文なんかで「将来の希望」の類を書かされると必ず「平凡な会社員。ただ生活して行ければヨイ」などと、今時の小学生ならともかく、当時としては随分ヒネた事を書いたりした。いわゆる「子供らしさ」に対してはもっぱらニヒルに構え、それを自己主張していた。

今にして思えばその辺のところが担任に除外視された要因だったのだろう。

前置きが長くなってしまった。さて、本書であるが、この「幸福菩薩」に収録した漫画は「ガロ」や「パンチ」の村田藤吉シリーズとはやや質が異なる。何が異なるか、かいつまんで云うと、村田シリーズは自分の中の「大人」の部分が主導権を握って描いているのに対し、「幸福菩薩」シリーズは「子供」の部分が握っているのである。だから村田シリーズでは「こうすればウケるのではないか」と、ついつい計算が働いてしまうところ、この「幸福菩薩」の方は何も考えずひたすらやりたい放題に、つまりあの小学校時代と殆んど同じノリで描いたモノなのだ。だからまァその意味では自分にとって「純文学」のようなモノなのである。

その中でも最も純度の高いのが「新人を消せ！」とゆうヤツで、オリジナルは小学校四年の時に描いた。本書のモノは大きくなってから劇画パニック誌上で焼き直したモノにオリジナルのコピーを貼りつけてミックスしたモノである。

ところでこの「純文学」の、嫌な言葉だが「原点」ともいうべき「新人を消せ！」は次のような出来事に触発されて描いた。
それはある日の放課後の事だった。その日自分は裏庭の掃除当番でダラダラとゴミを掃いていた。すると突然、とても愛らしい飢えたノラ犬がまぎれ込んで来て、あれよという間にウス汚い猫を獲えると、バラバラに引き裂き、居あわせた各学年の幸運な児童約三十名の目の前でおいしそうに食べてみせたのだった。
みんなひとつひとつの段階毎に「あ、足がとれた」「あ、腸を食べた」などと口々に描写した。ノラ犬が内臓を殆んど食べつくして頭にとりかかったあたりで、いつの時代どこにも居る感心な児童が用務員のジジイを連れてきて、このショーは幕を閉じたのだった。犬は校外に追っ払われ、バラバラになった猫は用務員がほうきとちり取りで掃除して焼却炉で焼いた。
以上であるが、この出来事が有っての「新人を消せ！」であり、又、この出来事は作品集の随所に影を落としているように思える。」

という文章です。

——これはほんとうにあったことなんですよね？

根本　ほんとですね。嘘ついてもしょうがない。

菩提寺　やはり、根本作品の肝心なところは子供の頃から変わっていないのではないでしょうか。先程も根本さんは転向がないという話をしたばかりですが、確かにアックス誌（vol.17）上のみうらじゅんさんとの対談でもお二人とも（ジョン・ライドンみたいに）マンガ家として子供の頃から働いていたという話でした。だから本心は平均的、人と同じ、きれいごとに親和性があるのにルサンチマンから反正当、反正統とか、アンチでマイナーシーンに適応するために、敢えて悪趣味さを演出したり、露悪的にみせているということではないことが、明確にわかる文章だと思いました。もちろん上にいろいろなものが重積していくことはあるけども。実際、作品にも子供の時に描いたものに追加やコラージュなどして表現されているものもある。この「幸福菩薩」もそうですよね。

『ペンギンごはん』に関しては、根本さんが影響を受けたということでしたが、僕にとってはオシャレなものっていう感じです。いや、オシャレなものと感じさせる作品と言った方が正確かな。ブライアン・イーノみたいな。そういえば76年にオブスキュア［＊4］から出たサイモン・ジェフズのペンギンカフェオーケストラがオシャレと捉えられ、ちょっと流行って初回レーベルにプレミアムがついていた。80年代に。

根本さんの場合はオシャレという感じはなく先鋭的、むき出しの表現が尖過ぎていてミーハーを寄せ付けない。

根本　今となってはそこが長く持った秘訣かも。金持ちにはなれないけど（笑）。

菩提寺　湯村輝彦さんは当時まだマイナーだった有望な人たちに仕事を紹介したり、回されたりしていたという話をよく聞きます。今でも皆さんはその事を感謝されているようです。高額な収益に繋がりにくいマイナーシーンに、生活の糧になる仕事を持ってきてくれる方がいてもらわないと業界的には大変だから、そういう方面に明るい方にうまく入ってもらうことは、大変いいことだと思います。作品を楽しむ側もインターネットがなかった時代は、そもそもマイナーなメディアでもメディアに出てこないとこちらも気が付くことすらできなかった。『ガロ』に根本さんが紹介されていなかったら、僕も気がつかず、こんなに刺激を受けることはなかった、受けることができなかったと思います。湯村さんのような方がいたり、マイナーでもメディアがないと面白い表現が存在しても受容する側は知ることもできない。だから仲正先生からあった売れすぎず変質しない雑誌も大事だった。昨今のネット検索で情報を得る時代でも、少なくとも僕の場合はそのきっかけや、人脈図、系統図だけで意味ある事がつかめない場合はキレのある編集者、批評家など人経由で情報を得る方が効率的で確実だったりします。

――だから湯村さんのような方が大事だということですね。今でも。私、あいちトリエンナーレで、偶然、小杉武久［＊27＊3］さんにお会いし、その時に、ジョン・ケージ氏の話を聞いたのですが、ケージがまさに湯村さんみたいな役どころを担われていて、新人や売れずに食べられない音楽家や、アーティストの面倒をみて、仕事を紹介したり、人を繋ぐことに労を厭わずされていた、と聞きました。ケージの仏教や禅の話から、サイコロによる偶然性の話は、そういう彼の性格とぜんぜん食い違いがあるっていうわけじゃなくて、繋がる事なのではないか、という話を伺いました。湯村さんの話を聞いて、なるほどそういう人は、その時代その時代に大事な人だと思いました。

菩提寺　仲正先生のお話に出た「特定のルールの下で構築された擬似の美しい世界に同化されていく」「慣らされていく」という正統的、イデアと感じるようなモデルで、次々に似たようなものが出て反復されながら、その範囲内で、安心してそれをみながら、みんな一緒に流行って大多数になっていくという。それだけで世の中が動いているとそういう作品ばかりになってしまうはずですが、実際は所謂ハリウッド映画ばかりとはならなかった。敢えてアンチメジャー、反正統というのではなく、先行して好事家はいつも世界中にいて、例えば以前の会でも話したように好事家が聴いていた70年代のジャーマンロックからパンクが影響受けて、ニューウェイヴが出て、次に売筋の俗にいうところの耳触りの良いニューウェイヴがミーハーに受容されＡＯＲと一緒に売れ、説明的な映像のＭＴＶに出て、ミーハーが去った後はそれに受けていたものは消える。結果、歴史に残ってレコードにプレミアムが付くのはジャーマンロックとパンクという例みたいな。個人的には勘違いか、無難になるように調整してマイナーからメジャーになる例の方が多いような気がします。以前の会でも話したようにマイナーからのものは少なくとも歴史として残る。将来受けるようなカルチャーになる事が多いような気がします。もちろんぱっとしないものでマイナーのまま歴史に残らないものはあります。マイナーのなかの流行ものとか。前出の呉智英さんの後書きにあった根本作品の逆の例として示された「程度のわるい普通」のようなもの。今、書籍などで80年代のカルチャーというと大多数だった『ＪＪ』やＡＯＲ、ブラコン、フュージョンなどではなく、『ガロ』やナゴム、ナイロン100％だったりする。ようするにアンダーグラウンドの話ばっかり。映画史に巨匠とし

cameraworks by Takewaki

て残っているパゾリーニ、ブレッソン、ブニュエルもそうだろうし。そういう意味では根本さんも大変高名で、外国人でも知っている人たちは一定数しっかりいる。80年代のカルチャーでは非常に重要な人物だと認識されています。僕の周りでも影響を受けたという人が多かった。ミュージシャンでも影響を受けている人は多いと思います。90年代に日本のノイズ、ジャパノイズ［＊16］が世界的に有名になり、そこから遡って裸のラリーズ、灰野敬二等も世界で有名になりましたが、それはジョン・ゾーンさんが高円寺に住んでいて彼が海外に発信したことが影響したと思われます。ゾーンさんと親交がある巻上公一［＊1＊4］さんからも先日そのようなお話を聞きました。

　その流れでも、根本さんなど、漫画の世界も幾らか流れて行ったのではないでしょうか。何が言いたいかというと最初はほんの少しの人達が関わって特殊なレコード屋か特殊なライブハウスで起っていた事が世界に認知されると各国の好事家が反応する。好事家のなかには学者、研究者や芸術家もいるので、その後、特に欧米で概念化されたら歴史に残りやすいという感じでしょうか。仲正先生からよく「本にしないと残らない」と言われるのですがそうかもしれません。

――今の話は実感としてあります。80年代やそれ以前から『ガロ』や明大前の『モダ～ンミュージック』にしても、そこに鼻が効く面白い人達が集まり行き来があった。世間一般には知られていない貴重な情報の集まりどころとでも言うのでしょうか。そこで情報が行き交い交換されるので、そんなに大勢というわけじゃないけれども、例えば、現代音楽のコンサートに行くようなお客さんが200人程だとします。ノイズに関心がある人はその200人中結構な割合をしめると思います。同じ場所に根本作品をずっと読み続けてるファンがやってくる。だからファンが200人から500人ぐらいまでという話もファン層が重なっているのではないでしょうか。『モダ～ンミュージック』と『ガロ』は別分野ではあるけれど、そこから浸潤していくような感じと言ってましたが、カルチャーに対し感度が高い人たちのなかで、紹介したり、教わったり、行き来し拡がったのかと思って。

菩提寺　そこで偶然と必然じゃないけど、『夜間中学の講義録』にも書かれてるガモウユウジ先生の話というのがあります。僕は80年代にモダ～ンミュージックの生悦住さんの紹介で初めて根本さんとお会いし、2、3年前に末井さんの紹介で、青林工藝舎で久々に根本さんとお会いしたのですがその時いきなり根本さんから二人のガモウ君の話が出て来て面食らいました。根本さんのところに90年代に印象的なファンレターが、ガモウユウジ君とガモウユウイチ君という人達から同時期に何通も送られてきていた。内容とかが何か違うな、何か変だなと思ってよくみたら別人だったと。実は僕、ガモウユウジ先生とは知り合いだったんですよ。それも、ただ知ってるというのではなく、僕がある大学で神経化学の研究班にいた時に、そこでガモウ先生と一緒にいて夜中に実験などをやっている時に根本さんや京浜兄弟社[＊1]や関西ノーウェイヴ[＊4＊16]の話をした記憶があります。ちょうど90年代です。今ガモウ先生は別の大学に移られてギャンブル障害の専門家として活躍されています。ところでなぜ面食らったかというと根本さんから、いきなり唐突に「ガモウ君知っていますか？」と聞かれたからです。

——それで何が言いたいかというと、さっきの２００人、５００人の話なんですね。今、これが、２０００年以降、インターネットというツールがあったら、今みたいな話はもうすでにないと思うんですよ。80年代のおもしろいところっていうのは、『モダ～ンミュージック』だとか『ガロ』にしても、ＳＮＳといったツールを持っていないから、結局、そこにいる人は同じ人、同じような人が繋がって行ったのだと思います。

仲正　ちょっと狭いサークルの話をぐるぐるしすぎてない？　なんか私がけっこう疎外されてる感じする。

――すみませんでした。でも狭いサークルの話をしているわけではないんです。むしろそのコアなマイナーがその先のメジャーを引っ張るという話なんです。岸野雄一さん[＊1]の『正しい数の数え方』公演が国立新美術館であった時、子供たちの質疑応答があり、岸野さんが「ケイジ君か、灰野敬二君だ。かっこいいな」って言われて笑えました。京浜兄弟社も灰野敬二さんもマイナーかも知れません。でもパリのレコード屋で灰野敬二コーナーがありました。2000年頃だったと思います。そこにＰＳＦ[＊5＊16]のＣＤや根本さんの漫画もあったわけですが。疎外感をお持ちになったら申し訳ありません。

仲正　僕自身は別に疎外されていいいんだけど、それだと人脈の話になって、作品それ自体から遠ざかってしまう。根本さん自身の作品にまた話戻したいんだけど、『ガロ』全体の傾向と根本さんの作品との繋がりを考えてみたいんです。ここに、『ガロ曼荼羅』（一九九一）という、ＴＢＳブリタニカから出ているガロの歴史を作品ごとに辿る歴史・エッセイ集があります。根本さん自身も寄稿されているんですけれど、井坂洋子さんが言われてることが、これ非常にぴんときました。根本さん自身が書かれてることともつながってきます。こんなふうに書かれてるんですね。「内在化された欲望の一端を引きずり出される不可思議な活気は今もずっと脈打っていると思います。私は、『ガロ』を長い間買い続けたわけではなく、ちゃんとした読者ではありませんが、学生の時に買った数冊を読んだ感じと、今手元にある最近の十数冊を読んだ感じがほとんど違わないことからもそう思います。／知に汚染されそうな領域を扱っていて、なおかつ馬鹿やってるというか、そんなところがいいと思います」と。「知＝理性」と「バカ」の境界線上でやっているということですね。「生命って、本来グロテスクなものだと思うし、健康な市民生活をおくってる人が、意識下に抑圧してしまった過度の感傷とか殺意とか恨み、少女性等々が『ガロ』にはいって噴き出ている、花開いているというか…」。「花開いている」っていうのは、ちょっとおもしろい表現ですね、性的・身体的なメタファーになっている感じがしますね——根本さんの作品の世界を念頭に置くと、性器だけじゃなくて、いろんな部位が思い浮かびます。「ただ、もっと徹底して過激にと思うことは、すでに意識的な観念操作であるので、『ガロ』よ、もっともっとと小泉今日子のように私は叫ばない。今のままでいい。中途半端でなんだか形容しがたいマンガがたくさん載っているというんで充分と思います」ということです。「生命」それ自体のグロテスクさに強引に目を向けさせるような作品がもともと多いんだというんですね。これまさに先ほどから話している根本さんの作品から見えてくる世界観そのものだという気がします。意識の閾下に抑えておきたい気持ち悪いものを描いているんだけれども、観念的に過激性を追求しないというのも、根本さん的だと思います。それで、根本さんご自身の文章を読んでみましょう。今の話とうまくつながっています。

「タケオの世界 The World according to Takeo」の絵が出てていますね。それでね、ここんところがさっきの井坂さんの話とつながります。「ハッキリ言えば、漫画を描く奴なんてものは、一般誌も『ガロ』も問わず、どっかで歯車が狂ってりゃ宮崎勤氏の如き犯罪的行為に及んだり、精神病院のお世話になる様な奴（他に業が深い、という云い方も可）が圧倒的に多いんだから、そんなのがピュアな心根で漫画表現に挑み、自己探求とか自己鍛錬に打ち込めば、おのずと世間とは必ずしも折り合わぬ、奇異な作風、奇異と呼ぶほどでなくとも、そいつ独自の世界が拓けて然るべきものなんだと私は思いますね。でもそんなのは極端なハナシ、てめえの内臓や排泄物を人前にさらけ出すような部分もあるんで、健全なる善男善女には全然喜ばれません」と。普通の人は見たくない、自分たちの「内蔵」や「排泄物」をしつこく描く、という意味で〝正常〟から外れているというのは、まさに根本さん自身の作品の特徴ですね。小さい子供ってね、排泄物の話するでしょう。なんか、うんこ出たとかね。女子はどうか知らないけど、男子はトイレ行って、人が大便してるところを見たがるでしょう。

――好きですよね。

仲正　大声で話するでしょう。田舎だと、高校生くらい、ひどい時には大学生になっても、何故かトイレで大騒ぎしたがる奴がいるけど、あれも幼児期の排泄物への関心の名残かな。

それから、他人のズボンやパンツに手を突っ込んだり、ずらしたりする。恐らく、本人的には性的な意味はないと思うんですが、精神分析的な見方をすれば、無意識で性的なものと未分化の欲動が働いているのかもしれない。6歳か7歳、『ジャンプ』とか『マガジン』を読み始める年齢は、ちょうど境目みたいな気がします。つまり、そのぐらいの年齢になってくると、うんこ見たいとか、汚ないものを振り回すとかね、お互いのおちんちんを触るとかね、そういうのは汚い行為だ、かっこ悪いっていう意識がはっきりしてくる頃でしょう。そういう漫画雑誌に出ている絵には、一部にグロテスクなもの、汚らしい感じのものもあるけれど、主役級はきれいな、理想化された顔や身体を持っている。そして、もう少し年齢が進むと、国語の時間とかで、小説などを読むことで性に関する適切な表現を学ぶか、社会科とか性教育とかで、何が性的・肉体的に不道徳なのか学び、、だんだんしつけられてくるでしょ。それと、道徳感覚とは別に、自分の体の中で、あんまり見せたくない部分、かっこよくないんで、恥ずかしい部分って出てくるじゃない。例えば私は、小学校生の時、けっこう肥満児に近いぐらい太ってた時期あってね。自分のここ嫌なんです。今でも。

――お腹？

仲正　お腹のここ、おへその下、下腹ね。なんかお腹のここがベターとなってるのが嫌なの。かなり細い人でも、ここはペターってなるものだけど、そう分かっていても、子供の時の嫌な思い出が強くて、見るの気分悪いし、人のお腹がこうなってるのも気持ち悪い。

――贅肉？

仲正　贅肉。贅肉大嫌いなんです。多くの人は、漫画やテレビの特撮やドラマを観たり、ボディービルのようなものがあるってわかって、こういうのがかっこいい体なんだと、だんだん分かってくる。見せるんだったらかっこいいところを見せよう、ってなってくるでしょう。その時に、そういう比較的かっこいい所との対比で、人間の体の一番汚いところが際立ってきますよね。おしり周りの排泄物出すところって、どんな美男美女だって、見せたくないところでしょう。しかも、男性の場合も女性の場合も、いかにもべちゃーとしている。もう生命体としてなんか終わってるような、最初から始まってもいないような、だらしない体型のおじさんが露出したら、ますます気持ち悪い。そういうところを露出している絵が根本さんの作品に多いという印象があります。さっき「幸福菩薩」に関する菩提寺さんの話を聞きながら思ったんだけど、根本さんの絵って、美しいとか不細工だとかってまだはっきりしてない子供の感覚を、大人になっても引っ張っているような感じがしてきました。『ガロ』の中で出てくる作品ってね、わりと肉体をマニアックに描いているの多いでしょう。大昔の子供向きの漫画でいえば、『アトム』とか『サリーちゃん』とかは体をほとんど描いてないんです。アトム自体はロボットだから仕方がないにしても人間のキャラクターも体の細部がどうなっているか、どうやって体が動くのか分からないし、アニメを見ても動きがあまりないんで、身体っぽさが感じられない――アニメの場合、当時の技術水準のため仕方がなかった、ということもあるのですが。体の細部をリアルに描くというのはもともと純粋に子供向けの漫画にはそぐわない。特にお腹とか局部の周辺とかを、ぐにゃーとなってるところとかを描くって、健全な子供の漫画ではない、なかったんですよ。少なくとも『ガロ』が創刊された頃は。今だったら、少年漫画でも、ちゃんと肉体を細かく描いているものも多いだけど、ただそれはかっこいい肉体を見せるんです。ぶさいくな中年のおっさんで、下腹の周りが雑巾みたいにくちゃくちゃになってるおじさんの肉体は、キャラ配置の上で仕方なく描くとしても、本のちょっと端っこに描くか、ぼかすかでしょう。根本さんの絵は、その真逆なんですよ。

——そこを繰り返し繰り返し。

仲正 見たくないものを、これでもかこれでもかっていうぐらいに、村田藤吉ってキャラは体全体で見せつける。単にいじめられてるってだけじゃなくて、いじめられるたびに弱いところがべちゃーと露出してくるんです。人間ってもともとそういうものなのか、社会的制度のせいでそうなっているのかわからないけれど、自分でも他人でも見たくない部分、体の一番醜いところを抱えながら生きている。それをなんとか抑圧してるのに、根本さんの絵は一番見たくないんだろうって所を突いてきてるような感じはするんです。自分がこうなってるところをほんと想像したくもないところを無理に想像させる。

——確かにそうですよね。確かに自分が村田藤吉だったらつらすぎますよね。

仲正 村田藤吉だったら、自我を保ってられないような気がします。だから彼を見ると、自分の外的な形をもうちょっとかっこよく見せたくなる。自分が本当に村田藤吉みたいにぐにゃぐにゃした脂肪の塊みたいな体してたら、ちゃんとスーツ着てかっこつけて、鏡に写った姿は身だしなみよくしてきれいに見せたいと思うじゃないですか。醜いおじさんであればあるほど。根本さんは、そうした願望にわざと逆行する。でもその一方で、そういう醜い自分を見たいって願望も実はあるんだと思うんですね、深いところにね。

――自分の見せたくないところを見たい。

仲正　精神分析みたいな話になるけど。人間って、「見たくない」ものに、実は関心を持ってる。

――根本さんはある時期から「いい顔のおやじ」とか…。

仲正　いい顔の親父？

――ちょっと癖のあるおじさんとか。

仲正　どんなの？　ちょっと見せて。（本を見る）

菩提寺　これもその中へ入れていいのでしょうか。「いい顔」です。

仲正　これが「いい顔のおやじ」？

――味のある顔の。

仲正　ああ、味があるね。

菩提寺　あと名前にオーケストラとつけて、様になる人がいい顔、迫力のあるおやじという話がありましたが。

根本　ええ、例えば「勝新太郎オーケストラ」とか。

菩提寺　勝新太郎オーケストラ、サン・ラ・アーケストラとか。

仲正　勝新太郎さんの絵も、村田藤吉っぽいですね。なんかぺちゃーとしてた。

菩提寺　これ根本さんたちが勝さんにインタビューしたものです。

仲正　これか？　これ？僕のイメージしてる勝新太郎は、確かにこんな感じですよ。この顎のあたり、蛙みたいになってて。僕が勝新太郎を、座頭市じゃなくて、勝新太郎っていう俳優として認識した時、もうすでにこんな感じになってていました。今の芸能人で言うと、中川家の礼二みたいな感じに見えてた。

――おじさんとして迫力のある人。

仲正　でも、やっぱり、べちゃーとした感じのおじさんだなって。昔はイケメン俳優だったみたいな人がべちゃーとした感じのおじさんになるとね、そのギャップがどうも気になってしょうがない。

――首とあごの境目がなくなっていく。お肉がたれてきたり。

仲正　お肉たれてきて、なんか気になるのね。

――太ってきて。

仲正　太ってきてっていうかね。生命体として異質なものになってるような。

――肉の塊まり。

仲正　根本さんの絵のイメージからすると、肉の塊っていうより、カエルっぽくなってくる。カエルってこんな感じでしょう。

――首ないし。

仲正　ああいう蛙状態は、醜いと思うんだけど、ついつい見ちゃうのね。

——作品がそういう作品になってるっていうことですかね。ついつい見ちゃう。いじめられていじめられてて嫌なんだけど、ついつい見ちゃう。

仲正　勝新太郎の絵は一貫してそういう感じでしょう。おそらく最晩年に近い勝新太郎でしょう。若いときはもう少ししまっていたのでしょう。人間がだんだんべちゃーとしてくる感じがちゃんと出ているなあと。そういう印象が残りました。勝新太郎に惚れ込んでいるようなスタンスを取りながら、彼がべちゃーとしただらしない体のおじさんになっているところをちゃんと描いておられる。

菩提寺　またマイナーな話ですが、根本さんの大事な活動、仕事の一つに『幻の名盤解放同盟』があります。湯浅さん、船橋さんと三人で活動されていました。この『スナッキーで踊ろう』のCD、後にカンを再発するPヴァインから出ていて、僕はこれ聴いた時に、前も話したけど、ジャーマンロックのカンの2ndアルバム『SOUNDTRACKS』に入っている『マザースカイ』という曲に『スナッキーで踊ろう』が似ていると思った。そして、1968年だから『マザースカイ』よりも前に発売されている。

根本　カンの『マザースカイ』。

菩提寺　この時期カンのボーカルは、日本人、ダモ鈴木だった。

——ダモ鈴木経由で。

菩提寺　以前の会でも話した偽民族音楽シリーズ（E.F.S.）で日本の古典音楽みたいなのもあるので、カンのメンバーは日本のレコードもいろいろ聴いていたのではないかと。

根本　『マザースカイ』ですか。あー、帰ってからじゃ気になる。ちょっと失礼して。「マザースカイ」。youtube。出るかな？（根本さんスマホから検索する）

菩提寺　最初の出だしはギターソロなんですけど、ボーカルが始まる前のホルガーシューカイのこのベースあたりから。

――これはドイツのカンですよね。

菩提寺　カンの主要メンバーは、元々シュトックハウゼンの所にいた人達で、中沢新一さんがどこかで言っていた「チベットで会ったシュトックハウゼンを信奉していたジャーマンロックのミュージシャン」はカンのメンバーではないかと僕は思っています。近年はファッションブランドのアンダーカバーからTシャツやレコードも出ていて今はカンのことをオシャレな定番ロックと思っている人達もいるようです。そんなカンですが、「幻の名盤」シングルＥＰ『スナッキーで踊ろう』から露骨に影響受けてるのではないかなと。

――じゃあ、『スナッキーで踊ろう』をちょっとかけてみましょうよ。

根本　（YouTubeでスナッキーで踊ろうを検索し再び再生）歌えるね。ボブ・ディランだって歌えるよ。この『スナッキーで踊ろう』もね、今はね。『スナッキーで踊ろう』、ユーチューブ。

――これがカンのマザースカイのネタ元？

菩提寺　ヨーデルみたいな感じもある。後ろに有名になる前のアイドルの人たちがいて、コーラス、ダンスで参加。ジャケに写っています。若き風吹ジュン、吉沢京子、小山ルミとか。

根本　カンだね。スナッキーを歌っている海道はじめは民謡教室の先生なんですよね。カンも日本の民謡きっと聴いてたはず。海道さんは中野ブロードウェイの「さかこし珈琲店」のオーナーでもあるんです。

仲正　やっている本人たちがみんな、そうした芸術史的な系譜のようなことを強く意識して創作しているとは思えないけど。菩提寺さんや根本さんの観点からは、そういう風に再構成できるということなら、納得できなくはないです。

菩提寺　スナッキーは演歌で有名な船村徹が作曲、メジャーの演歌のプロデューサーの方が関与し、船村氏の弟子筋の方（坂越さん）がリードヴォーカルをやったという演歌でよくあるパターン。なのになぜかGSを意識した曲調で、そのGSより奇妙でカルト受けする曲になった。大手食品会社が新商品の「スナッキー」を発売する前に曲を流行らせといて食品の売上げをのばそうという計画のもとに制作されたレコードだったと思いますが、結果レコードは流行らず、食品は売れず、その計画としては失敗。まあ、いろいろな偶然性が重なって出来た作品だと思います。おそらくメジャー演歌の系譜を意識して、各々のそれと異なるものをという思いが強すぎて、さらに促販の企画ものという前提がついたために、奇妙なレコードを発売させたのではないでしょうか。

根本　音楽をつくったり作詞したりするってのは、一緒なんですよ。全部仕事として。どんなものでも。

菩提寺　別の「幻の名盤解放同盟」のＣＤには、キングクリムゾンの『エピタフ』みたいな曲を歌っている人も入っている。こちらはクリムゾンの方がオリジナルだけど。

根本　マリア四郎がヌード歌手みやざきみきおとなって出した、『海猫』ですね。アレンジは確か深町純。

菩提寺　暗く、しけているけど歌い方がナルシシスティックですね。もしブライアン・フェリーが正式にクリムゾンに入って『エピタフ』を歌っていたらこんな感じになっていたかもしれない。フェリーは実際にクリムゾンのオーディションを受けてその時に「21st Century Schizoid Man」を歌っていてテープがロバート・フリップの手元に現存しているらしいです。その後フリップがＥＧにフェリーを紹介してロキシーミュージックが契約したとか。深町純アレンジで、後期のコルトレーンみたく尺八奏者が吹き捲くっている。僕はイアン・マクドナルドの演奏が好きじゃないのでこっちの方が好みです。

都築さんの文章ではプログレシヴロックは高尚なもの、権威主義的なものでクラシック、ジャズから影響を受けていて、手が効き、複雑な楽曲で云々。一方でパンクというのは、虐げられた持たざる者の衝動があり、単純さ、純粋さがあり、技巧はなくてもロックたる所以、ロックの根源、魂を表現している云々。そして「ヘタうま」は、そのようなパンクにあたる、通じるみたいな話でした。ここで、視覚的な事で比較するとわかりやすいと思うのでレコードジャケットで両者を考えると、昔プログレのレコードジャケットデザインについて、みうらじゅんさんはTV番組で、プログレのジャケは「わけのわからないへんてこりんなものが多い」というような話をされていました。僕も個人的には大抵のプログレのジャケは冗談もしくは衒学的なところもある悪趣味だと思っています。一種の。よくヨーロッパの蚤の市で売っている悪趣味なシノワズリーみたいな感じ。キングクリムゾンのジャケットも適当に好い加減に作られたものと思うようにしています。ところが一方でパンクのジャケは教養のあるデザイナーがデザインとしてちゃんと作ったものが多い。ピストルズのジェイミー・リードのジャケットしかり、クラッシュやラモーンズの1ｓｔもそうですし、けっこうかっちりデザインされていてグラフィックとしてもしっかりしている。ロゴもかっこよかったり。文脈があるしっかりしたプロの仕事。オシャレである場合も多い。

根本　プログレは大げさなところが良いんです。……。あれ、日本の宣伝担当してた人たちが……一生懸命イメージふくらませて邦題を考えていたりしてる……。それが当時も、又、50年後の今振り返っても大きかったですね。『狂気』とか『危機』とか……。帯に『海洋地形学の物語』とかバーンと。

菩提寺　確かに、イギー・ポップ&ストゥージズ『Raw Power』の『淫力魔人』やエリック・ドルフィー『Outward Bound』の『惑星』、ザッパのCBSソニーの頃とかに変な邦題があり、原盤を買うようにしていた僕も帯につられて日本盤買ったりしてました。そういう意味ではプログレは名作ぞろいで、ノイ1の『電子美学』、2の『宇宙絵画』、クラスター『Zuckerzeit』の『電子夢幻』とかはまるで言語新作のような雰囲気だし、クラフトワーク『The Man Machine』の『人間解体』は根本さんのこのジャケ画『命ばらばら』に通じる感じですね。

また当時分類しにくい奇妙なロックはみんなプログレと言っていたみたいです。ギターがいなくて、ブルースっぽくない、シンセ使ってるとか、曲がみえないとか。帯の短文というか紹介文にも奇妙な、いかがわしいことがいろいろと書いてあった。

ところでパンクの元型、根源はチャック・ベリー、パブロックとか、ニューヨーク・ドールズ、ストゥージーズ、MC5、ガレージロック、ヴェルヴェッツ、とか、さらにそれ以降のピーター・アイヴァース、ジョナサン・リッチマンとかと言われていたのだけれど、今ではしっかり時代考証されていて、行川和彦氏の書籍『パンク・ロック／ハードコア史』（リットーミュージック、2007）など見てもブルースぽくない70年代ジャーマン・ロック（プログレと言われる）の影響も大きく、ノイやカンとも言われている。そしてそれらはさらにパンク後のニューウェーブにも大きな影響を与えていると言われています。だから、さっき言った、ロックやパンクの起源、根源がどうのこうのという話、ほとんどあてにならない。混交しちゃって、時系列ですら前後して影響しあっているから。

そういう事もあって根本さんにこれをお願いしたんですよね。キングクリムゾンの『ディシプリン』のレコードジャケット画。フリップは難しそうなことを言いたくて『ディシプリン』のアルバムをつくったとは僕は思っていないのですが、発表当時は結果的に難しい内容になって、70年代電化マイルスのリアルタイムの評価の時と同様に日本では批判的な評論が多かった。

——でも、私はロバート・フリップ[*31]の他のことはともかく、グルジェフについては、冗談でなくまじめなのではと思って。それはピーター・ブルックの『注目すべき人々との出会い』を見てですが、グルジェフがトレーニングで集中力を高めたり覚醒させたりすることと、フリップの音に集中する緊張感みたいなものが通じている印象を受けました。それで、例えば、根本さんの作品も、冗談で描いてるっていうより、まじめに笑いにしている感じを持ちます。さっきの話にちょっと戻りますが、やっぱり生命だとか死ぬことだとか食べたり排泄行為も循環のなかに在るという感じでしょうか。

photo by m.bodaiji

菩提寺　キングクリムゾンに関しては、例えば、基本的に英国人中心のロックバンドだけれども、一般的に英国のプログレと分類されるバンドのメンバーは、中間階級出身者がパンクロックより多い。キリスト教の教会でオルガン習って、和声の教育受けてとか。クリムゾンの周りもそんな感じですが、そこに捻りが入っていて、そこと混交しているケルト文化［＊32］の方に影響を受けたり、その他にも薄暗いヨーロッパ文化の辺縁や、いかがわしいものに魅かれるという意識は元々持っていたりして、ストラヴィンスキー、ラヴェル、バルトーク等からヨーロッパのビートを探していた。それでもって意識はしていなくても当時の文化人類学の影響を受けたりもして、ジェイミー・ミューア等とインプロヴィゼーションをやっているうちに、いわゆる宗教体験、神秘的体験などを感じてフリップはさらにグルジェフとかに向かったのではないでしょうか。そう言えばフリップ&イーノの頃に経済学者のＥ．Ｆ．シューマッハから影響を受けたと言っていたと記憶しています。イーノからミニマル、現代音楽にも接し、当時ニューヨーク・ロック（パンク）が出た後、ロバート・フリップはニューヨークに移り住んだ。アンディ・ウォーホルのファクトリーにいた人物が司会をやっていた地下ケーブルテレビ『ＴＶパーティー』に、都築さんの文章にも出てきたグラフティ初期の人達とかバスキアとか、Ｐファンクのジョージ・クリントンとか、ナード顔のアートリンゼイのいるＤＮＡ、あとナード、ナーズ［＊33］というところが「労働者階級のストレートなロック」というイメージからはずれている。ジャンル、黒人音楽、白人音楽関係なく混ざりあいながら、セッションしていた。フリップはＮＹ滞在中に、ドイツでハルモニア［＊34］とセッションした後のイーノに声をかけられ、77年ベルリンのハンザスタジオでデヴィッド・ボウイのヒーローズのレコーディングに参加した。あと、ジャンクなバイオリニストのウェディ・スティディング（スーサイド［＊35］も出していたレッドスターレーベルからＬＰを出している）とセッションしている。…ダムドとも80年代にレコーディングしている。…等々。このような背景から『ディシプリン』は出てきた。だから、単純にグルジェフだけで片付くはずがない。混交なんですよ。芸術に純粋なものなんてあるのかと思う。ニューヨークだから特に混ざりあったというのがあるのかもしれないけれども僕としては80年代の日本の薄暗い裏の文化は、そういうような雰囲気、空気感が日本にも伝わってきたためか、もしくは同時多発的に日本でも少し出てきたのか、70年代の半ば位から、さっき言ったように映画とかいろんなメディアでも、前の世代に対して疑問の声が、『祭りの準備』、88年には松本俊夫、大和屋の『ドグタマグラ』とかいろいろ出てきたこともあって変化が起こってきたんだと思います。

ところでロバート・フリップの素晴らしい業績の一つにDGM LIVEがあると僕は思っています。裁判を経てフリップがキングクリムゾンなどの音源の権利を得て、大量のライブ音源などを比較的安価で配信している。これで僕のクリムゾンブートレグを探す時間と資金は、全く必要なくなりました。元メンバーにも年金のように適切にお金が届くシステムとなっているようです。元々はフランクザッパが海賊盤を自らリミックスして発売したのが、このようなやり方の最初だと思います。以前何かの音楽雑誌で批判的にＤＧＭ、特にフリップは金儲け主義、拝金主義だみたいなこと書かれていましたが、その批判僕にはさっぱり意味がわかりません。確かに商売はしていると思いますが。商売するのは食べていくことにおいて当たり前のことなので。嫌なら買わなければよいだけ。昔は珍しいレコードなどの音源を多く持っているだけで蘊蓄が成り立つ時代もあったけれども、今は質にこだわらなければ安易に音源を手に入れることができるので、再生機材も含めどう聴くか［＊36］ということだと思います。ということで『スナッキーで踊ろう』にもどりました。

仲正　とんがってるんですね。でも、とんがってるものって、漫画であろうと、いわゆる芸術作品であろうと、だんだんつまらなくなります。作ってる人が意識的にとんがって、要するに、自分はなんか破壊してやんないといけないみたいな感じになると、すごくつまんなくなる。体制ぶち壊すには自分は強いインパクト与えてやらない、と力んでくると、やってる人はおもしろいかもしれないけど、左翼運動と同じようになってきて、そうでない人間にとってはだんだんシラケてくる。

――狙ってるっていう意味ですか？

仲正　さっきのスナッキーのなんか、プロの三味線の人があの声出してるって言われても、あれ。そうなのって気がする。そういう先入観なしに、何の気なしに耳にしていると、ド素人が調子ぱずれの声出してるみたいにも聞こえる。

根本　基本は民謡教室ですけども、

仲正　いわゆる強烈な声じゃないでしょう。

――じゃあ、何ですか？

根本　ユーチューブでちょこちょこって。

（「スナッキーで踊ろう」YouTube）

菩提寺　でも、まあ、変わってますよね。レコードという媒体でポップスとしてやるのは。

仲正　そういうこと。レコード意識して、この声出してるって思うとものすごく不自然な感じがする。適当に出してる素っ頓狂な声を、うまくアレンジして作品化したと思うと、ああこういうのもありかなと思うんだけど。

菩提寺　それは、偶然もあるし、周りにもこれはおもしろいと思って制作に関与した人がいるかもしれない。いや実際にはいなかったかもしれない。やっぱりいろんな偶然が重なったのでは。結局はスナッキーも今どう聴くかということだと思います。

＊注釈　90年代にNHKの番組「ナイトジャーナル（大月隆寛司会）」で「謎の歌謡曲スナーキーで踊ろう誕生秘話」が特集された。その番組中のインタビューで制作した理由を問われ、当時既に演歌の大御所の作曲家であった船村徹氏は「これは奈落の果て、鍾乳洞の奥からの声、断末魔の叫び、地獄に堕ちて行くサウンド。決まったものをぶち壊してやりたい。破壊、打ち壊していって一つのものを創りたかったから」、レコード会社の元担当プロデューサー小川氏は「昭和43年につくった。東大の学園紛争、学生運動に影響された。会議でなんだこれはと言われた。今までのものを破壊したかった。」などと話している。

＊注釈　輪島裕介著『創られた「日本の心」神話』（光文社新書）で、「橋本淳はGSブームが衰退したのは専属ディレクターや作家たちが結託して質の悪いGSを量産してわざとリスナーを飽きさせたからだ、とまで述べていま

す。」と引用し「船村徹作《スナッキーで踊ろう》のような専属作家による「GSもどき」が、現在カルト化して一部の好事家に珍重されているのは皮肉です。」と輪島氏は書いている。

右も左もなんだかわからないような話になっている。

――今、仲正先生のお話でおもしろいなあって思ったのは、例えば、なにかやろうとかなにかを伝えようと思って、都築さん風に言うと、突き上げる衝動や何かから、つくり出されたものは、おもしろいと思います。でもさっき先生がおっしゃった「とんがってる」というのは、前衛だとか今までになかったようなものを指しているわけではありません。例えば、本当にパワフルなもの、何年たっても何十年たってもおもしろいものはおもしろいものとして残っています。パゾリーニの映画は今でもおもしろいし、力を感じます。「とんがっている」はそのような作品を指しているのではなく、そういうとんがったものを狙っている、奇をてらい狙って作ったものっていうのは、結局は狙っているだけだから、その時期が過ぎると飽きられてしまう、そういうことをおしゃっているのではないですか?

菩提寺　凝ったものは狙った通りには事が進まない事が多いので、狙ったって変に凝ったものは作れないと僕は思います。「スナッキーで踊ろう」も狙いが外れ大衆から離れたことによって名盤になった。もしくは大衆に受け入れられないものに仕上がって「幻の名盤」になった。

仲正　そういうことです。とんがってるものっていうのはね、頑強で包括的な「体制」を想定して、それに「穴」開けてやろうという二項対立的な思考で頑張っているわけでしょう。

——カウンターみたいな？

仲正　そう、いわゆるカウンターですね。都築さんは、サブカルをバカにするなとアピールしているように見えるけど、僕はバカにされていいと思います。だって、カウンターじゃないんだから。カウンターじゃなくて、「サブ」・カルチャーて言ってるんだから。「カウンター」っていうのは、物凄く強烈な「メインストリーム」っていう前提で、それに対抗しようとして作ってくっていうことじゃない。「サブ」って、言葉からしてむしろ、「その下」に入っていくというイメージでしょ。

——メインストリームにいるわけじゃないけれども、べつに対抗してるわけでもない、という。

仲正　対抗してるわけじゃない。たんに下です。だから、みずっぽいもの、オタマジャクシの話に無理やり戻すようだけど、「無意識」の領域に通じていますよ。厳密に言うと、〈subconscious〉は「無意識 the unconscious」ではなくて、「潜在意識」ですけど、意識の表面に出て来ないところに潜り込んでいく。他人様はどうか知りませんけど、潜って行きますよということなんじゃないかと思うのね。カウンターカルチャーは、他人様を意識してとんがってるってと思うんだけれど、ヘタうま系の人っていうのは、そうじゃないでしょ。都築さんの本でもっとも違和感覚えたのは、一番覚えたのは、蛭子さんがいかにもカウンターカルチャーの人みたいな感じで書いてたでしょう。

――ああ、そうだったかなあ。サブカルでなくカウンターとして書かれてましたか？

仲正　蛭子さんについて書いてある所のちょっと前から読むと、「ヘタうまには、社会の風潮を揶揄したり、政府や権威をバカにする過激さがある。そこがヘタうまといわゆるアウトサイダー・アートとの違いかもしれない」と。アウトサイダー・アートの捉え方自体が、そもそも違うんじゃないかなと思うんだけど、ここでの本題ではないのでまあいいとして、「蛭子能収などは、まさしくもどかしいほどの怒りや焦りが作品の中に込められている作家です」と。「彼はもともとグラフィックデザイナー志望でありながら、希望の職業に就けず、職場での理不尽ないじめへの怒りや生活に対する不安が鬱積した結果、それを作品に叩きつけることで漫画家として開花しました。／絵を描くとしたら普通は濃密な画面を描こうとして頑張ることの方が多いはずですが、蛭子能収は、綿密に考えるよりも衝動的に、感情の赴くままに短時間で描き切ろうとします。しかし、そうして出来上がった彼の作品はコマ一枚を抜き出して大きく引き延ばしても、非常にかっこいい。本人はぜんぜんそんなことを考えて描いてないでしょうけど、作品としていい画面になっています」（161頁）。本人が考えていないのに、よくこういう持ち上げ方できるなあ、という感じですよね。「過去に破天荒なことをやっていた美術運動は、『具体』にせよ、『反芸術』にせよ、基本的には美術教育に対する明確なアンチ・テーゼとして存在しました。つまり、教育は受けていて、いろいろな知識を持ってる人たちが、その文脈の中で反抗的なことを敢えてやっていたわけです」「しかし、ヘタうまで初めてそれは完全にひっくり返った。別に知識があるわけでもない、教育も受けてない人たちが、おもしろい作品をつくりはじめたのです」(162頁)というんです。ちゃんと美術教育を受けた人が、「カウンター」意識でやっていた、という指摘はいいですが、こういうふうまとめると、なんか、かえって、ヘタうまの人こそ、真のカウンターカルチャーの担い手だって言ってるように聞こえちゃう。

菩提寺　確かにそうですね。でも一方では169ページ『技術とは二番目にたいせつなものである』のところで、デュシャンの「泉」のことを、「何も知らずにあれを見た人なら「便器じゃん、意味わかんない」と思うのは当たり前です。しかし、何か他に好きな美術作品があって…楽しくなってきた頃に見れば、「なるほど、これは便器だけど、美術作品として提示される理由があるんだな」と理解できる。」と書かれています。ただし「先に知識、技術から入るのではなくストレートに感じて」という内容の文章内で書かれている事ですが。最初の方で現代美術否定をしているけれども、後になって、このように肯定的な文章も書かれているのでポストモダン的というか、あえて両義的に書かれて間ができるようにしているのかなと僕は読みました。

仲正　美術評論家の卵だったら、こういう捉え方したがると思うんですよ。根本さんみたいな作品こそ、ナマの無意識を暴き出す、真のアヴァンギャルドだとかね。これこそ、「物」をめぐるラカンの理論を具現しているみたいな、感じのことを書くと思います。そんな感じのことを書いた方が認められやすいと思うのでしょう。理屈を考えることを商売にしている人はそういうことを考えます。私も仕事として何か書かないといけないとなると、先ずはその手の文章を思い浮かべます。

菩提寺　それはわかりますよ。仲正先生も『アンチオイディプス』についての本出されていますので。例えばドゥルーズ＝ガタリあたりは、反精神医学、精神分析を批判しつつも反精神医学的、かつ力動的な物言い（オイゲン・ブロイラー［＊37］とは関係なく）も使って統合失調症、精神分裂病、スキゾこそ真に素晴らしいみたいなことをふわっと安易に書いていますが、この疾患（疾患的である精神障がい）で苦しんでいる、苦労している方は実際に大勢いますから。

仲正　いや、先ほど言ったのは、そんなイデオロギー的な対立をめぐる話ではないですよ。評論家も商売です。評論家は評論家ぽい文章書かないと成立しない。ただ、作っている人や作品は、評論通りに見えることはあまりない。評論家も作家も、観客もそれを承知で、「評論」を楽しむのなら別に問題ありません。無理に、特定の作品、作家に、単一の「評論」を押し付けようとする人たちがいると、窮屈になります。いくら商売でも、他人に不快感を与えるな。単にそういう話。

――私は、この文章、最初にざっと読んだときに、あれって思ったんですけれども、それはコンセプチュアルなものだとか、コンセプトそのものへの批判から始まって、最後の方になってくると、デュシャンの「泉」が出てきて、結局その「泉」っていうのを見るのは知識というか、概念みたいなものが抜け落ちていたら、それは作品としてみることはまったくできないというようなことが書いてあるので、この文章そのものがなんかこう。

仲正　矛盾してるんですよ。

――だからポストモダン的なのかな、と思って。

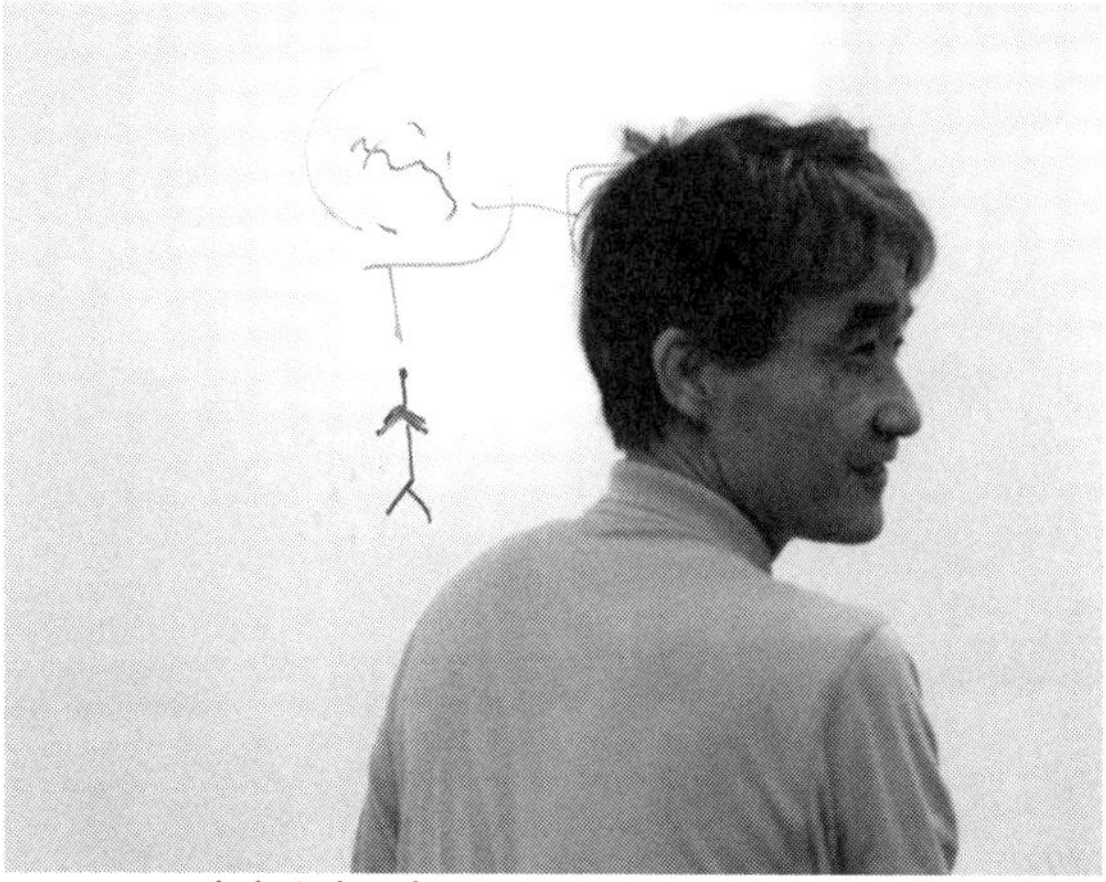
cameraworks by Takewaki

仲正　ひょっとしたら、自分で矛盾してるってわかって書いてるかもしれないね。

――わざとこういうふうに書いてるのでは、と思ったんです。

仲正　図式的なアート対反アートっていうのが矛盾してるってわかってながら、自分でわざとそういうふうに書いてる可能性はゼロじゃないと思います。「評論」ってそういうもんだから。私がここでしゃべってることだって、そういう性質のものでしょう。矛盾してるとわかってても、しゃべっている内に、しっくりくる言い方を見つけられるかもしれないと思って、しゃべり続ける。

——あとちょっとこっちの本、『人生解毒波止場』（洋泉社）の話をしたいんですけど、さっき村田藤吉とか佐吉っていう、どちら側も言わば、作家として投影してるのかみたいな話が出た時、両方ともってお話があったと思うんですが、満州の遺跡巡りっていう話の時に、村田藤吉らしき人物が出てきて、これは根本さんなんですか？

根本　一応、村田の名前が、まだ97年ぐらいだから、それの方が通りがいいじゃないですか。

菩提寺　これまた、なかなかおもしろい漫画で、先ほどの『Let's go 幸福菩薩』の後書きにも通じる一貫性のある流れがあるように思えます。自責的になって凹んでいる主人公に中国人のガイドが誰も気にしてないから気にしなくていいと思うよと言ってくれるという落ちが多義的な感じがします。この漫画から始まって、新世界のクリムトそうふう画伯のことが描かれてて、絵の感じとか、あとは、画伯がどういう行動して最後失踪したかが書かれている。画伯のパートナーと称する女性の方のことも描かれていて、純粋と言えば純粋といえるかもしれないが、だからといって権威主義がないかというと当然だけどある。単純に善悪で、この人は悪、この人は善という話にはなっていない。画風とか、後から出てきた絵とか含めても、そういう事が総合されてみえてくるような。『カラマーゾフの兄弟』みたいに。そういうのが根本さんの目を通してそのまま全部描かれてるからおもしろいと思いました。両義性がある。次に統合失調症を疑わせる女性のことが描かれていますが、そこを読んでいて、よく表現されているなと思いました。根本さんの描かれている、書かれている表現が、例えば精神病理学、症候学でいうところの、こういう症状、こういう状態とはっきり言えるくらい正確に表現されている。ケースレポートのように。元々精神医学の専門的な知識をお持ちで書かれたわけではないと思いますが、そうだとすれば観察し記述する能力が高いかただと思いました。そういう意味では内容は僕が接する世界では珍しいことではなく、よくみる典型的なケースでもあり、僕としては、むしろ根本さんの観察し記述する能力の方に感心しました。

ところでそうふう画伯が自分の作品だと言っていたこの絵なんかはプログレのレコードジャケットみたいですね。

根本　そうですよねえ。

――『カラマーゾフの兄弟』はそれぞれの兄弟がそれぞれ全く異なる濃いキャラクターの持ち主ですが、簡単にそれぞれを善悪や、何が正しいか美しいかどうかでは括ることは出来ません。前に出てきたブニュエルの話と同じように、醜く卑しいと思われた者に相手を思う清らかな感情があったり、清廉潔白で信念を貫く行動がはた迷惑な結果を招いたりします。カラマーゾフの長兄ミーチャは典型的な激昂型の破天荒な人物で迷惑極まりないのですが、人に対する清らかで無垢な思いやりを垣間みせる。

一筋縄で純粋か不純か、善か悪かと線引きは出来ない。それが根本作品にも表れているという話ですね。

菩提寺　こういうなんか、ちょっと上品そうな雰囲気でもエレガントではないところとかがプログレのジャケの感じかな。根本さんは漫画を描かれていない時に、映像や活字媒体で活動されていた時期があったと思いますが。『電気菩薩』や『因果』という概念も言われていて、根本さんのいう『因果』は難しいのですが、確か、以前根本敬展『樹海』のチラシで、電化マイルス・デイビスと関係した文章、どなたかが書かれたものが引用されていて、単純には分類できない、収められない、訳の分からない状態という、それがまさに根本さんの樹海だと思わされるようなことが書かれていました。僕もあの時代のマイルスって、ファンクでもない、ジャズでもない、ロックでもない、なんだかわけがわからないから逆にどれでも当てはまるとも言える。ピート・コージーとか、なんかわけのわからないジミヘンの原風景みたいなギターがいたり、個人的には既製の、定型のジャンル分けを拒んでいる様な非常におもしろい音楽ではないかと思っています。当時電化マイルスを批判した人達も実際に「こんなのジャズじゃない」「ロックじゃない」と書いていたと記憶しています。

この本でも、因果というところに、黒寿司という女性が出てきて、ジミヘンとの関係が書いてあって、そこの横に、マイルスの『ビッチェズブリュー』[＊38]が出ていて、ジャケ画の元祖みたいなのが既に描かれている。そこに左吉と藤吉がいる。こういうコラージュの形で。マイルスとジミヘンはニアミスしてレコーディングしなかったという噂がありますが、彼らの頭の中では関係があったのでしょう。各作品にどこかに前兆みたいのがあって、次の作品の中にそれが展開されたり、根本さんのなかで、関連して想起したことを重層的に重ねていったり、表現したりする感じありますか？

＊注釈　以下、根本敬展「樹海」2017年12月13日–24日　MIZUMA ART GALLERY フライヤー《樹海》を読み解くためのヒント：根本敬より抜粋

「この音楽には、音楽的技術ではなく音の質感のせいでゴミのように聴こえる仕掛けがしてあるのだ。脳にわいた蛆虫を思わせる宇宙の汚水のように、または、ましな言い方をするとすれば、宇宙の瓦礫のように聞こえるということだ…。だから、こうして汚らしく散乱したものをひとつの生き方として受け止めない限り、この音楽を心の底から好きにはなれないのだ。」（菊池修　編集「ファンク」より、マイルス・デイビス「ビッチェズ・ブリュー」の論考を引用）

＊追記　ファンカデリックのマゴットブレインを想起させる文章である

根本　そういうふうに指摘されればあるかもしれないですね。描いてる方は意識していない。

菩提寺　計画的には考えないで描いてるけど、後から言われてみればそういうのもあるのかもしれないとか。

根本　そんなに考えないで。

菩提寺　今、根本作品についての想起［＊40］、記憶痕跡［＊39＊40］を語ろうとしているのですが、精神分析では、フロイトについてヤスパース［＊41］が指摘したような「かの如き了解」が多く、こういう話をする時に僕としては面白みに欠けると思うので、今回は現代の精神医学と関係が強い神経科学、脳科学の話をしていこうと思います。神経科学では、手のつけやすい視覚の研究からはじまって、早くは１９９０年代以降アメリカのDecade of the Brainという国家プロジェクトが始まり、「意識」に関する論文も受領されるようになり、今では意識、無意識的な認知に関係することで記憶は重要なものとされていて、「学習」、「記憶」のメカニズムは学際的な分子・細胞認知科学へと展開して盛んに研究されています。

　記憶［＊40］、想起［＊44］、記憶痕跡［＊45］にはＤ・ヘッブが昔（１９４９年）に発表した「ヘッブ則」［＊40＊44＊45］、「シナプス可塑性」［＊40＊42］、セルアセンブリ仮説が関係しているといわれています。シナプス可塑性と記憶の関係はエリック・カンデル［＊40］によって実証されていましたが、近年「セルアセンブリ仮説」も「光遺伝学」［＊43］を使った利根川さんらの基礎研究で実証されました。

　経験し学習して記憶（記銘）して想起という流れですが、異なる記憶は異なる（神経）細胞集成体で符号化されているというのがセルアセンブリ仮説です。静止状態にあるニューロンにある情報が入ると特定のニューロンの集団が活動する。それとは別の情報が入る場合は別のニューロン集団が活動するということです。ニューロンは活動後に静止状態にもどるが細胞集成体は維持され、記憶痕跡として残る。信号のやり取りをしているとシナプスの結合が増強され信号の伝達効率がよくなる。次になんらかのきっかけで特定の細胞集成体に属するニューロンが再び活動するとその神経細胞集成体で符号化している事柄を想起する。そして不安定化し再固定化を繰り返していくようです。例えば根本さんがソウル、ファンクと黒寿司、寿司桶を記憶していると、悠治さんからマイルスを感じて、高橋悠治からマイルスそして黒寿司から寿司桶を想起というのは理解できることとなるわけです。繰り返しているとシナプス強度があがる。

一見大多数の他者からみると関係なくても、音楽好きや根本ファン、根本作品と接する事が多い人達からみるとなんとなくわかると。そこは「心の理論」〔＊39＊40〕や「ミラーニューロン（システム）」〔＊39＊40〕も関係するかな。

ところでドゥルーズ＝ガダリの器官なき身体は「コタール症候群」から来ていると指摘する学者がいるようですが、ドゥルーズ自身もそのようなことを言っていたのでしょうか?もしそうだとするとなんだろうなと思います。　コタールが症例報告したのは1800年代で観察し記述されました。ぼくも大学病院に勤務している時に病棟で何例もみましたのでそんなに珍しい症候群ではなく、現代の薬物療法や特に身体療法による生物学的な加療に反応し症状は消退していました。ドゥルーズは「器官なき身体」をアルトーからも引いているようだけれど、確かに統合失調症やアルコール性精神障がいなどでも生じることはあるとは言われていますが、本来はスキゾの一次妄想ではなく、コタール症候群は重症うつ病（感情障がい）で、否定妄想などとともに巨大妄想が生じる症例であるところが病理学として肝心で面白いところなので、そういう意味でも『アンチオイディプス』（1972年出版）ってなんだろうなと思うわけです。対照的に、根本さんが描かれている、書いている事例は全く衒学的ではないし、ロマン主義的なところ、変に美化する、神格化するようなところはなくリアリティーがあります。

根本　後から考えると、そういうのいっぱいありますよね。やってる時はあまりもう考えないで。

仲正　コタール症候群のことは、少なくとも『アンティ・オイディプス』には出てこないです。菩提寺さんは、ドゥルーズなどの現代思想の論客の精神分析系の言葉は全て、精神医学に対するアンチの意味を持っていると思っているようですが、それは考えすぎです。ガタリはそういう意図を持っていたでしょうが、彼の著作全てが精神医学に関係しているわけではないし、ましてや、ドゥルーズとの共著では、別の主題、特に芸術や政治、経済、哲学との関連がより重要になります。著作の中で精神医学なテーマに言及しているからといって、それが全体的なテーマだと考える必要はないでしょう。「器官なき身体」は、別に何か特定の症例を分析するための概念でないことは確かです。直接的には劇作家はアルトーに由来する概念なんだから、演劇的な概念と取るべきでしょう。

私の理解では、演劇的な極限概念としての「器官なき身体」というのは、身体の各パーツが、幼児の頃から覚え込まされた通常の動きから解き放たれ、外部からの刺激に対してオープンに反応するようになる状態です。その時、身体がどう反応するかに関心があるわけです。何かの精神医学的な原因で、そうなるかどうか、それが当人にとって幸福かどうか、健全かどうかは、あまり重要ではないでしょう。だって、身体性を未分化状態にしてみようという前衛的な試みなんだから。仮にガタリが、「器官なき身体」を反精神医学の概念にしようとしていたとしても、芸術論の文脈では、そんなことに拘ることはないでしょう。大抵の芸術作品には、精神医学的なコメントを付けることができますが、そういうコメントをつけたからといって、作品の価値が変わるわけではありません。

cameraworks by Takewaki

作品を分析するための道具にすぎません。
　では、身体の各器官の動きをリセット――無論、本当のリセットではなくて、それに近付こうとする試みですよ――するとどうなるか、ドゥルーズたちはそんなに具体的なことは言っていませんが、私のイメージでは、私が再三言っている、おたまじゃくし的な感じ、ぐにゃぐにゃになるような感じがします。アルトーや彼の影響を受けたThe Living Theater系のパフォーマンスは、人によっては逆に身体の強度を高めているように取るかもしれませんが、私には身体をぐにゃぐにゃにして、おたまじゃくしのようにするプロセスに見えます。
　そういう観点から根本さんの作品を見直すと、「寿司」がポイントになるでしょう。先ほど菩提寺さんが話題にした『命名』（二〇〇四）に、『黒寿司』（一九九七）のモチーフらしきものが入り込んでくるところがあるんですが、そこに、今のお話しに関係しそうな面白い記述があるので、読んでみましょう。いろんなキャラがカオス的に入り乱れた絵の右側に、「正しいエロとは　悪いエロとは果たして精子はゲロか　それにしても先生は寿司屋の前に一時、歯科医をしていたことあるんですがな」とあります。左上に、「その女のおまんこの匂いの臭いのなんのって、2~3日くらい手を洗ってもニオイがとれなかった」とあります。いずれも吹き出しには入っていないし、ト書き、背景説明でもない。登場人物の声か作者の声かも分からない。現代文芸批評の高尚な用語で言うと、フロベールが得意とする自由間接話法みたいですね。寿司で、いろんなネタを指でこねて、ごはんにくっつけます。伝統的な寿司のネタは、大体決まっているみたいですけど、新作もある。ちらし寿司や稲荷寿司のような形態もある。指の動きと出来上がったものの形状から、性的なものを連想することができる。テレビ、映画、漫画で、寿司を食べている口をクローズアップして、性的なものを匂わせる手法あるでしょう。それに寿司は匂う。僕は実は、寿司の匂い、すごい嫌なんです。今はかなり慣れた気がするけど、子供の頃は、寿司の匂いがひどく不快でした。家族がちらし寿司を作ったり、食べたりしている時、匂いがするのがすごく嫌でした。今でも、匂いがきつい寿司だと、小さい頃の不快感を思い出すことがあります。今は自分で買って食べる時もありますが、そんなに積極的に食べたいわけではありません。他に食べたいものがなかったら、ということです。

――マルコ・フェレーリの『最後の晩餐』みたいで、下品なんだか高尚を極めた芸術なのか分からない話ですね。

仲正　生臭い。性的連想抜きでも、寿司自体が酢とネタた生臭が混じった妙な匂いがするでしょ。

生理的に嫌なんです。

――お寿司が？

仲正　そう。だって、口に入れる時、べちょって感じがするでしょう。寿司の構造からしてべちょって感じにならざるを得ない。同じご飯を握ったものであるおにぎりに比べると、わざと隙間を多くして、口に入った瞬間、べたっと崩れるようにしている。そこに酢を塗り込んで、ぬるぬるさせると共に、一気に崩れるのを若干妨げている。その上に、魚とかをあまり密着させないようにのせてるでしょ。上品に食べなかったら、どうしても妙な音が出る。

――一口で放り込みますが。

仲正　一口で放り込める？　私はなかなか一口で放り込めないいんだけど。生臭いものの口の中に入れるわけでしょう。酢の匂い、酢って生命にとって重要だけど、きついでしょうと、魚とかの生々しさ。人間の生臭い部分を凝縮している感じがするんですよ。「口」っていろんな役割果たす器官でしょう。しゃべる器官であるし、食べる器官であるし、キスしたりするし、もっと露骨な性交に使う場合もあるし、物を咥えたり、相手への攻撃として、あるいはその攻撃に愛着のようなものを込めて噛みつくこともある。それは別々の機能に分化しているけれど、本当にきれいに分化しているのか、実は機能的・刺激的に入り混じっている部分が結構あるのではないか。精神分析でおなじみの話ですが、別に精神分析でなくても、事実としてそういうことあるでしょう。幼児の時は未分化ですね。例えば、幼児が、おしゃぶりみたいなものを、むにゃむにゃむにゃてやってる。食べる感覚と性的な感覚が混合していて、どっちとも言えない。場合によっては、匂いに対する志向も、混ざってるでしょう。

――精神分析っぽい話ですね。

菩提寺　先ほどの仲正先生のお話について言うと、前にどこかで話したと思いますがデリダが精神分析について語る時は、あまり衒学的な感じはなく、デリダの考え方が率直に反映されているような気がします。

フロイトは元々神経学者でニューロンの提唱者の一人とも言われています。ホルムヘルツ、ダーウィン等からも影響を受け、19世紀的な心理生物学的発想から精神分析を起こしたと言われています。ですが僕としては、現代に個体について「リビドー」、「備給」とか実証、反証されないエネルギーの話や、「固着」、「虚勢コンプレックス」とか、後の「反復強迫」などについてガチガチに言われたら実際どんなもんかなという感じです。だけど文学的にはわからないでもないです。

一方で神経科学では実際に脳内報酬系という回路があることがわかっています。これは性行動、食行動など種の保存、生存のための本能的行動を快感によって継続していく神経系（器官系）で、神経伝達物質としてドパミン、オピオイドなどが関与しています。これが快感の追求だけを目的にはたらくようになると依存などの問題が生じてくることがあります。これはさっき話した専門用語であるところの「学習」[＊40]とも関係しています。前に話したガモウユウジ先生のギャンブル障害に関する著作も報酬系や側坐核、ドパミン、セロトニン、fMRI、行動経済学、前頭前野、意思決定などの新しい知見に基づいて書かれていました。近年は精神科でもブレイン・マシン・インターフェイス[＊46]、ディープラーニング[＊46＊45]とニューロフィードバック[＊46]、機械学習[＊46＊45]が臨床と関係して研究され強迫性障がい、ＡＤＨＤなどの治療において成果が報告されています。それとビックデーターと高速演算により囲碁でＡＩが世界チャンピオンに勝ったこともよく話題にあがりました。ニューラルネットワークもニューロンを数理化したモデルなので当然、先ほどのヘッブ則と関係しています。今や精神医学は学際的な社会脳研究[＊39]とも関係しています。進化生物学[＊39]も関係してマキャベリー的知性仮説とか、その上で利他性とか。Schadenfreude とか。この辺とかは根本作品にも通じる感じではないでしょうか。だから面白いんですよ僕にとって根本作品は。ブニュエルなどの映画と同様に。

後の仲正先生のお話に戻ると、確かに味覚に関係する嗅覚や体性感覚と報酬系の関連も言われています。

仲正　ふと個人的なことを思い出したのですが、幼稚園の時、おしゃぶりがなかなか口から離せなかった。それで、父親が怒って、みっともない、赤ん坊か、低能かと罵られたり、ひどい時には叩かれた覚えがある。なんで、父親あんな怒ったのかなあ、と。先ほどからの話と続けて考えると、おしゃぶりって、何か猥褻な雰囲気を持っているのかもしれません、大人の視点でみると。だって、われわれがおしゃぶりをくわえたら、まちがいなく猥褻な感じするでしょう。子供だと、赤ん坊と大して違わないという前提で考えるから、大したことないような気がするんだけど。赤ん坊の食べ物に限らず、愛着するものすべてをしゃぶろうとする行為は、かなり淫らでしょう。元祖のフロイトを始め、精神分析の諸流派は、そこに注目して理論を組み建てているわけだし。しゃぶる、噛みつくというのは、原初的な猥褻な欲望の現われかもしれない。寿司、というか、お寿司屋さんで食べる寿司というのは、目の前で他人の手で握られた、生のものを、自分の手でつかんで、口に入れて、くちゃくちゃ言わせながら食べるわけでしょう。原初的な欲望がこの行為の中に凝縮されてるような感じがする。

——では、なぜ寿司だったんですか?

根本　いろんなものが触ってる。握るじゃない。情報量が高いですね。

——料理人が素手で。

仲正　人様が触ってる。

——直接触ったものをそのまま頂く。

仲正　普通、料理ってものは、料理人が直接触ったっているところを見せないようにするじゃないですか。寿司だけでしょ。一般的に知られてる日本料理の中で、あれだけ例外なんですよ。

——不衛生ということですか。

仲正　不衛生っていうか、たいてい、ぶさいくなおっさんが握ってるわけでね。指に脂がついてそうな、なんか汚らしいおじさん。それを込みで作っている。高級な寿司店ほど、客にその場面を見せつけるわけでしょ。それって考えようによっては、すごく猥褻な行為でしょう。村田藤吉の世界で、汚らしいおじさん同士が身体的に妙なくっつき方してるけど、寿司というのも、おじさんの脂と魚の脂とコメと酢が混じった妙なものが、を口の中に入れてるんです。まさに幼児願望の現われ。

根本　寿司は、やっぱり二十歳ぐらいのジャニーズみたいなやつが握った寿司とかアンジェリーナ・ジョリーが握った寿司とか食いたくないでしょう。どうせなら都築さんみたいな人が握ってほしいな。

(『黒寿司』を手にとって)

仲正　食べるものって、いろんな原始的なことが出てきてると思います。この絵ね、これいかにも。いかにもおじさんが握ってる。このおじさんの手にいろんなものがつながってる。このおじさんは、手は当然洗ってるんだろうけど、洗う前にいろんなものを触ってるはず。

――それを食べるんですよね。

仲正　それを食べてんの。我々は。それを高級だと言って。

――お金を払って食べさせられるとするとすごいことかも。

仲正　すごいことをやってるんですよ。実際にね。

――何か原始的な行為に思えますね。現実は、寿司を握ってる主人の方が主なんですね。従、召使になってる方が客。言葉通りですね。

根本　神保町に、短髪のお姉さんたちがやってる寿司屋があるんですよ。あれいいですよ、お神輿担いでそうで。

――洒落てますね。短髪のおばさんたちに握られる寿司。

仲正　根本さんの作品、特にこの『命名』や『黒寿司』には人間の腸のようなものが出てくるんだけど、寿司との関連で考えると、腸についてもいろいろ考えさせられます。人間の腸だと思ってみるから、こういう絵はきもいけれど、動物の腸だったら、平気で食べてるもんね。人間の腸がこういう風に露出していると思うときもい、というか、汚らしい感じがする。人間の形をしているものの腸として描かれると、自分自身の体の内側を連想してしまうんでしょうね。私たちに体の中には、未消化の食べ物とか排泄物、老廃物、そしてエイリアンみたいに私たちの意志とは関係なく、動いているいろんな臓器がある。そういうものがあることは普通、考えないようにしている。マーサ・ヌスバウムというアメリカの倫理学者・政治哲学者は、正義／不正義の基礎になる私たちの不快感は、体から外に排出されるものに対する反応と結び付いているということを指摘しています。その前提で考えると、「汚い」ものって、見たくないので私たちの内側にしっかり隠されていて、いったん外に出たら、私たちと無縁のもの、穢れたものとして遠ざけたいもの、ということになります。根本さんの作品って、そういうものを描き続けている感じがします。菩提寺さんたちのようにそういう作品が好きな人がいるということは、人間には内なる汚物を見たいという欲求があるということかもしれません。

菩提寺　根本さんの作品には内臓も良く出てきて、性行為と生理的な表現が多い。さらにキメラみたいな奇妙な生物や機械状の変な生物の画も多いですね。しかも毒があるというか。今、デビルマンの人面相群や昔のＴＶ特撮『宇宙猿人ゴリ』の交通事故怪獣（クルマニクラス）とか天才怪獣ノーマンとかを思い出しました。「「生命」それ自体のグロテスクさに強引に目を向けさせるような作品」

という『ガロ曼荼羅』からの話があり、根本さん自身が書かれた「幸福菩薩」の後書きの話にもありましたが、実際に動物の行動はヒューマニズムの想像を越えているので事実を知ると驚く様な行動、生態そして多様性があります。例として、この本（『進化とはなんだろうか』長谷川眞理子著、岩波ジュニア新書、1999）から引用します。「Acarophenaxというダニの仲間では、母親のおなかの中で卵が幼虫にかえります。そんな幼虫たちは、何を食べて大きくなるのでしょう？なんと、母親のからだを餌とするのです。彼らは母親を内部から食い尽して外に出てくるので、子どもが外界に出てくるころには、母親は文字通りもぬけの殻になっています。しかも、このダニの子どもたちは、母親の体内で兄弟姉妹どおしで交尾をすませてから出てくるので、実際に外に出てくるのは雌だけです。雄は母親のおなかの中にいるうちに、精子を姉妹に渡してしまったのですから、もうそれ以上生きていく必要はなく、生まれ出る前に死んでしまうのです。どうして、こんな奇妙な暮らしをしている生き物がいるのでしょう？ほんとうに、生き物には、人間の想像を越えた多様性がありま す。しかし、生き物には、もう一つ、非常に不思議な特徴があります。それは、それぞれの生き物の形や行動が、その生き物の住んでいる環境や暮らし方に、非常にうまく合うようにできているこ とです。

たとえば、アフリカのタンガニーカ湖に住んでいる魚の中には、他の魚のうろこだけを失敬して食べているような魚がいます。そして、この魚には、口が左側に曲がっているものと、右側にまがっているものとがあり、左側に曲がっている個体は、他の魚に右側から接近して食べますが、右側に曲がっている個体は、左側から接近してうろこを食べるのです。」どうですか。このような感じを踏まえて、根本作品をみると以外とすんなり入ってきませんか。

仲正　デビルマンに出てくる「デーモン」は、原作の設定だと、人類以前の霊長類で、他の生物を吸収して、変形する能力を持っているという設定です。それを続けている内に、お互いにどこに共通点があるのか分からない化け物になった。明らかに複数の生命体が合体しているような変な形をしているのが多いし、取り込んだ人間の顔が自分の身体の表面に出ているジンメンというデーモンもいます。私の言っている「器官なき身体」とは逆の方向のようですが、いろんなものが入り込んできて、混沌としてくるというイメージもありかと思います。

『宇宙猿人ゴリ』は、途中で『宇宙猿人ゴリ対スペクトルマン』を経て、最終的に『スペクトルマン』にタイトルが代わる、つまり悪役からヒーローに主役が替わる異例のヒーロー特撮でした。最初の主役かものゴリは、猿人型の宇宙人ですが、自分の惑星から追放され、その「恨み」を抱えたまま地球にやってきた、という今の特撮やアニメでは普通ですが、当時としては結構斬新な設定でした。ルサンチマンを抱えた悪役が主人公なんて、子供に見せるものじゃないでしょう。怪獣も、公害とそれによる基因する奇形をモチーフにしたものが多かったです。スペクトルマン自身、宇宙人というより、宇宙人によって作られたサイボーグで、自分の身体を母星からコントロールされ、変身するのにいちいち許可がいる。ある意味、みんな身体的に不自由です。「受苦」している。

『デビルマン』も『宇宙猿人ゴリ』も、公害とか疎外とか左翼的な思想を背景にしていたと思いますが、あまり子供に見せられない、結構身体の残酷な面を描いていたような気がします。深く歪んでいて、絶えず痛みを生み出しているような側面。『妖怪人間ベム』とかも、身体描写が残酷でしたね。自分も、ひょっとすると、そういう身体になるかもしれないと連想させる。一時期子供向けの特撮、アニメは残虐な身体性表現はあまり露骨にならないようにし、残酷なやつは、深夜のBSに回す傾向があったと思いますが、近年、『進撃の巨人』とか、残虐系のものが地上波の子供も見る時間帯に復帰しているのです。『進撃の巨人』はどちらと言うと、ヘタうまでしょう。キャラクターの描き方があまりきれいじゃない。楳図かずおさん風の絵を強引にヒーローものに持ち込んだ感じがする。

根本さんのは一貫して残酷で、気持ち悪い。リアルに気持ち悪い。贅肉の肥大化によって、おたまじゃくしになるかもしれないんだから。

——最初の話、美しいモデルの話からはじまって、そこに戻って一貫する話になったんじゃないかと思います。根本作品には、こちらの勝手な思い込みを根底から覆し、思い込みから離れた観察や注視に基づいた描写に、はっとさせられることがある。生きるとか死ぬとか特に食べるとか排泄するとかいう行為、原始的な行為みたいなものが根本作品に現れてるっていうことですね。

仲正　ふつうなら、隠したいところでしょう。しつこいけど、私は昔太ってたせいで、ここの肉ってほんとに嫌なんだ。自分のは見たくないけど、けっこうスマートそうな人が、前半身裸になった時、このへんの肉がほんのちょっとたれてるのが目に入ると、つい見ちゃう。本当に筋肉質な体にはあまり興味がわかない。村田みたいに露骨にぶよぶよなお腹だと、排泄物みたいな感じがして、全然みたくない――テレビに出てくる裸芸人とか、デブを売りにしているタレントは基本的にあまりみたくないし、デブの方が好感が持てるという人の感覚理解できません。自分については見たくないものでも、他人に投映して、観察したくなるのかもしれません。

――変なこと気になることありますよね。

仲正　変なことっていうか、隠したいことには、本当は強い関心があるんですよ。

菩提寺　日本の場合、臨床医をしている精神分析家の先生達は専門の学会と大抵の精神科医が入っている総合的な精神医学会にもだいたい入っているかと思います。よって少数派だけれども精神分析は、精神医学の一分野と認識されることもあるといってよいのではないでしょうか。精神分析諸派については誤解を恐れず、大雑把に、端的にいうと、フロイト以降フロイトがやらなかった、整理しなかった、やり残した事柄などに対し、発生発達から自我心理学派が、児童分析からクラインとその学派、さらにクラインの批判的展開としての対象関係論の学派（フロイトの心理生物学的な側面を重視しない）などがあり、丁度「アンチオイディプス」が読まれた頃70年代から80年代当時は、60年代終わりから神経症と分裂症の間からパーソナリティ障がいに展開していった境界例概念に関する論文が、対象関係論の先生達ばかりでなく精神分析諸派を中心に、多く発表されていたと思います。日本とは対照的に昔の米国精神医学会では精神分析が主流派でしたが、研究のため、反精神医学運動に対するためにも、妥当な診断をつけていくということでセントルイス学派などが動き、分

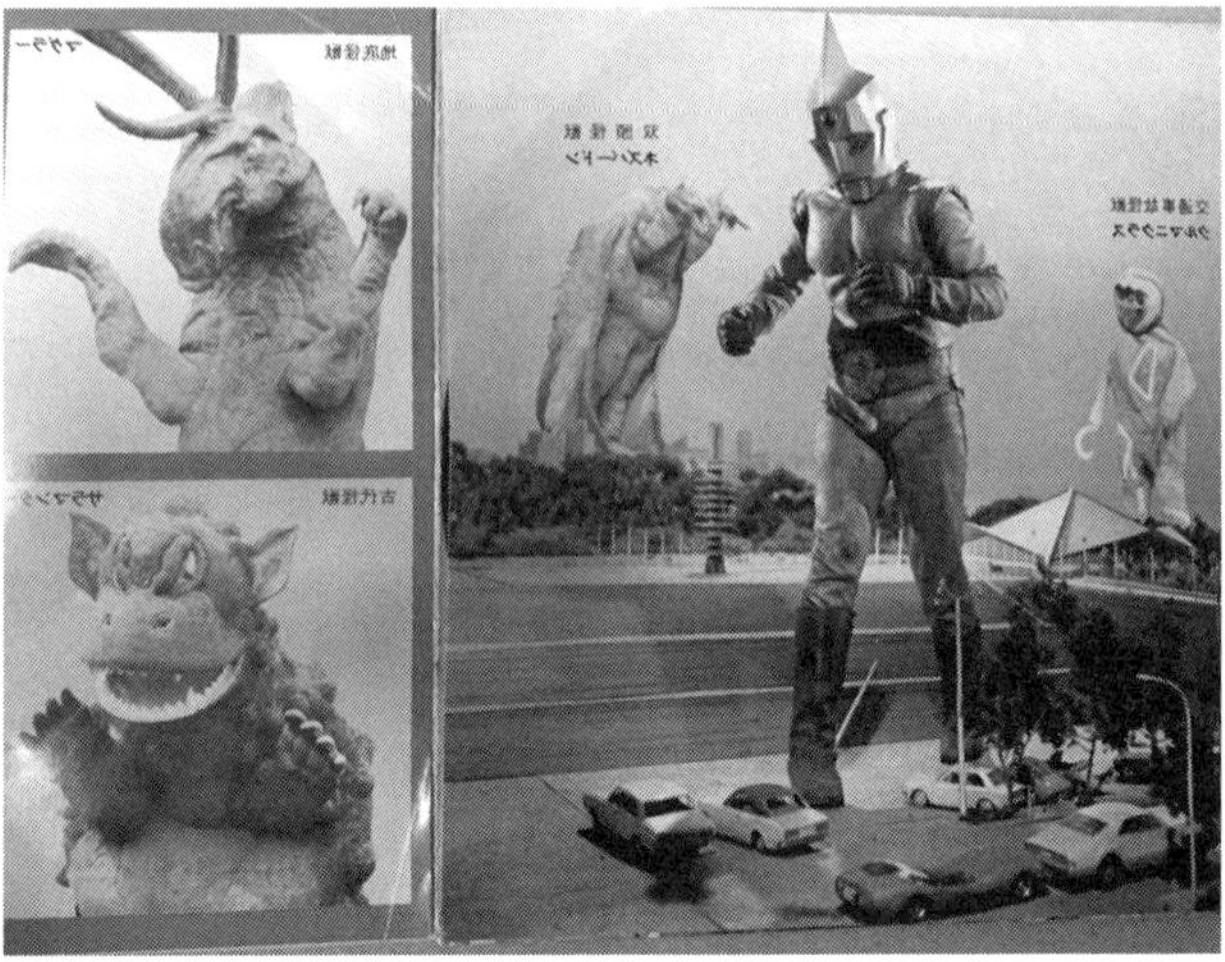

photo by m.bodaiji

析側からも賛同者を得て操作的診断基準ＤＳＭⅢ（１９８０年）が導入され、ＮＰＤとＢＰＤが採用されていました。アーブラハム、フェアバーンの考えからの影響も得て、メラニー・クラインは小児の精神分析、スキゾの臨床からフロイトのエディプス期以前に原始的防衛機制を導き出し、精神病レベルの分析の病理として投影同一化、splitting（分裂）、理想化、否認などがより関係する妄想分裂ポジション、躁的防衛が関係する抑うつポジションいうモデルを提示、発達ではそれに沿う内容で部分対象関係から全体対象関係へ移行し統合されるという考えをたてた。原始的防衛機制を説明するにあたって、アンナ・フロイトが封印していたタナトスについても語った。クライン、マーラーから影響を受け、カーンバーグはＢＰＯの病理を展開した。その他自己心理学派、独立派などあります。先ほど仲正先生からおしゃぶりの話がありましたが、フロイトが残していった自体愛、自己愛についても議論がありました。この様に臨床症例を軸とする精神分析も歴史があり学問なので、通常は諸派に各モデルがあり、意味内容に多少の差はあっても基本的な専門用語、共通の概念があるので、分析の中だけでなく、学問的には精神医学のなかでも議論はできると思います。以前の会でも話ましたがW・ビオンにはクラインから影響を受け臨床に沿った集団の病理についての仕事があります。フロイトの『集団心理学と自我の分析』とも関係していいます。内容は難しいですが、ビオン自身が書いているように言葉の定義などにこだわり、出来るだけ正確に伝達できるよう書かれているためか、ちゃんと読む事ができると思いますので、フロイトが破棄した『科学心理学草稿』からの影響も受けているといわれていて本来なら人文科学の方にとっても興味深い内容ではないでしょうか。今のところバイオで社会的な集団の病理を語るのは難しいと思うので。

『アンチオイディプス』では「欲望機械は、数々の総合の体制の中で作動しているものであるが…ジャック・モノーは分子生物学の観点から…顕微鏡的なサイバネティクスの観点から、こうした総合の独自な性格を明確に説明したのである。」と書いてあって、ジャック・モノーの『偶然と必然』（1970年）からラクトースオペロンの話の続きでアロステリック制御のところの部分引用が出てきます。大きくいうとセントラルドグマや、（分子群から）細胞、そこから組織、そこから器官、そこから器官系という生物学の基本を踏まえた上での分子生物学初期の話なのですが、ドゥルーズはその中の「サイバネティックス」「分子工学」「進化」という言葉、単語に過剰に反応したのか、部分引用した後に以下のような文で帰結している。「つまり、もろもろの分裂症細胞、分裂分子、それらの連鎖や隠語が存在する。ここにはまさに分裂症の生物学があり、分子生物学はそれ自身、分裂症的なのである（ミクロ物理学と同じように）。ところが、逆に、分裂症、そして分裂症理論も、生物学的であり、生物文化的なのである。これは分子的秩序のもろもろ機械状接続や、これらの接続の再配分つまり、器官なき身体という巨大分子上の強度地図の中への、これらの接続の配分や、大きな集合を形成し選択する統計学的な集積を相手にするからである。」(ジル・ドゥルーズ+フェリックス・ガタリ『アンチ・オイディプス　資本主義と分裂症』宇野邦一訳、河出文庫)とプログレのレコードの帯、邦題にも負けない位の多くの「言語新作」[＊47]的な言葉と、まとまりのない内容の文ですが、このような衒学的で晦渋な文のところをあえて全部捨てて、無理矢理、極めて好意的に解釈すると、先ほど神経系から現代のニューラルネットワーク、深層学習や社会脳の話までしましたが、その中には当然、生化学、分子生物学、遺伝子工学、計算神経科学[＊40＊45]の知見も入っているので、ドゥルーズがこういう現代の学際的な状況をふわっと予想していたのだとすると鼻が効く人であったといえるかもしれませんが。

例えば『ドグラマグラ』は(大衆)文学なので、僕もいくら精神医学に関する表現が頓珍漢でもどうこう言うつもりは全くありません。『アンチオイディプス』の場合はＳＦでもなく、人文科学の書とされているようなので気になりました。Ｗ・ライヒの『衝動的性格』『性格分析』は後のＢＰＤに関する先駆的な仕事として評価されていますが、今日の脳科学でガルの骨相学は科学ではないとされているように、発症後(おそらく)のライヒのオルゴン療法やクラウドバスターの妥当性は議論にもなりません。ガルは脳機能局在論(ブローカなどの)の祖といわれることもなくはないですが、彼の「器官学」には全く論理性はなく、でたらめと言われています。

以前の会で信國さんがファッション、モードについてセントマーチンで、「リサーチ」がなければ「あなたは天才かそれとも…ですか?」」という講義を受講したという話が出ていました。僕自身は「エディプスコンプレックス」という概念に関心はありません。

ところで根本さんは最近なにか関心のあることとか、今後やってみたいこととかありますか?興味を持っている活動とか?

根本　早くMAGMAのジャケット仕上げなきゃ。

菩提寺　楽しみにしています。よろしくお願いします。MAGMAの『Üdü Wüdü』2ndプレスの奇妙な絵柄の辛気くさい緑色のレコードジャケットのジャケ画を根本さんに注文しています。これも良い題材じゃないかなと思ってお願いしました。マグマはその前身のuniveria zektから76年の今回ジャケ画をお願いしている『ウドゥヴドゥ』までが僕のなかでは大事で、この頃のマグマはやり過ぎ、力み過ぎ、入れこみ過ぎ、何かにかぶれているか、はまっているか、思い込んでいるのか、思い込もうとしているのか、執拗で手数、音数が多過ぎる、息継ぎが少ない、常に汗をかいている。その結果、超人的な演奏になっていて聴いていると凄みを感じつつも思わず笑いがこみ上げてくるという感じです。リーダーのchristian vanderはコルトレーンのファンと公言していますが、サン・ラ&アーケストラ、スライ&ファミリーストーン、パーラメントのチョコレートシティなどからも影響を受けているのではないかと僕は思っています。この頃はマグマもパーラメントやサン・ラのように自分達は宇宙人(コバイア星人)だと言っていました。ただしB・コリンズやG・クリントンみたいに演奏中にニヤニヤすることはなく、いつも強面で、りきみまくって、筋肉モリモリで絶叫したり吃音を出しながら歌い、変拍子でファンクしていたイメージです。初期は、リズム隊はテクニシャンでしたが、ブラス系はへたなのに奇妙な節回しで、旧ソ連の変なブラスロックに似ていました。特にこのアルバムは janik top と vander のインタープレイが激しく、一見、呪術的な反復にきこえても、実は全て異なっていて二度と同じ展開にならないところが気に入っています。top もメカニックマシンとか「機械」という表現を好む変人です。ドゥルーズが関係したことのあるHELDON の5thアルバムでも演奏しているし、top のソロにR・ピナスが参加しています。他のマグマのメンバーもピナスのソロに参加しています。それで根本さんは黒人音楽にも造詣が深い方だから、何かおもしろいものが出てくるのではないかと思ってお願いしました。

エルドンのリーダー、リシャール・ピナスは、リオタールのもとで学んでいて、ドゥルーズが彼のいくつかレコードに声で参加したりしていた。70年代に。曲名もドゥルーズ（・ガタリ）の用語から付けられているものがありました。しかも前身のバンドは schizo という名でした。そういえば僕がリアルタイムでエルドンを聴いていた頃からの知り合いの松谷さんの会社（キャプテン・トリップ・レコード）がピナスを呼んだ2000年代の初来日の時に、ピナスはドゥルーズの研究者からインタビューを受けていました。以前の会でYMO 初期のライブについて話しましたが、70年代のエルドンの音楽は、機械、道具であるはずのアナログシンセでつくったシーケンス、反復が、その機械のデリケートさ不安定さから暴走することで、人にとって予想外のシーケンスとなり、さらに各楽器の演奏者が肉体を使いそれに無理矢理あわせたことで、簡単な楽理や譜面では表現しにくいような複雑な音楽が、意思を持たない機械と人の相互作用から自動的に生成されていった例として話したと思います。

さっき仲正先生からもドゥルーズらと芸術についての話が出ましたが、音楽、文学、演劇、映像などを含む芸術の話としてなら僕にとっても面白いと思えるところはあります。ピナスもキングクリムゾンやジミヘンが好きなようで、ドゥルーズが参加しているアルバムに「K.C.に捧ぐ」という曲があります。１９７４年にクリムゾンが一旦解散し、81年の『ディシプリン』で再結成するまで期間エルドンは活動していました。エルドンはクリムゾンのfollowerと言われていましたが、エルドンの音楽は逆に『ディシプリン』に影響を与えたかもしれないと僕は思っています。デリダのいう散種が起って。

——今までにないような深くコアな根本敬談義になった気がします。

左翼的な運動やカウンター文化の衰退後、しらけながらもその痕跡を残す70年代後半から80年代の思想的背景や芸術とのつながりも見えてきたのではないでしょうか。

菩提寺　仲正先生からみて、この糸井重里さん原作、湯村輝彦さんの『ペンギンごはん』今みるとどうですか?

仲正　根本さんの作品を基準にすると、中間的な感じがします。

——そうですね。まだ、美のモデルがある感じです。

仲正　こっちにはまだありますね。

――先生の嫌いな贅肉がないですよね。

仲正　ないですね。でも贅肉ないからって、美しいとは言えないですが。

――でも、理想的な形がある？

仲正　この女性の絵は、基本は、いわゆる典型的なナイスバディなんだけど、そのせいでかえって、そのナイスバディにべちょっとした部分が含まれていることがかえって強調されているような気もします。美しさを極限までもっていくと、かえって醜い面が出てくるという原理を示しているようなな。ナイスバディは、ある程度、ぜい肉がないと成立しないでしょう。

――根本作品では先生の嫌いな肉が垂れている。

仲正　肉が垂れに垂れて、もう一回オタマジャクシに戻っていく。人間の大人って、直立歩行してる存在だけど、それは意識がしっかりしてる間のことでしょう。だんだん力が抜けてくるとだんだ

マグマ『ウドゥヴドゥ』ジャケット画　根本敬／作画　個人所蔵

んこんな感じになってくるでしょう。年とって来ると。子供の時は体の軸がはっきりしてないから、ふわーっとしてる。

——ふにゃふにゃして。

仲正　ふにゃふにゃしてるし、子供の時は特に太ってるわけでなくても、お腹がちょっと出ている。胸の肉もふやけている。その意味で、両生類っぽい感じ、胎内の状態に近い感じが体形にも出ている。思春期から青年期にかけて、しゅーっとしてくる。その一部の美のモデルに近いような印象を周囲に与えることができた人が、しゅーっとした形を維持しようとする。今、若い人が、細い体キープしようとする傾向が昔よりはるかに強いでしょう。

——細い体をキープしようとする傾向？

仲正　しゅーとした感じの体。

——前からそうじゃないですか、女性は。

仲正　そんな統計的にみてないけど、学生見てると、80年代より明らかに今の子の方が細い。昔のアイドルの写真とか映像見ると、結構太目、ぽっちゃりに見える人多いでしょ。当時はかっこいいと思えていたのに。男子も細くなることを意識してますよ。だって大学のキャンパス歩いていると、太った学生少ないですよ。やっぱりここのところがしゅーとしていること、いわゆる六角筋割れみたいなのを意識してる子多いと思う。さりげなく、お腹を見せ合ったりする子いますよ。

――贅肉が多い子は、隠してる?

仲正　隠してると思いますよ。太った男子が、自分の太鼓腹を披露している光景なんか見ないですよ。通常はなるべく、お腹が目立たないようにしていますよ。

80年代って、とんがることに限界が感じ始められた年代なのかもしれないという気がします。左翼思想みたいなのに疲れた。「ノマド」とか「スキゾ・キッズ」のような、拘らない緩い生き方が求められるようになった。『ジャンプ』とか『マガジン』とかの少年漫画やアニメの世界ではむしろ様式美が確立していった。技術的な問題もあって、アニメは明らか

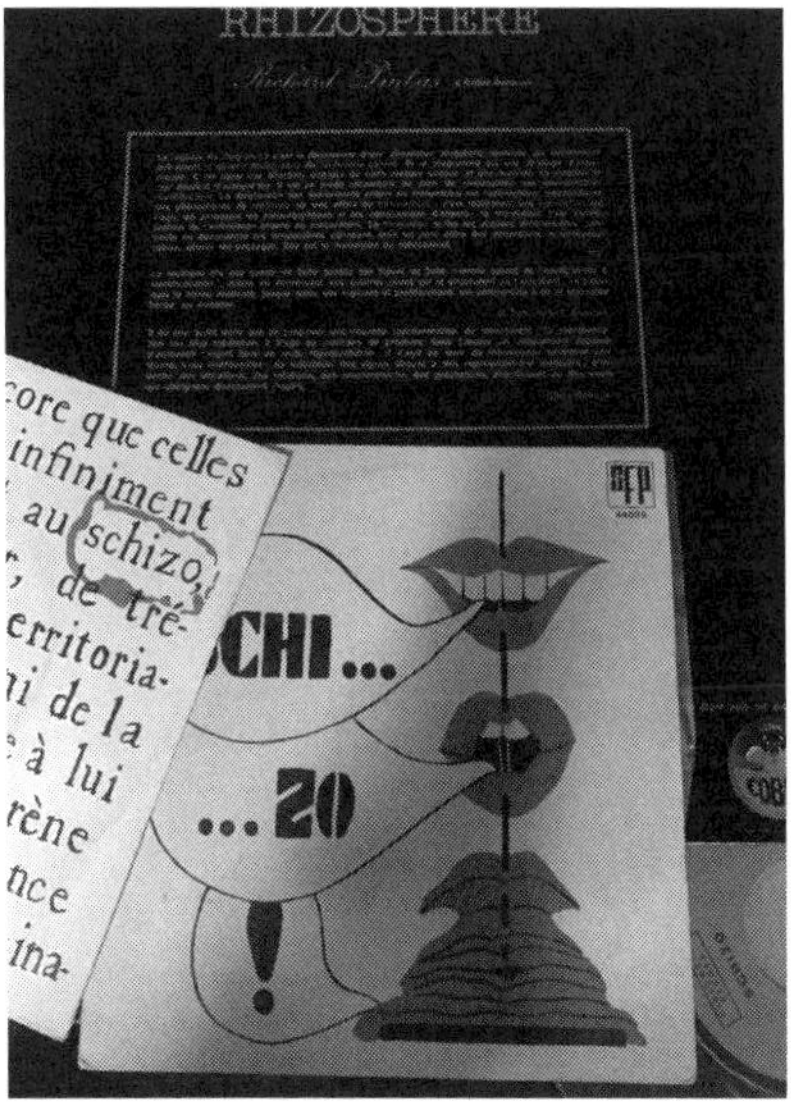

photo by m.bodaiji

に洗練されていって、スタイルのいい典型的な美男美女をきちんと描くようになったでしょう。それが、90年代以降、それとは異なる、いわゆる、『クレヨンしんちゃん』のような、ゆるふわ的なものも出て来たんではないと思います。

根本さんの作品みたいなものは、そういう流れともあんまり関係はないと思うんだけれど、人間の体のだらしない部分を強調していることだけは共通しているかな。根本さんの場合は、80年代からずっと、自分のだらしない部分というのを突き抜けて、こんなものが自分の中入ってると思ったらもう人間やってられないみたいな部分をずっと表現され続けておられるのかなと思います。主流の媒体の、逸脱した表現様式が目立ってきて、一部が根本さん的な特殊漫画家の領域とかぶってきているということではないでしょうか。

菩提寺　僕が絵がわかるわけじゃないから言いにくいのですが、「ヘタうま」で下手という話だけれど、根本さんは下手じゃないと僕は思います。

――技巧的に、と言うことですね。

菩提寺　理由は、根本さんの漫画は表現力があって、ちょっとした表情とか風景とか、細かい情報が正確というか、しっかり伝わるというか、読んでいて、見ていて、何を伝えているのかという事が、漫画であるからこそ、瞬間的にわかることが多々あった。元々は時系列もしっかりしていて全く下手という感じを僕は感じないです。それには根本さんが持つ観察力も関係しているのではない

cameraworks by Takewaki

でしょうか。うまいというのを写実的っていう意味で言っているのなら、写実的じゃないだろうけど。描写として、心理描写とか全体の雰囲気とかよくわかるからいつも面白い。元々時系列をしっかりと表現できる方なので、意図的にそれを崩していった『命名』などの作品も崩していることがきれいにわかる。音楽でも出来のいいものでこういう感じを感じることがあります。確かに、「ヘタうま」で、異なるものとくっちゃうのはなんか不思議な感じがして、其々かなり違うのではないかと思います。

仲正　もともと、何をもって「うまい」と言ってるのかをまず考え直した方がいいと思うのね。

菩提寺　確かに。

――さっきの美のモデル、原型の話ですね。

仲正　今、大ざっぱな言い方になるけど、絵画だったら、モデルがたくさんあって当たり前なんです。漫画だとね、それがそんな当たり前にまだなっていない。美しく思える登場の人物の描き方のパターンってあるんだと思う。そんなにきっちりしているとは思わないけど、『ジャンプ』『マガジン』とかの典型的な少年ヒーロー物で流通してるような描き方っていうのがあると思います。少女漫画だったら少女漫画なりに、あるんだと思います。というか、少女漫画の美しい美少女キャラって、目を大きくして星を入れるとか、本当にベタですね。萩尾望都の絵とか、私にはかえってキモく見えるものもありますが。そういうものからはみでている表現様式っていうのが、「ヘタ」っていう言葉でくくられてんだけど、「ヘタ」と「うまい」あるいは「美しい」の内実を、本当は都築さんのような評論家がちゃんと分析すべきだと思います。

——じゃあ、今日の話としては、強引にまとめますと。

菩提寺　最後に、フランク・ザッパもプログレと言われることも多々ありますが、サイケデリックとよく言われていますよね。でも、少なくともザッパ自身は、違法薬物摂取はしないのでサイケデリックではないと言っています。それでヒッピーは群れてつまらない戯言を言ってそれを人に押しつけている集団だから嫌いだと言っていた。そして自分や、自分達は多様性を認める「フリーク・アウト」だと言っている。ザ・マザー・オブ・インヴェンションの1stアルバムの内ジャケにも細かい字で隙間なくぎっしりと色んなことが書かれている。ザッパのギターソロは無難にまとめることはできないかもしれないけど、個性的な音色で独自のスタイルでめちゃくちゃ巧い。ライブでもザッパがギターソロ弾き始めるとオーディエンスが集中していくのが分かる。それでいてロックとして普通に聴けそうな曲もあるのでザッパはよくバカテクといわれているけど、曲自体は技巧的ともいえて、同時にある意味稚拙ともいえるものが多い。しかし、だれにも真似できない濃さがある。例えば『ランピー・グレイヴィ』。

ところでザッパをコラージュした作品がありますが、根本さんもザッパお好きですか？

根本　そういえばひとつ個人的な発見があって。三木鶏郎のボックス買ったんですけど、あの人に日本で1番ザッパを感じましたね。

――もっと「命名」の話をしようと思いましたが、かなり時間オーバーしてるのでこの辺で。

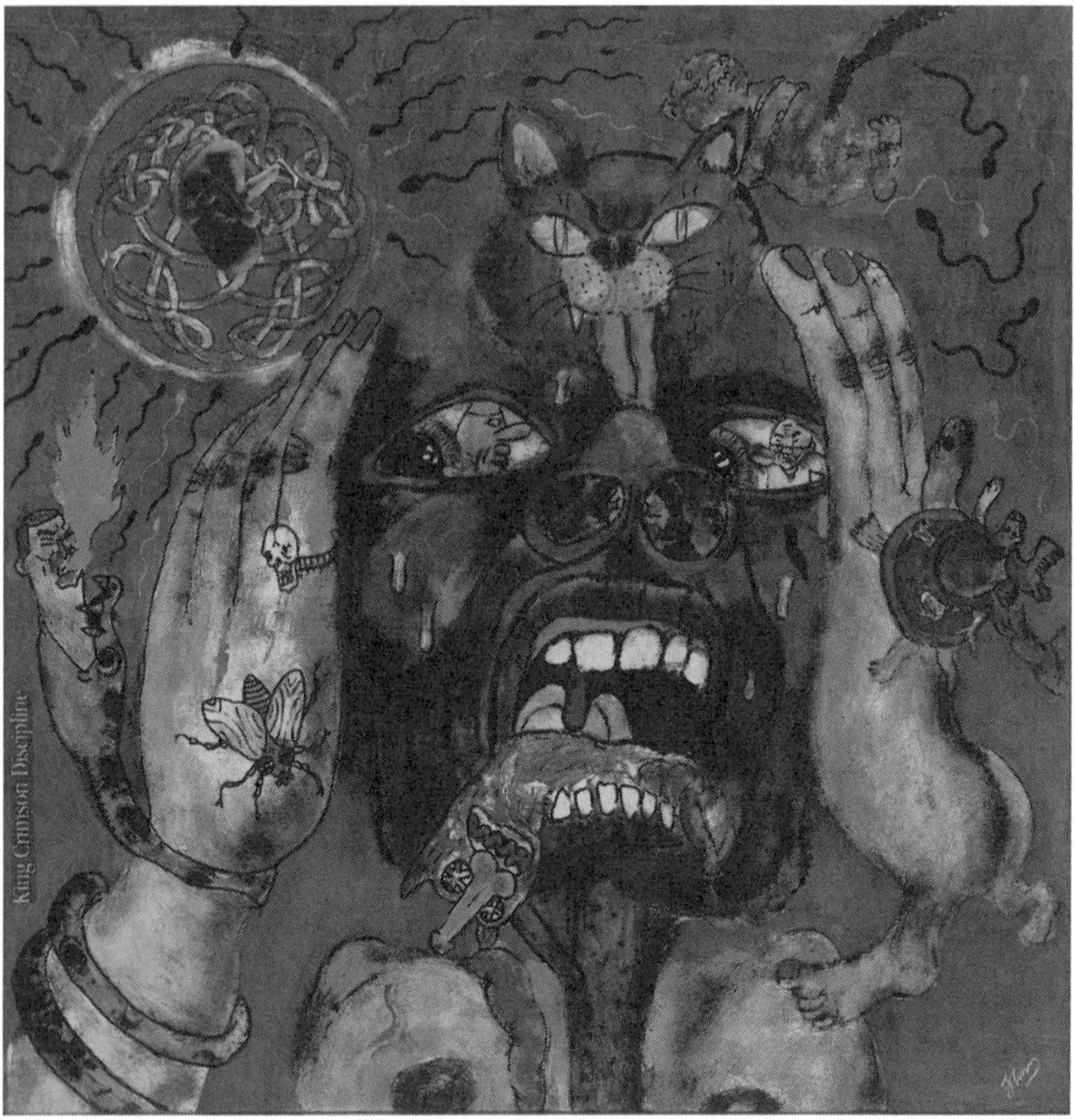

キングクリムゾンジャケット画　根本敬／作画　個人所蔵

「光遺伝学の開発により、特定の神経の活動を高い時間精度で正確に操作することが初めて可能となった。このことにより神経活動と行動発現とを直接繋げることが可能となった。」DOI:10.14931/bsd.3984　常松友美、山中章弘 2014 年『脳科学辞典』（https://bsd.neuroinf.jp）より。詳しくは参照のこと。

注 44
WEB『脳科学辞典』（https://bsd.neuroinf.jp）参照のこと。日本神経科学学会の常設委員会により運営されている WEB 上の辞典。

注 45
『ディープラーニング革命』　テレンス・J・セイノフスキー著　銅谷賢治監訳（NEWTON PRESS2019）参照のこと

注 46 ブレイン・マシン・インターフェイス
〈デコーデッドニューロフィードバック法などの BMI の今後の展望〉『別冊医学のあゆみ BMI の現状と展望』（医科歯科薬出版 2014）参照

注 47 「言語新作」
neologism 造語症ともいう

注釈：　注 6、7、8 以外　執筆者：菩提寺伸人

いピントの合い具合（1台で使用した時）には驚かされた。個人的にはここに太さと奥行きがあればと思う。鈴木氏からはギターの「エフェクター内に線材を入れてみて自ら演奏し、音を確認して線材を選別している」と聞いた。自分がその話を直ぐに納得できたのは、以前から FM ACOUSTICS（スイス製）のアンプとラインケーブルが同系統の音で、そこに整合性を感じていたからである。

注 37 Eugen Bleuler (1857-1939)
1898- 1927 年までチューリッヒ大学精神科（ブルクヘルツリ精神病院）主任教授の任についていた。1908 年『早発性痴呆（精神分裂病群）の予後』発表、1911 年『早発性痴呆または精神分裂病群』で Emil Kraepelin の疾患概念をほぼ認めながら精神分裂病（統合失調症）の呼称を提唱した。その結果クレペリンよりも精神分裂病の範囲が拡大されたといわれる。

注 38 『ビッチェズ・ブリュー』
マイルス・デイビスの重要なアルバム。代表作の一つ。70 年発売、69 年録音で本格的に電気楽器を導入した。『イン・ア・サイレントウェイ』とともにフュージョンの始まりとも言われるが、「リラックスしてオシャレ」なところは全くなく、むしろおどろおどろしく緊張感のある音楽。発売時の評価は賛否両論となった。

注 39 社会脳
『社会脳ネットワーク入門』苧阪直行・越野英哉著(新曜社 2018)参照のこと

注 40 エリック R カンデル
『カンデル神経科学 5 版』金澤一郎、宮下保司日本版監修(メディカルサイエンスインターナショナル 2014)参照のこと

注 41 ヤスパース
『精神病理学総論』原著 1913～、第 5 版（1948 年）の邦訳として内村祐之、西丸四方、島崎敏樹、岡田敬蔵訳(岩波書店 1956)

注 42 ドナルド O ヘッブ
『行動の機構　脳メカニズムから心理学へ』鹿取廣人、金城辰夫、鈴木光太郎、鳥居修晃、渡邊正孝訳　(岩波文庫 2011)

注 43 光遺伝学　オプトジェネティクス

「キングクリムゾンのリーダー（本人は否定するが）で、ギターリスト」『宮台真司　ダイアローグズ I』（イプシロン出版企画 2007）〈知性派英国音楽の誘い　宮台真司 meets ロバート・フリップ〉参照のこと。

注 32 ケルト文化
『ケルトの想像力』 鶴岡真弓著（青土社 2018）、『ジョイスとケルトの世界―アイルランド芸術の系譜』鶴岡真弓著（平凡社ライブラリー1997）参照のこと。

注 33 ナーズ nerds
内向的で、文化系でスポーツ、恋愛は苦手、しかし特定の分野では知識や技術が秀でていたりもする。不良やならず者には属さない。米国においては学生の理想像のステレオタイプ（アメフト部やチアリーダーなど）である jock の対語にあたる。　ファッションでの「ナード」は大き過ぎたり、サイズの合っていないメガネをかけるなど所謂おたく的な格好を逆手に取ったオシャレのことなどを指す。

注 34 ハルモニア
Cluster の 2 人と元 NEU!の M.ローターからなるジャーマンロックのグループ。『デラックス』にはゲストで GURU GURU の M.ノイマイヤーも参加。近年 70 年代の未発表音源が、イーノとのコラボ作品再発も含め CD で発売された。これら CD のリズムボックスの音がリアルで良い。

注 35 スーサイド
アラン・ヴェガ、マーチン・レヴにより 70 年代に結成された米国のエレクトリック・パンクバンド。『Ghost Rider』『Rocket U.S.A.』『Frankie Teardrop』などの曲が有名。来日公演時に左右のスピーカーから A.ヴェガの声、M.レヴの音が、完全に分離して出ていた日があり、そのチープさに驚いたが演奏はよかった。

注 36 「再生機材も含めどう聴くか」
メディアによる音の差はアナログ盤だけではなく、CD の場合もプレスによってあるという事は自明である。再生機器（オーディオ）においても音の差は出る。例えば、コニー・プランクの録ったドラム音がフュージョンやニューミュージックのそれと似て、さらに区別のつかない音で再生されてしまうなら、本来の音自体を聴き取れていない状況に陥っている可能性が考えられる。オーディオユニオン（DU グループ）では音楽好の店員さんがいることもあって、機器について上記の様な相談をして購入することができる。私は主にプロ機器とそれに類する海外製品を使用しているが、近年日本のインディーズオーディオで、職人気質の鈴木哲氏が作る Fundamental MA10 の高い SN 比と、左右差を感じさせな

異彩を放つ脚本家、映画監督、俳優　他に『殺しの烙印』『毛の生えた銃』『処女ゲバゲバ』『ドグラマグラ』などの作品に関係。

注 26 ピーター・アイヴァース
デヴィッド・リンチの『イレイザーヘッド』で『イン・ヘヴン』を歌っている。サイケ、アシッドフォークとも言われるがジャンル分けの枠に収まりにくい音楽家。83 年に謎の死を遂げている。地下ケーブルテレビ『ニューウェイヴ・シアター』の司会をしていた。日本ではモダ～ンミュージックの周辺から話題になり認知されていった。近年も評価は高く未発表音源が発売され続けている。『イン・ヘヴン』は後にピクシーズにカバーされた。

注 27 タージ・マハル旅行団
小杉武久が在籍した電気的増幅とエコーマシーン、フィードバックを巧みに使った集団即興音楽のグループ。68 か 69 年に結成。小杉はルー・リードの日本盤メタルマシンミュージック邦題『無限大の幻覚』ＬＰのライナーを当時書いていた。

注 28 NO WAVE
『NO WAVE　ジェームス・チャンスとポスト NY パンク』（Esquire Magazine Japan Co Ltd 2005）に詳しい。参照のこと。

注 29 ゴールデン・パロミノス
アントン・フィアーをリーダーとするバンド。初期は NY アンダーグラウンド関係、UK レコメン関係、ジョン・ライドンなど参加メンバーの構成から考えるにビル・ラズウェルの関わりが強かったと思われる。85 年に来日しナベサダのブラバスクラブで行ったライブでは A.フィアー、B.ラズウェル、F.フリス、P.ブロッツマンの編成で思った通り、前年バンド名が確定していない状態での来日時と同様に、演奏したのは全曲マサカーのアルバム『KillingTime』（81 年作で、裏 Discipline とも言われた名盤）の曲で実質はマサカーであった。「ジャンル越境型のミュージシャンたちが、バンドの枠組みを超えて結集し、それぞれの個性を生かした音楽を紡ぎ出している。」ファーストアルバムの SHM-CD 盤（HAYANUSA LANDINGS）の松井巧のライナーが参考になる。後に出た A・フィアーの『ドリームスピード』（DISK UNION 1993）には Phew も参加している。

注 30 ドゥシャン・マカヴェイエフ（1932-2019）
旧ユーゴスラビアの映画監督。技巧は一流だったが、類のない奇妙な映画作品をつくり続けた。

注 31 ロバート・フリップ

いた。その前身はORGANISATIONでパーカッション奏者がいるフリー、インプロ的音楽だった。ここにもコニー・プランクが関係

注19 メラニー・クライン
本文の後半に詳述

注20 W.R.ビオン
『精神分析の方法 I』福本修訳（法政大学出版局1999）、『精神分析の方法 II』福本修、平井正三訳（法政大学出版局2002）など参照のこと。「イギリスの精神分析学者。メラニークラインと共にフロイト以後の現代精神分析学の祖とされる。」「その試みは集団力動の理解から現代のパーソナリティ障害研究まで幅広い影響を及ぼしている。」

注21 理趣経
人間の欲望を認めたうえで、利他の大いなる喜びへと価値転換することが説かれているといわれる。主に真言密教で常用される経典。

注22 Stefano Bemer
フィレンツェの高級注文靴職人、現代の名匠。2012年に他界。顧客としてダニエル・デイ=ルイスが有名だが、ダニエルは一時、S.ベーメルに弟子入りし、当時観光客の少ないサン・フレディアーノ通（職人街）にあった小さな店の工房でビスポーク靴を製作していた。G.クレヴァリーを履いていたダニエルはあるパーティーでスティング（元ポリス）が履いていたステファノ・ベーメルの靴を見て、フィレンツェの店を訪れたという。

注23 アンダーソン＆シェパード
ダニエル・デイ=ルイスは映画『ファントム・スレッド』(2017)で彼の祖父がビスポークしたここのコートを着ているといわれている。

注24 トミー・ナッター、チトルバラ&モーガン、ジョージ・クレヴァリー、アンソニー・クレヴァリー
『BESPOKE STYLE』 長谷川喜美著/撮影エドワード・レイクマン（万来舎2016）参照のこと。
『誰がメンズファッションをつくったか？英国男性服飾史』ニック・コーン著　奥田祐士訳（DU BOOKS 2020）原著は71年に著された本であるがトミー・ナッターに関する記載がある。

注25 大和屋竺

注 12 第四世界の音楽
K.シュトックハウゼンやテリー・ライリー、ラ・モンテ・ヤングに関与したことがあるエレクトリック・トラペット奏者ジョン・ハッセルとイーノが 80 年に EG レコードから出したアルバムはこのコンセプト。J.ハッセルは近年も新作を発表し続け話題になっている。彼のレコードジャケットで Mati Klarwein（ビッチェズ・ブリューのジャケを描いている画家）が描いたものがある。

注 13 薩めぐみ
第 4 回　薩めぐみ/春の大舞踏会　小沼純一著『ふらんす』2016 年 7 月号　白水社
（ https://webfrance.hakusuisha.co.jp/posts/45）参照のこと

注 14 HELDON　（エルドン）
フランスの前衛的ロックバンド。バンド名は米 SF 作家ノーマン・スピンラッドの作品由来。リシャール・ピナスがリーダー。G.ドゥルーズも関係。本文の後半で詳述

注 15 BiS(ビス)
この頃のビスついては以下に詳しい。『BiStory アイドルを殺したのは誰？』(エムオン・エンタテイメント 2013）、『渡辺淳之介　アイドルをクリエートする』 宗像明将著（河出書房新社出版ワーク 2016）、『月刊 BiS×米原康正』（インターネットフロンティア 2014）

注 16 非常階段
『非常階段 A STORY OF THE KING OF NOISE』　JOJO 広重、美川俊治、JUNKO、コサカイフミオ、野間易通著(K&B パブリッシャーズ 2010)参照のこと
『ジャパノイズ　サキュレーション終端の音楽』デヴィッド・ノヴァック著　若尾裕・落晃子訳(水声社 2019)参照のこと

注 17 ミラノファッション
ここではミラノコレクション（1976-）に発表していたようなモード系ファッションのことを言っている。

注 18 クラフトワーク
阿木譲から「テクノポップ」という言葉が出てくる前から活動していたジャーマンロックのグループ。初期には、クラウス・ディンガー（後に NEU!を結成）がドラムで参加して

また、80年頃、「パテ書房」という小さな古本書店内に「欧羅」という中古レコードのコーナーがあり、そこには滝沢氏（木野草司）が海外で買い付けてきたジャーマンロックなど、当時巷ではほとんど手に入らない、他の輸入レコード店ではなかなか見かけないようなロックのＬＰが多数置いてあった。まだカンやアモンデュール、アシュラ・テンペルなどの再発盤は発売されていなかった。決して今言われているような怖いお店ではなく、店長の佐藤氏も穏やかな方でよく値引きもしてくれた。滝沢氏は白黒コピー機で手作りのジャケット写真集を発行していて、その頃マニアはそれを見てレコードを探していた。私はここで初めて、CANの『Monster Movie』のオリジナル原盤（自主制作Music　Factory盤）を見せてもらった記憶がある（滝沢氏の私物だった）。

注6　高木完
パンクとヒップホップの間を自由に行き来するそのスタイルは、1980年代に藤原ヒロシと結成したタイニー・パンクスで、既に現在のストリートシーンをそのまま予測していた。（米原康正）

注7　ガングロ
とにかく元の顔がわからないほど、黒くすることだけを求める。黒さはコギャルという種族に属するというトライバルタトゥー的意味を持った。（米原康正）

注8　汚ギャル
渋谷でインタビューした17歳の少女。2週間着っぱなしの本物のシャネルスーツは、首の周りが真っ黒に汚れてた。（米原康正）

注9　アンダーカバー
CANのアナログレコードも発売したことがある。ジャーマンロックが好きな高橋盾氏のコレクションには、レア盤であるCANのMusic Factory盤、Klusterの変形ジャケオリジナルＬＰ2枚とも、ORGANISATIONのRCA原盤などがあった。（HUGO N93号 2012）オーディオはウェスタンエレクトリックかアルティックかヴィンテージ機材を使用されていたのを別の雑誌で見た記憶がある。

注10　ジャック・デリダ
『ジャック・デリダ入門講義』 仲正昌樹著（作品社2016）、『デリダのエクリチュール ジャック・デリダ他』仲正昌樹訳（明月堂2019）参照のこと

注11　ドゥールズ＝ガタリ
『アンチ・オイディプス入門講義 』仲正昌樹著（作品社2018）参照のこと

トークショー注釈 “それぞれ関係がなさそうに思える事柄も実は関係が有ったりする”

注 1 ナイロン 100%
『ナイロン 100 パーセント』ばるぼら著（アスペック 2008）に詳しい。

注 2 ジャーマンロック
クラウトロックと同義。60 年代末から 70 年代前半頃までの旧西ドイツの前衛的、実験的ロックのことを言う。当時、普通の英米ロックとは色々な面で異なった展開をした。
CAN、NEU!、Kluster、Faust、GURU GURU、Ash Ra Tempel、Amon Düül、KRAFTWERK などが有名。コニー・プランクがプロデューサーとして活躍した。

注 3 ハイレッドセンターの本
『東京ミキサー計画ハイレッドセンサー直接行動の記録』赤瀬川原平著（PARCO 出版 1984）のこと。
ハイレッドセンターは高松次郎、赤瀬川原平、中西夏之の最初の字の英訳から名称が作られた。メンバーは活動ごとに変化。1962 年「山手線事件」から 1966 年「法廷における大博覧会」まで活動した。1966 年にフルクサスによりニューヨークでハイレッドセンター原作として「シェルター計画」が再演されている。和泉達（合法部員）、刀根康尚、小杉武久、ナム・ジュン・パイク、小野洋子、飯村隆彦等も関係した。

注 4 Vanity Records、tolerance
阿木譲が編集長をしていた『ロックマガジン』から発足されたレコードレーベル。
1978 年に第一弾『浄 /DADA』をリリース、12 番の 1981 年の『DIVIN/TOLERANCE』までＬＰがリリースされた。その他 EP、カセットテープ、マガジン付録のソノシートがリリースされている。鋤田正義によるジャケット写真の『アーント・サリー』(Phew)LP は発売後早期に売切れとなり、あっという間にプレミアがついた（各々300 から 500 枚プレス）。リリース当初はプログレだったが、３枚目からはパンク、そしてオルタナティヴ、テクノ、ノイズミュージックに移行していった。ヒカシュー(巻上公一)、ウルトラビデ、ノイズ（工藤冬里＋大村礼子）のリリースの予定があったという。阿木は、ブライアン・イーノの Obscure Records(1975-78)を強く意識していたという。
2019 年に「きょうレコード」からデジタルリミックスされたものがようやく再発され始め話題になった。当時リアルタイムにＬＰで聴いた時よりも、私はそのリミックスＣＤを聴いて同時代性を感じた。

注 5 モダ〜ンミュージック
PSF レコード、『G-モダーン』を始める前は本文の通りの雰囲気だった。

身体性　仲正昌樹

私は多少、アニメ・オタク的な〝教養〟がある思想史研究者にすぎないので、ディープな、本格的な意味でのサブ・カルチャーについてはほとんど知らない。ただ、身体性を強調する前衛演劇の創作に関わって、自分でも一回役者をやったことがあるくらいだから、「門外漢ですので…」といちいち言い訳するような習性はない。座談会に参加してくれた人たちの作品を見せてもらって、自分が感じたことを率直に、ただし、哲学の言葉にある程度変換したうえで語らせてもらった。アーティストのコアなファンが何というかなどと忖度しなかったし、そんな面倒なことは、やりたくてもできない。

私は今年二月で五十八歳になったが座談会の出席者もみないい年をしている。かつて自分も若者で、それぞれ現代にも通じるサブカルチャー経験があるとはいえ、いい年をした人間が、〝今の若者〟について語るのは、おこがましい気がする。ただ、年寄りの立場で若者に関わっていると、本人たちは今現在進行中のことでありいっぱいいっぱいだし、昔と比較することができないせいでなかなか気付かないことに、こちらの方が気付いてしまう、ということはある。私の場合は、田舎の大学の教師であるので、田舎の大学に通う若者の生態についてそれなりに気付くことがある。

女子学生は昔に比べると、多分メイクがうまくなっているのだろう。化粧品も進歩したのだろうが、ナチュラルに見えるメイクをしている子が多い。私が子供の頃は、若い女性でも、白粉でもしてるのかと思うような不自然な化粧をしている人が多かった。それほど気を付けて見ていないが、ファッションにも敏感になっているのだろう。私が金沢大学に就職した九八年一月前後は、ルーズソックスがまだ流行っていた。東京から徐々に引っ越しながら観察した印象だと、半年遅れくらいで、東京で流行ったものが金沢にも普及していたのではないかと思う。

ただおしゃれになっている割には、姿勢が悪い子がいるのが時折目に付く。不自然な方向に体を曲げ、不安定な歩き方をしている子がいる。十数年前から、妙に字の汚い、というより、普通の男子より乱暴に、ヘンなところに力を入れている書いている子が増えている気がする。力をいれすぎたせいか、提出物の紙がちょっと破けていることさえある。いかにも荒っぽい感じの子ではなくて、おしゃれに気を使っていそうな子がそういう書き方をすると、目立つ。授業中に課題をやらせている時に観察していると、かなり胸に紙を引きつけて書いているせいで、手を動かせるスペースが少なくなっている。腕を脇にくっつけ、それに合わせて首もひっこめることになる。そういう窮屈な状態で書いたら、指先に力を入れにくくて書きにくいので、思い切って書こうとすると、不自然に力が入ってしまうのだろう。

あと、学生というよりは、幼児まで含めた若者・子供文化全般について言えることだが、流行のサイクルが短くなっているし、その範囲も小さくなっている。昔は、ほとんどの若者や子供が見ているアニメや特撮、ドラマがあった。学校や大学の先生は、昨日の金八先生とかガンダムとかで見た場面を例に、社会科とか国語の説明をすることができた。登場人物同士の関係性についてよく知られていることなら、いつでも話題にすることができた。

しかし、最近だと、毎年流行っているものが違って、次の年にはすぐ忘れられてしまう。シリーズとして続いていても、セカンド・シーズン以降は視聴者が激減していたりする。

流行っているといっても、せいぜい学生の二割が見ている程度だということがしばしばある。だから、学生ウケを狙った先生が、いざ授業で言及してみると、話が通じないで、赤面するということがよくあるようだ。そうなるのが目に見えているので、私は無理に流行り物の話をしないようにしている。

二〇一三年に『進撃の巨人』がアニメ化された前後、恐らく、二〇一二〜一四年くらいの間は、学生の大半が、自分で読んだり見たりしていなくもこれがどういう作品か知っている感じはあった。こういうのが今の若者の感覚にあうのかな、と思っていたら、ピケティ・ブームや反安保闘争などがあった二〇一五年になると、名前しか聴いたことがないという感じになっていた。

『進撃の巨人』を見た時、感じたのは、どうしてこの気持ち悪い絵が、男子以上に女子に受けているのだ、ということだ。多分、中年のアニ・オタの人たちも最初は違和感を覚えたろう。人が巨人に食われたり、巨人同士が食い合ったり、巨人化が解けかかったキャラクターが無残な姿になる、というだけではない。巨人というのが単に大きいだけでなく、体のパーツのバランスが物凄く悪くてつらそうに動いているのや、皮膚がなくて筋肉がむき出しの姿をしているのなど、リアルな気味悪さのオンパレードである。普通の人間の登場人物も、楳図かずおの漫画風で、いつも何か怖いものを見ているような目をしていて、落ち着かない。

私からすると、人間の身体のいつ壊れてしまうか分からない弱い部分がいやというほど強調されているので、体感的に気持ち悪くなる。最近の子たちは、こういうのに慣れているのか、それとも、幼い時から、残虐なもの、怖いものを、（自分にも起こり得ることとして）直視しないですむよう保護されてきたので、ピンと来ないのか。

主要登場人物たちが目指していること、彼らの行動の原理も分かりにくい。どう見ても、人類にとっての真の平和とか、宇宙の真理の解明といった、王道のヒーローのそれとは異なる。かといって、自分探しのような、個人的・内面的なものでもないようだ。個人的な関係性を大事にしているようなのだが、愛とか友情というような、きれいな言葉で表現されるものではなく、特定の誰かとかグループのために闘うことに無理に執着している感じである。登場人物は、しばしば印象に残る言葉を発するのだが、その多くは病的な響きを含んでおり、『ワンピース』のように、人生の名言にすることは無理だろう。むしろ、その手の名言の裏をかこうとしているようにさえ思える。ひょっとすると、実際に、『ワンピース』のパロディになっているのかもしれない。『ワンピース』にも、三十メートルと不揃いなサイズの大きな人間や巨人族が登場するし、腕や足を切り捨てたり、動物虐待したりする残虐シーンは結構あるが、子供の教育上よくないと問題視されることは少ない。

二〇二〇年にブームになった『鬼滅の刃』は、身体的な残虐さという点では、『進撃の巨人』を上回っているように思える。人間の登場人物の描かれ方も、楳図かずおとは別のタイプのホラー漫画を連想させる気持ち悪さがある。あれが（人間の身体の脆弱性が強く意識される）コロナ禍で、年配の女性層含めて国民的な大ヒットになっているというのは何とも解せない。『鬼滅の刃』の場合、主人公を中心に主要なメンバーの描写にスポ根的な要素があるので、そこ（だけ）が大人ウケしているのかもしれないが、私のようなひねくれ者には、炭治郎たちのすがすがしさが強調されればされるほど、「鬼」になってしまった者たちの救いようのなさはどうなるのか、という疑問が湧いてくる。炭治郎の妹とか一部の鬼だけ、人間性を保っていられるという設定は、御都合主義的にすぎないか。『鬼滅の刃』の第二シーズンの放映が決まった後で、今度の舞台になる「遊郭」を子供たちにどう説明するのか、とネット上で騒いでいる人たちがいる、とちょっと話題になった。今更、そんなことで騒ぐのか、という気がしたが、考えてみると、「遊郭」を舞台に、主人公がスポ根的な成長を遂げる、という設定はシュールである。明るい話と、人間の身体の弱さや混沌とした欲望が混在しているのが、今の若者にとって魅力的なのかもしれない。

数年前、今回の企画者である菩提寺さん夫妻と中島哲也監督『告白』、『渇き。』の話をした。『渇き。』の映画の楽曲にでんぱ組.incが使われていたが、軽く妙に明るく速いテンポの歌が、むしろ身体に重く淀む欲望から逃げようとしても逃げ切れずに追いかけ回されるような焦燥感を煽る効果があったように思う、という感想を述べた所、菩提寺さんたちが関心を持ってくれて、結構盛り上がった、と記憶している。後で分かったことだが、米原康正氏はその当時、でんぱ組.incと仕事をしていたということだ。

本文中でもここでもいろんなことを語ったが、結局のところ、若者の身体性がどこに向かっているのかよくわからない。だから、サブカルをいろんな角度から掘り下げるこういう企画には意味があるし、今後も機会があれば、（かなり場違いな奴と思われても）こういう場に参加したいと思う。

《プロフィール》

仲正昌樹（なかまさ・まさき）

1963年広島生まれ。東京大学大学院総合文化研究科地域文化研究専攻修了（学術博士）。金沢大学法学類教授。専攻は政治思想史、ドイツ文学。主な著作等に『危機の詩学　ヘルダリン、存在と言語』『〈ジャック・デリダ〉入門講義』『ドゥルーズ+ガタリ〈アンチ・オイディプス〉入門講義』『フーコー〈性の歴史〉入門講義』『ヴォルター・ベンヤミン－「危機」の時代の思想家を読む』（作品社）、『イマジナリーな領域—中絶、ポルノグラフィ、セクシャル・ハラスメント』ドゥルシラ・コーネル・仲正昌樹監訳（御茶の水書房）、『集中講義！日本の現代思想 ポストモダンとはなんだったか』（NHKブックス）、『現代哲学の最前線』（NHK出版新書）他多数。

米原康正（よねはら・やすまさ）

編集者、アーティスト。東京ストリートな女子文化から影響を受けたその作品は、雑誌などメディアの形をして表現されることが多く、90年代以降の女子アンダーグランドカルチャーの扇動者でもある。早くから中国の影響力を強く感知し、そこでいかに日本的であるかをテーマに活動を展開、現在中国のSNS、微博のフォロワー280万人。編集者からカメラマンに、さらに2017年より前髪をテーマに写真に自らがペイントした作品を発表。二年間で10回以上の展覧会を国内外で開催し、大好評を得る。若いアーティストたちのキュレーション活動も精力的に行い、+DA.YO.NE. というコラボレーションブランドも始動した。

信國太志（のぶくに・たいし）

テーラー／デザイナー、仏教徒、サーファー、保守論客。97年 英、セントマーチン美術大学ファッションデザイン修士課程終了。98年 ロンドンコレクションにてデビューショー。99年TAISIHI NOBUKUNI 設立。03年TAKEO KIKUCHI クリエイティブディレクターに就任。04年毎日ファッション大賞新人賞。06年毎日広告大賞。http://www.taishi-nobukuni.co.jp/ craftivism45@gmail.com

根本敬（ねもと・たかし）

1958年東京生まれ。81年「ガロ」で漫画家デビュー。著書に「怪人無礼講ララバイ」「因果鉄道の旅」などのほかレコードジャケットをカヴァーした画集「ブラック アンド ブルー」がある。幻の名盤解放同盟員。

菩提寺伸人（ぼだいじ・のぶと）

精神科医。都庁前クリニック院長。

菩提寺光世（ぼだいじ・みつよ）

（企画・進行）

84年「有頂天」の初代マネージャー。「ナゴムレコード」で雑務。現在rengoDMS 所属。

東京《とうきょう》80年代《ねんだい》から考《かんが》えるサブカル
――ストリート・音楽・ファッション・宗教・現代思想

2021年4月26日　初版第一刷発行
2021年6月30日　初版第二刷発行

著者
仲正昌樹・米原康正・信國太志・根本敬・菩提寺伸人

発行人
末井幸作

企画・進行
菩提寺光世

装丁・組版
杉本健太郎

発行・発売
株式会社 図書新聞

〒162-0054東京都新宿区河田町3-15 河田町ビル3階
電話 03-5368-2327 FAX 03-5919-2442

ISBN978-4-88611-481-5 C0095